走向新住宅
——明天我们住在哪里？

单小海 贺承军 主编
王永飚 黄 芳 编
季 蕾 许玮青

中国建筑工业出版社

人、居住、诗意,作为新住宅运动的一个重要原则,它涉及我们每一个个体本身。作为新生事物,它需要人们共同的参与,广泛的推动。

目录

"新住宅运动"上海宣言	单小海	1

居住改变中国

住得像个人样	肖 锋	7
中国住宅十批判书	何树青	12
房地产界"流俗"种种	贺承军	17
住房或者住人	高 昱	21
要好房子更要好生活 ——33个流行语，22年居住史	朱 坤	26

走近新住宅

中国呼唤"新住宅运动"	卢 铿	37
走近"新住宅运动"	贺承军	40
面向新经济，关注普通人	王 石	49

建筑的困惑

走向新住宅	崔 恺	61
城市的忧伤	贺承军	63
"新住宅运动"与建筑文化创新	吴焕加	67
吴焕加的八字真言	曾帼英	70
低能耗，并非遥远的风景	曾帼英	72
作为建筑师，我们的责任	罗小未	75

人，诗意地栖居……	单小海	79
长官意志:建筑师的厄运和幸运	贺承军	84
零度建筑	贺承军	87
许安之和他的"后小康住宅"	单小海　王永飚	90
刘太格:安得广厦千万	单小海	94
现实的建筑	单小海	99
崔恺:市场推动着的建筑师和他的住宅	《三联生活周刊》友情供稿	103
张永和:住宅的漫游之城	《三联生活周刊》友情供稿	107
新住宅运动:中国建筑新的地平	张永和　方振宁	113

住与思

信誉机制与政府管制	张维迎	123
居住的"零度意识"	张志扬	126
重建新的公共性	李少君	130
新住宅运动:城市十字路口的烛光	杨东平	133
里弄和公寓里的新邻里	舒可文	138
"新住宅"与发展商的双重角色	李　陀	143
"新住宅运动"与网络何干?	单小海	146
我们曾经忽视了什么?	叶廷芳	148
我们没有改变什么	尹昌龙	151
新住宅运动,我们共同的主张	王永飚	155
新住宅运动:多维视野中的演进方向	贺承军	159

倾听市场的声音

从微观层面看现在地价的高低	王　石	169
家园:梦想与现实之间	林少洲	172
盖茨一思考,"大康"就发笑	潘石屹	178
北京房地产市场:一条没有航标的河流	王　远	181
四城记	茅　巍	185
新经济与城市化及再城市化	郭　钧	190
聆听来自市场的声音	单小海	195

直击新住宅论坛

"全中国开发商联合起来!" 　　陈大阳　205
解读新住宅运动 　　阚天泽　209
"新住宅论坛"不是鸿门宴 　　赵　红　谢红玲　213
假如我是开发商 　　陈祖芬　217

批评与反思

"新住宅运动"断想 　　左　令　225
新住宅运动 　　吴晓东　高昱　王珲　229
谁的"新住宅运动"? 　　钟健夫　238
"新住宅运动"一场什么运动? 　　陈劲松　243
论立意于一场文化创新的"新住宅运动" 　　贺承军　246
　　——兼答陈劲松先生
谁的住宅,新在何处? 　　单正平　249
对"新住宅运动"的隔山之见 　　赵　晓　255

后记:重说新住宅运动 　　冯　仑　258
附录一:新住宅运动大事记 　　260
附录二:中城房网名录 　　261

"新住宅运动"上海宣言

> 新住宅运动将实现一个伟大而平凡的梦想：美丽而有浓郁文化氛围的城市，广大市民能享用的舒适的社区、网络化的居住，以及自由和尊严的生活。

□ 单小海执笔　大会通过

"新住宅运动"是由中国城市房地产开发商协作网络（中城房网）和一批建筑师、社会学家、经济学家和IT界人士共同发起的一次住宅观念和实践的创造性运动。

住宅是人类生存和发展的重要载体。进入21世纪，中国人的意志、情感日益从波澜起伏的社会政治变革，转向了日常生活领域，转向了重构居住文明的努力。随着工业化和城市化的迅速推进，生态与环境日益成为我们这个传统的农业国迈上困难重重的现代化进程的重要主题。而网络和新经济则让我们无可避免地面临构筑新的生活方式的全新视野。

我们深感于中国住宅市场的巨大矛盾：一方面是世界上最大的市场需求，是老百姓对康居的渴求。而另一方面，中国的住宅产业却缺乏活力、欠奉精品，甚至无法满足人们当下的基本居住需求，更谈不上前瞻性的创造！

中国的住宅建设已经走到了新的十字路口！

新住宅上海论坛

"中城房网"是一个由万科、华远、中国海外等中国大陆比较具备市场影响的房地产企业发起的开放性的实体网络,目标是建设一个市场化的平台,通过开展共同培训、联合采购、集体融资和联合开发等深层次的合作,引导并规范中国的房地产市场。

作为中国百万人口以上城市的主流发展商、建筑设计师和知识界人士,我们希望能够为推进中国住宅产业的创新尽绵薄之力。这种创新,既包括居住理论的革新,也包括住宅观念的刷新,更包括住宅建设的创新。

"新住宅运动"是一场住宅开发实践的创新活动

今天,在中国的许多城市,越来越多的新建住宅区在开发商和建筑师的共同努力下,正在有力地推动住宅实践的不断创新。

在此基础上,"新住宅论坛"主张住宅开发要关注普通人,面向普通人,更多地考虑为普通的人群设计和建造住宅,以满足中国城市化进程中的广大人群对居住的需求,而不仅仅是面向某些特殊的社会阶层。

"新住宅运动"呼吁业者深入研究住宅市场,拒绝急功近利的商业炒作。消费者是住宅开发的最终受众,因而也是"新住宅运动"的最终评判者。"新住宅运动"呼吁所有的从业者认真研究市场和消费者的心理、行为,以满足消费者不断增长不断变化的居住需求。

"新住宅运动"是一场住宅技术和材料的创新活动

正如建设部住宅产业化的号召所指出的,创新的住宅需要新型的住宅材料和技术，中国的住宅业必须告别前工业化时期的作坊式生产。

上个世纪之交的欧洲工业化进程，催生了著名的"包豪斯运动"。一个世纪之后的中国，同样处在工业化迅猛发展的阶段，建筑新材料、新技术的不断发明和广泛应用，为"新住宅"的建设提供了物质和技术支持。

与此同时，网络科技的突飞猛进又为"新住宅"的实现带来了新的契机。

"新住宅运动"响应建设部积极推进住宅产业化的号召，扎扎实实地促进建筑材料、设备及建造技术的发展和进步。

"新住宅运动"是一场居住观念和居住文化的创新活动

今天，已经有越来越多的人认识到，好的住宅不仅仅是一套漂亮的房子，而且应该提供和引导一种新的生活方式。在这一共识的前提下，社会学界、经济学界和文化研究者们都在为推动居住观念和文化的创新而努力。

"新住宅运动"呼吁在住宅开发中更重视人的价值，使我们建造的新住宅更符合人的基本尺度，更好地满足现代人个性化的需求。

"新住宅运动"提倡合理利用宝贵资源，呼吁建筑师、开发商和所有的人都来关注城市环境和自然生态，使人的安居与自然和睦共处。

"新住宅运动"主张住宅开发要尊重并努力延续地方文脉，使今天的新住宅也有机地融入城市的传统之中。

"新住宅运动"是一场重建行业新秩序的创新活动

"新住宅运动"呼吁开发商和消费者尊重建筑师的设计成果，并通过市场价格体现建筑师的劳动价值，切实保护和激发建筑师的创造欲。

"新住宅运动"呼吁业者尤其是开发商，尊重承建商的意见和利益，为"新住宅"的实现创造更和谐的合作关系。

总之，"新住宅运动"致力于通过市场化的运作，反对住宅行业在低水平上的不正当竞争，重建行业价值规范和行业信誉，创建一个有序、高效、多元的行业新秩序。

住宅是社会生活的载体，影响面非常广泛，"住"，与每一个个体息息相关。因此，"新住宅运动"呼吁每一个相关行业和每一个个人的关注和参与，使之成为一个开放的、可持续发展的产业创新和文化创新运动。

新住宅运动将实现一个伟大而平凡的梦想：美丽而有浓郁文化氛围的城市，广大市民能享用的舒适的社区、网络化的居住，以及自由和尊严的生活。

（单小海：中城房网执行秘书 2000~2001）

居住改变中国

人这只可怜的"裸猿"在现代和原始之间痛苦地徘徊,他被不情愿地拖进喧嚣的都市中,被犬牙交错的水泥迷宫弄得晕头转向。要么进城,要么归真返朴。最后,他选择弃城。将城市的废都留给老鼠和蟑螂。

- 住得像个人样
- 中国住宅十批判书
- 房地产界"流俗"种种
- 住房或者住人
- 要好房子更要好生活
  ——33个流行语,22年居住史

住得像个人样

人这只可怜的"裸猿"在现代和原始之间痛苦地徘徊，他被不情愿地拖进喧嚣的都市中，被犬牙交错的水泥迷宫弄得晕头转向。

□ 肖　锋

当我们的住宅以每年 15 亿m^2 的量增长，中国住房市场的年销售额已达数万亿元的时候，房子已不再是我们生活中的稀缺商品。

但是，有了好房子，就一定有好生活吗？

在欧陆风情、现代化与传统民居的三岔口，国人很有些无所适从，住得晕头转向。并非单纯的经济因素限制了我们的选择，更多时候是我们的选择出了问题。模仿、抄袭、复制本不适合我们个性需求的居住方式，结果住得没有文化、没有尊严甚至没有安全感。中国人的财富与日俱增，"人人有其居"不再是梦想，此时很有必要反躬自问：我们住得像个人样吗？

当德国汉堡市长对朱镕基说"这里没有上海那么多高楼大厦"时，我们总理的心里并未感到荣耀。作为全欧洲第一大工业城，汉堡的环保是一流的。在宽阔的视野中你见不到高楼和烟囱，全城更多的是绿地和湖泊。当然，我们有理由说，那些污染工业都淘汰到我们发展中国家来了。但必须承认，同样的地理条件、同样的人口密度，我们现在造出的人居环境真不敢让祖先和外人恭维。

有家没园的中国人

中国人多地少，表现在人均住房面积上，尽管从二十年前的 3 m² 多增加到现在的 9 m² 多，但还是只相当于俄罗斯人的一半，美国人的 1/5。如果有人说我们现在的人居环境还不如明代，你肯定不信。信不信本文无法给出确切的数据，但你不妨参考一下过去发行的 2 分、8 分钱邮票，上面的民居（大多是明清式）肯定比你家的外观耐看。你现在的家只是巨无霸石屎森林上的一个小点儿，一个大批量、标准化的粗制滥造的 COPY 制品。

今年一月，知名人士侯仁之、吴良镛、梁从诫、舒乙上书北京市政府，力陈保护某幢明清四合院的重要性。尽管把祖宗八代的道理说尽，也还是躲不了旧城改造的大规模清洗。一个城市的城市个性、人文价值、历史传统就这样一点点让位于"经济建设"（地方政府报告常用关键词）。

常言道"家园、家园"，可我们有家没园，只有几百万人共享一个园——城市里小得可怜的街心公园。逝去了，家园的感觉。

家的图腾

家，按《说文解字》是一间房子加一只猪，这是远古农业社会的理想。近代农业社会的理想是"三十亩地一头牛，老婆孩子热炕头"。20 世纪 30 年代海派人士的理想是"娶日本老婆，用中国管家，住西洋房"。现代新富一族的理想则是名车加豪宅。对我们普通人来讲，闹市旺宅是新的理想目标。

假如你有一处闹市宅，进门脱鞋，偌大个家恨不得一天打扫三回，也无法清除无孔不入的汽车尾气和灰尘。出门就塞车，令住在中心区的优越感大打折扣。谁把我们的家居变成这样？搞规划的和搞房地产的。他们把闹市旺宅塑造成现代家居的图腾，让人趋之若鹜。可从远处望去，闹市旺宅们像一堆石屎，一堆花大钱造出来的石屎。

于是以深圳万科为首的房地产商提出"住宅郊区化"的口号。去郊区吧，那里有青山绿水，那里有鸟语花香。郊区住宅正成为新兴中产阶级对家的新图腾。

人——能制造建筑垃圾的动物

现在人一有钱就无法抑制制造垃圾的冲动。有钱，有钱就装修，原装修一概砸掉。原装修如果按每平方米 100 元算，全国每年被砸掉的钱估计在上百亿之多。通通变成垃圾，高兴的只有建材商。那些

"高尚住宅"送的"豪华装修"也照砸不误。抡大锤帮城里人砸装修的农民工开砸时心里肯定有一种说不出的快感。市场价是，砸一套屋收三五百块，还图个痛快。

内装修全部欧洲进料，广州的一处豪宅广告号称"创装修每平米吉尼斯纪录"，铺的不是地砖，可能是美元。即使这样也还是垃圾。因为你享受不到它，只有它享受你。地不是地，墙不是墙。地上一根头发都要马上捡起，墙上有一只蚊子也不敢打（怕弄脏）。

一位老派人士叹道，现代人越来越不会生活了。装修越豪华离我们的本性越远，越接不上大自然的地气，所以断了地气的都市人经常得怪病。

只有画家黄永玉这样有钱的老头才会在城郊置几亩地，盖一座叫什么"万荷塘"的全木结构建筑，除木头和砖瓦，什么装修也没有。

房地产商是迄今为止最大的造梦者

社会学家称，每个社会都有一个基本梦想，这种被他们称为"社会事实"的东西独立于个人愿望，它强迫每个人扮演着自己的角色。如果你不推崇这个基本梦想，你就是傻子，遭社会排斥。这个社会基本梦想可以是成功梦、发财梦、榜上有名梦、娶得美人归梦……精明的房地产商都深谙造梦之道。

由房地产广告传达的这些梦都具有强烈的暗示性和强迫性。如果你不买"××名人居"你就不配做名人；如果你不买"××数码大厦"你就不是IT人士；如果你不买"××学府花园"你就不重视孩子的教育；如果你不买……你就去死吧。

还有伪欧陆梦、伪宫殿梦，不是有一种牌子开关的广告宣称"如果要我再重新装修中国故宫和法国的卢浮宫，我一定用××牌开关"吗？眼下全国各地都有比华利山庄、蒙地卡罗山庄、罗马花园。

一栋鼓吹"e生活"的住宅，等一打听才知道只不过在购买某牌子电脑时可以打折。在某数码城的招商书中，对所谓"高科技含量物业"的数字生活作了如下描述：每天早上起床，"招呼"一声，电视、空调就听命开启；在家中敲敲键盘，想买什么就买什么，出门在外通过便携式电脑便可通过家中的微型摄像机观察家中情况；回到家里，在指纹识别系统上按拇指，家门就自动开启……中国已经这样发达了吗？怪不得WTO谈判时人家西方不再把我们当发展中国家了。

事实证明，许多用"梦想"精心包装的房子内核还是粗制滥造的复制品。

"中心地带住宅能升值"是最大的谎言

"买中心地带住宅能升值"，住房的投资价值大于它的居住价值，这是无比荒唐的谎言。

这里，密度是个很关键的概念。比如北欧国家人口密度低，开车200km见不到一个人，人口的稀少使人易患孤独症，人一孤独就不想活。所以北欧的自杀率远较其他地区高。北欧人只能靠现代通讯工具维持沟通。这或许能解释为什么世界顶尖手机（像诺基亚、爱立信）生产商大都出在芬兰、瑞典这样的人口稀少国。与此形成强烈对比的是像广州这样的高密度区，荔湾、越秀这样的中心区人口密度高达每平方公里五六万人。心理学上有个霍恩实验，说当老鼠的密度高到一定程度时就会发生攻击性行为。所以城里人关系特紧张，动不动就吵架。而且密度越大越有提防心理，不信你就去敲一家陌生人的门。

看来太疏和太密都不好。城市中心地带无一例外都太密了。密到连溜弯儿都没地方去只好到网上漫游。密到总有一天人们弃城而去。有专家预言，住宅郊区化将在三年内形成风潮。

所以"中心地带升值论"可能是房地产商吹出的最大的一个泡泡。

求求你了，房地产商！

中国古代传说中有个"有巢氏"，此氏是造房子的鼻祖。他的这一发明为后来的房地产商造了财路。房地产商们应像餐馆供关公一样在办公室里将有巢氏像供起来，每日烧香磕头，保佑房子能卖得出去。前些年是房地产商大赚特赚的时候，号称低于20%的利润不做。即使是扶贫性质的安居小区利润也达15%。

中国的城市化率是30%，而世界平均是40%，要提高10个百分点达到世界平均水平，我们将有1.3亿人从乡村涌入城市。平均每年新增15亿m^2住宅，销售值可达数千亿至数万亿元，中国是世界上规模最大的住宅市场，也就是说，大批量低品质的COPY住宅不愁没市场。就像歌里唱的：土豆进城啦，快去准备筐。

跟着房地产商发财的还有搞设计的。设计系的学生们几乎每人都炒更，前些年人人都配BP机，课堂上BP机一响，老师和同学同时低头看腰间。炒更挣钱，顺便就把你家的美好未来给设计了。

最近一次调查表明，人们对商品房的不满意率为54%，其中非常不满意的占23%。在公众不满意的问题中，质量问题占了47.7%。有些商品房刚建好就成了"伤病房"。设计不合理、承重墙龟裂、墙皮剥落、屋面渗漏、管道淤塞……

2000年6月24日，三百多家房地产商及165家中介公司签署了"放心房"与"放心中介"联合宣言。建设部部长亲自到人民大会堂嘉许此举。我们的美好家居建立在房地产商们的良心发现上。一套房子几十万，那可是普通百姓的老本儿。

新住宅运动

由万科等地产商提出的"新住宅运动"似乎意在改变房地产商一贯给人造成的不良形象。究竟什么是新住宅运动？首倡者这样概括："营造网络时代的居住空间，实现传统精神的当代程式升华，建设人文关怀的精神家园，关注环保，崇尚自然。"就是人们可以自主地选择一种符合人性的生活方式，就是可以"像人一样住着"。判别一栋房的标准不再是丈量尺、水平仪，而是人性。

但这个运动由以赢利为目的的房地产商来倡导，能起多大作用颇值得怀疑。

像人一样住着

人不能住在一个像防毒面具一样的笼子里，应该跟天地树木花草联通。接不到"地气"，任何生物都将毁灭。我们看到一些人在狭小的空间里极力地抗争着，即使桌面上的一盆花也表明人性未泯。我们还看到，人这只可怜的"裸猿"在现代和原始之间痛苦地徘徊，他被不情愿地拖进喧嚣的都市中，被犬牙交错的水泥迷宫弄得晕头转向。要么进城，要么归真返朴。最后，他选择弃城。将城市的废都留给老鼠和蟑螂。

R·布朗的可持续发展观是："一个满足当前需求时不牺牲后代利益的社会，它要求每代人都保证其后代能继承一份自然资源不曾匮乏、经济活力不曾削弱的遗产。"希望那些搞规划和房地产的能读读这句话，停止或少制造建筑垃圾吧。

（《新周刊》友情供稿）

中国住宅十批判书

> 住得贵，不等于住得有文化；住得大，不等于住得有内涵；住得有新意，不等于住得有保障。

□ 何树青

住房开始成为真正意义上的商品了。全国大多数省、自治区、直辖市可售公房的出售比例已达到60%以上，全国城镇商品住宅销售中个人购房比例超过70%。1999年工商银行、农业银行、中国银行、建设银行共发放个人住房贷款746亿元，全国个人住房贷款余额达1260亿元。

这是否就意味着中国人正在和已经拥有理想家居了，过着天人合一、合乎人性的可持续发展的生活？在说"是"之前，我们确实有很多的问题存在。住宅市场不乏名不符实、哗众取宠的陷阱，消费者亦有诸多不切实际、自以为是的住宅观念。

住得贵，不等于住得有文化；住得大，不等于住得有内涵；住得有新意不等于住得有保障。情况往往是这样的，商品房开发商及物业管理公司不一定能给你真正想要的东西，而你所向往的居住文化在多大程度上又真正与文化有关呢？

一、质量是个悬念

中国消费者协会公布 1999 年消费者对房屋、建材的投诉 21235 件，比上一年增加 3573 件，增幅为 20.2%。

购买有质量问题的商品房，无异于拿钱去打水漂。尽管购房专家教你一看各种建材厂家及产品合格证书、各道施工工序质量监督验收单、工程竣工验收报告等原始资料；二查房子的外表，但前者的权利经常被住宅开发商剥夺，而后者在住进去之前只能看到一幅光鲜的外表。

天津人购房有五怕，首怕就是质量不过关。墙柱和地基是否有下沉、墙体是否有裂缝和松动、屋面是否有渗漏、内外粉刷是否脱落等等，摊上其中一样，就够业主们脱一层皮的了。而"起一栋楼，倒一批官"的民谚，更显示了贪污腐败、偷工减料造成的危房和准危房的普遍存在。

为了维护自己的利益，中国业主们在成为装修行家之外，很可能同时成为谈判专家和半个法律专家。

二、商住合一是个伪时尚

SOHO 家居、复式住宅为居民提供了商住合一的时尚可能性。但在唯利是图的开发商对购楼者和租房客来者不拒后，意想不到的问题随之而来，商住合一很可能变成一个泡影。

"同质人口共居"的居住概念刚刚开始进入国人视野，相近职业、相当学历、相近收入、相似身份背景的人共居一个社区，对于成熟社区文化的形成有好处。但这个概念被开发商认识和被居民重视之前，我们不知道我们明天与谁为邻。所以，商住合一的模式带来的是更多的烦恼、更大的不安全因素。

深圳一处中档物业，从小区外围来看还是不错，但自从一些单位被业主租给发廊、公司之后，商住合一的毛病便显露出来了。一是上下班不同时，里里外外的热闹加上深圳发展商开发的房子最基本的隔声质量不是很过关，所以日夜不得安宁；二是非同质人口的修养与公众道德意识不同，很难维持各方满意的小区居住文化氛围。

三、烂尾楼是个梦魇

摄影师黄一鸣出了一本摄影集《黑白海南》，拍的是海南的烂尾楼。海南建省十年间，商品房开发建设规模达 3669 万 m^2。其中竣工 1686 万 m^2，在建 144 万 m^2，停建 1135 万 m^2，报建未开工 704 万 m^2。由此占压的 406.57 亿元国有银行金融资产，成为永远永远难以回收的梦魇。

海南的梦魇是1993年开始的,但烂尾楼的故事仍在全国各地不时上演,开发商可以壮士断腕,国家与买了楼花的业主则只能打掉门牙和血吞。

四、设计是个模式

设计不佳的房子不值得买,已经形成了消费者的共识。现在的商品房早已摆脱"火柴盒"式建筑了,新的问题是,我们究竟需要多少罗马柱廊、欧式石膏大门式的"欧陆风情"?当一处楼盘以设计上的新意取得市场认可时,马上便有数十家复制者,疯狂克隆着别人的样式和别人的成功。新加坡就有过教训:由于建筑民族风格不再、欧陆风情盛行,造成1987年以后西方游客锐减。

即便如此,整体布局丑陋、设计风格单一的商品房仍不鲜见。由于商品房设计的不足,使商品房的布局不够理想,采光不足,通风不良,栋与栋之间距离太小,房中的过道太多等等。设计的好与坏直接影响楼房的升值能力和投资价值。

我们对于住宅设计的经典之作算是久违了。

五、房价是个门槛

高高在上的房价令许多中国人活得没有尊严,他们竭尽半生积蓄不吃不喝也可能买不起一栋高尚住宅的一间厕所。房地产价格在20世纪90年代中一度被人为地拔高了,开发商站在高高的门槛里面,守株待那些眼巴巴望新房的国人。

深圳大学建筑学博士饶小军说:"中国内地、日本、香港的房地产价格绝对值在世界上属于偏高,相对值(PIR)亦是如此,这其中当然与土地的价格相关,更与人们的消费概念相关,当住房成为一种时尚、一种身份的象征,或是一个人的终身期许时,其价格自然会像名车、化妆品甚至股票一样居高不下;而当人们采取一种实用主义的态度,把住房仅仅看成是生活中一种器具,一种生活必需品,注重它的使用性和成本,市场的价格就会平实而物有所值。"

实用主义于消费者很可能是一厢情愿的事,因为价格的裁定权往往不由他们作主。政府分级在各大城市设定了商品房价格的上限,对开发商们的利润冲击几乎微乎其微。

当然,也有高房价爱好者——他们是先富起来的一部分人,抱着中国"中产阶级"的新地位,不与工薪族、穷人为伍,在普通人住不起的地方享受高尚社区的所谓星级服务。京沪穗不少楼盘为迎合新富一族的欲望而推出天价楼盘,装修比五星级酒店还豪华,可昂贵——真的是我们的居住理想吗?

六、面积就是面子

富人的贪大崇拜包括揸大车、住大屋、当大款（泡小蜜是个例外），折射了国人"面积越大，越有面子"的心理特征。在深圳、杭州以"二次置业"概念为卖点的上百平方米一套的公寓特别好销。广告上这样对你煽情：你在每一次创业中完成了原始积累，现在有了钱应该得到更好的享受啦，从小居室里出来吧，你该换大房子住住啦。

于是你瞄准大房子。对于销售面积、建筑面积、实用面积等面积概念稍不留神的话，便会上一大当。你会算加法，发展商更会算减法。目前商品房面积缺斤少两的事件比较多，主要是预售面积与实测面积的误差过大，预售时开发商依据图纸自行计算房屋面积令你心满意足，但拿到房钥匙时往往发现面积缩水了——当然，这绝不是你的错。

七、景观是个花架子

"超级无敌大海景"、"双景住宅"这样的楼盘概念对市民们来说不陌生了，但更多充斥的是不堪入目的人造景观。我们真的需要那么多的假山、喷泉、盆景、赝品雕塑吗？！

在图纸上看到的园林美景，往往流于纸上风景。发展商在第一期工程之后，便出于利益的驱使把小区从四栋变八栋，公共空间变新售楼盘。站在自家的落地窗前，向窗外眺望，所见的景观不是恢宏的天空或壮观的城市面貌，常常只是对面的一栋高楼近在咫尺遮住视野。此外，绿化在景观中占据了重要位置，但不是景观的唯一标准。如果观赏绿地变成休闲绿地，一片绿草换成四季繁花，我们当有更多的机会享受社区的自然。

八、物业管理是个难题

除了香港有40年的成熟物业管理经验，中国内地各城市普遍在物业管理方面处于痛苦的磨合期和实习期。楼道电灯坏了长期无人修理，号称24小时服务的电梯时常"关门小憩"，收费项目拒绝公开，服务范围标准模糊……这些恶习折磨着自以为花了钱买了房请了管家的业主们。

1996年至今，北京已有物业管理企业959家，绝大多数是"小而全"的劳动密集型企业。总部设在香港、亚洲最大的物业管理公司第一太平洋戴维斯物业管理公司已在北京承接了20余个酒店和住宅项目。广东、深圳的物业管理公司"北伐"北京，是1999年房地产界的一大新闻。它使人意识到如果没有专业化的物业管理，再华美的高尚住宅小区也将成垃圾场。

收费的合理性与透明度为业主委员会与物业管理公司间最大的分歧。业主们把与物业之间"不完美的婚姻"化作一次次的投诉。近日北京市国土资源和房屋管理局为纠正全市物业管理企业服务不规范的行为，维护业主们的利益，终于大吼一声：物管不达标，出局！

九、广告是个噱头

广告虚假成为1999年商品房投诉十大热点之一。冠名"花园"、"广场"、"山庄"的住宅区，无花无园无广场无山；号称"交通便利"，与机场、车站、商贸中心的实际距离如同分居两地；标明的"优惠价格"只是房子的底价，尚不包括楼层价、方位朝向价、物业管理价。

据说商品房销售的噱头至少有十几种之多：免收一年物业管理费、抽奖联谊、免手续费、送家电、延长贷款年限、垫付头年本息、零首付、车房组合贷款、送厨卫装修、送家具，车位打折、租金回报、保证回报，回扣、保险等。结果呢？羊毛出在羊身上。

当广告变成了单纯的语言的盛宴，楼盘成了被隆重包装炒作的明星，消费者光凭肉眼已经难以估计其中的虚实。

十、文化是个空口号

在自行车上加上个奔驰的车标，就是一辆奔驰车了——不少商品房开发商试图令我们相信这一点。

深圳有建筑评论者对深圳新楼盘雕塑家园提出质疑：附近有一座深圳雕塑院就能称之为雕塑家园吗？北京某楼盘以文化社区为号召，仅仅是因为与大学城相距不远。为了制造卖点，开发商们冒用着文化的名义，而真正的社区文化活动则稀缺。

目前，国内商品房消费者对商品房市场的批判有：广告虚假、定金圈套、合同欺诈、一房多售、面积缩水、质量低劣、竣工交用后迟迟拿不到产权证、购房合同面积与产权证面积不符、配套设施不能兑现以及物业管理乱收费。消费者也正在成熟起来，无论是对物业本身，或是对商品房的消费观念。

（《新周刊》友情供稿）

房地产界"流俗"种种

其实,当今所谓"欧陆风格",大抵就是西方人自己都不好意思再提的殖民地风格。

□ 贺承军

人类社会文明发展到一定阶段,"仓廪实而知礼节"、生产过剩则消费文化丰富多彩,真正的消费文化繁衍推出了一个社会群体:有闲阶层。马克思的《资本论》中,称之为食利阶层。名称似乎有贬义,而19世纪的社会学家范布伦则更客观地名之为"有闲阶级",他有一本书专论这个阶层的闲暇与消费。

消费是与生产相对的概念。"生产"活动中的经典英雄,是那些挥汗如雨的炼钢工人、面朝黄土背朝天的农民、扬帆出海的渔民等等,"生产"文明带出了一系列产业。中国近代以来的仁人志士,有不少就是希望以实业或产业来救国的,革命史证明这是偏颇的。毛泽东的成功革命,最重要的莫过于心灵与观念的变革,即对于"他人"的财物,如果是剥削者、反动派、坏蛋,就可以据其财产为己有或公有。这场革命真彻底,根本不关乎什么产业,到后来要促进产业,也必须通过"抓革命"来"促生产"。

进入改革开放时代,主导国家的由革命家变为经济与产业专家,专家治国，人心所向，大势所趋。于是乎，凡事都可归为产业。这也确是我国产业不发达的必然要求，教育要产业化，于是教师变得像收租子的；医疗要产业化，大夫变成拿刀子"宰"人财物的；房地产业更是产业化，房地产商便成为无视文化、环境、人类情感、空间美学的暴利追求者。这一切缘出于我们对产业的片面理解，以及对于资本经济、产业经济的利润、产值的狂热，尤其是，对于人类文明高级阶段的消费文化的极其无知。

在中国，主导意识形态笼罩下的哲学、心理仍然是"生产性"的，而仅由时尚报刊与其他媒体推动着"消费"。没有经济学家、社会学家、哲学家来认真思考消费文化与消费哲学、心理学，于是乎，消费领域的观念土壤中，就长出了许多种剧毒或轻毒的蘑菇。行文到此，我终于触及本文之正题：房地产界"流俗"种种。

房地产业发展，因为密切关系到民生民情，所以，它不光是"产业"范畴的，很大成分，它依赖于"消费性"意识形态，因而艺术、审美、精神、情感、自我认同等领域的奥秘应该充分带出来，怎一个"产业"了得。近20年来中国房地产业的发展，自然而然地体现出了许多观念与意识，由于从概念上还没有、或者说也不可能得到高度的提炼，我姑且称之为"流俗"。

流俗之一种：时俗

典型的莫过于"欧陆风格"。对于这个概念，可谓人言言殊。据说上海外滩边金茂大厦举行国际招标时，欧洲建筑师就不知道什么叫"欧陆风格"。他们知道"希腊古典"、"罗马古典"、巴洛克、洛可可、哥特式、都铎式、新古典主义，这些都发源于欧洲的建筑历史风格，但不知道什么是"欧陆风格"。从西方人的角度看，上海外滩的老建筑，有点欧洲建筑的味道，但颇混杂，不好归于哪一宗，所以以地缘政治的标准来定义，统称为殖民地建筑风格。这本来带有侮蔑中国人的意思，但中国人似乎认了。

其实，当今所谓"欧陆风格"，大抵就是西方人自己都不好意思再提的殖民地风格。房地产界还要求得更细哩，要英国式或法国式或意大利式等等，无非是英属殖民地风格、法属殖民地风格、意属殖民地风格。我们的大老板们提这种"风格"要求时，牢固地立足于一种"生产性"立场，就如同当年我们买外国军舰一样，要什么式样，尽管拿来。而在消费领域，所谓"欧陆风格"就犯了两个大忌，一是概念不清，二是即使概念清楚了，也是歧视性、侮辱性的。

我自觉并非辜鸿铭式的国粹派，非要强调"非我族类其心必异"，但仍感到不可思议的是，一则这种不清不楚的概念，房地产商们运用得那么得心应手，二则时光间隔已经滤掉殖民地式的侮辱性成份，成为一个纯粹的商业符号。现在随处可见的"欧陆风格"住宅区，就证明它为人民大众喜闻乐见。经济学家茅于轼说："欧陆风格"于学理说不过去，但老百姓喜闻乐见。共产党提倡艺术要让老百姓喜闻乐见，既然大家喜欢殖民地建筑风格，我对所谓"欧陆风格"，既不褒也不贬，称之为"时俗"罢。

流俗之二种：陋俗

地产界陋俗多多，最突出的莫过于讲"风水"。令人非常尴尬的是，我有许多房地产界或其他各界的朋友说起"风水"来挺得劲，因而我与朋友们之间聊天的选题必须慎重，"风水"是我思维中的"雷区"，对之厌而且恶。

清华大学的陈志华教授是坚定的人文主义者，多有雄文驳斥一些老的少的学者所写的"风水"学著作。依我的见解，从国外留学归来的"风水"学者，在学术上把"风水"当作一种社会现象、语言习俗，但为了取悦于大众，他们是不会明确地把这一点写在封面的。而无论是留学归来还是本土成长的"风水"学者的著作，封面上宣扬的是"生产性"煽情之辞：熟谙此道，可以趋吉避祸，为你带来财运、艳福、子运。

在此，我要再次说明对于"风水"学的一个恰当的比喻：讲究"风水"就好比要一个跑百米的女孩穿旗袍，为了提高她的百米速度，只好将旗袍的开叉开到肢窝里去了，倒不如把旗袍扔掉，一身短衫，现代速度装扮。这就是说，所谓"风水"中的科学性，早就有了地质、地理、结构、采光、通风、构图、布局等现代技术与审美学科的知识，还要"左青龙、右白虎"那个豁得厉害的"旗袍"干嘛？

这种"负阴抱阳"的老掉牙习俗，如果无害，倒也罢了，问题在于，"风水"往往严重地扭曲审美：如果将建筑做成尖楔形，"风水"学谓之为"刀"，不行；建筑布局与构图设计成非对称形态，也不行，所以，"风水"盛行之处，绞杀建筑个性、干预建筑纯正语言的运用，是谓陋俗。

流俗之三种：恶俗

广州有个"新理想华庭"，是恶俗的典型代表。外墙上贴金，倘若是"打枪的不要、悄悄的干活"，倒也个人好自为之，无人干涉。然而，贴了金，是要放礼炮，引人注意的。开发商在此的用意无非两种：一是非常认同这种恶俗，谓之"帝王气派"，这就是鲁迅所说的那些"做稳了奴隶"的暴发户，向那些"想做奴隶尚未得"的人招徕生意罢；二是明知其为恶俗，但偏要以此恶引来非议、标榜个性，达到促销目的。前一种恶而可怜，后一种恶而狠毒，两者俱备，则恶不可赦。

房地产业界的表现,于当代国人心态的浮华世相中非常有代表性。一种相异于"生产性"的健康的消费意识形态,有待专家和大众的共同酝酿培养。房地产业界人士要认真反思、思想理论界要将启蒙的课题拓展到消费文化的领域,移风易俗,当其时也。

(贺承军:清华大学建筑学博士)

住房或者住人

开始全是农村。那时候大伙都在大地上诗意地喘息。

□ 高 昱

农居

开始全是农村。那时候大伙都在大地上诗意地喘息。喘够了或者喘得实在不行了,就回家去。进门之前先进院子,院子里有树,树上拴着不太长膘的猪。或者没有树,那猪就在猪圈里,猪圈在你睡觉的地方的旁边。

院子里有等待转动的石磨,有牲口槽,有兔子笼,还有草垛。跟一些活动在院子里的鸡呀羊呀的小型动物打过招呼之后你就可以进门了,跨过门槛绕过门口灶旁的媳妇或者老妈,看了一眼灶口边上烤着的馒头或者红薯,你把锄头、犁头或者草耙靠墙放下免得砸破了屋里的水缸。

吃晚饭了。你吃完了晚饭,开始劈柴、铡草,把小鸡小羊赶到它们睡觉的地方。屋里有人纺线,有人织布,有人看电视有人打牌,还有你的孩子在追跑打闹。你朝地上唾了一口唾沫,然后又幸福地叹了一口气。因为你知道炕已经热了，而炕上还有更加火热的生活。

在很南的南方，你不烧炕，你家里有一个火塘。火塘上面有一个支架，支架下挂着一口锅，锅里是水或者食物。火塘旁边是用来涂抹食物的作料，有油，但是很少炒菜。家里虽然是暗的，可火塘边上的妻子和家人脸上映着暗红色的火光。这就是你的家了。

你知道离家不远的地方是你的田，你明天还要去的地方。不过，不用着急，你用不着手表，因为你不用和别人协调你的时间。你的生活就只是你自己的，在你的家里和你的田里，事情都是一样的：你不是在劳动，不过是在照顾你自己。

四合院

四合院属于传统民居的一种。也就是说现在比较少见。按照传统，这是给一个家族准备的封闭空间。每一个四合院上空，都有属于这家庭的独立的一方天，里面住的是数量恰当、相互之间有辈分关系的多个家庭。

在四合院里，长辈和晚辈既住在一起又不住在一起。所以既有请安的必要，又有请安的可能。每天早上，晚辈要到长辈屋里报到，晚

上回家，则要进行晚点名。考虑到较老的人通常都会较早睡觉然后较早起床，所以这实际上给双方都造成了不便。

一方面，长辈每天早上都要在迫不得已的沉默中（因为大家都还没醒）等待晚辈的出现；而另一方面，长辈每天的就寝时间等于是通过道德压力而为晚辈设立了某种门限：9点以后回家的都算夜不归宿。当然不排除一大早长辈就开始踢腿吊嗓子的情况，但那通常都会造成某种家庭不和。而这显然一点也不符合我们中华民族的优良传统。

四合院由于人口数量适当，所以通常房子中央都会有一个空场，更大的，有好几进的那种四合院甚至有多个空场。北京人利用这些空间的方式主要是种树、养鱼、搭凉棚避暑。

据说当时衡量小康之家的标准并非是美元而是"天棚、鱼缸、石榴树"。空场的另外一个功能是充当剧场之用。在其中既可以进行以娱乐为目的的演出，比如堂会；也可以进行关于家族或者家庭内部事务的演讲和尖叫。后者通常以女性演员为多（这说明女性在家族/家庭事务中的重要地位）。

不过，对四合院，我最羡慕的是他们吃饭的情形。因为既可以一起吃，也可以"回屋吃"。这种统一基础上的分裂非常符合我们软弱的小资产阶级的政治理念。

杂院

传统没落之后就变成后现代了。而四合院没落之后，则变成了杂院。这里面住的是数量过多，相互之间又没有辈分关系的多个家庭。一早一晚的请安虽然没有了，但频繁的问好却必不可少。"大妈，我回来了"，"二叔，您吃了吗？""阿姨早"，"小张，今儿怎么这么早就下班啦？""哦，我请了病假想把家里那床腿修一修"。由于没有血缘关系托底，日常事务变成了感情的载体，而造成的后果之一就是，谁家里的事情都是大家的事情，至少是大家都知道的事情。

和四合院不同，杂院里的当然状态就是各回各的屋里吃饭。但是，有时候谁家做了好吃的（比如饺子），也会给处得好的各家送去一碗，然后到了饭后每个碗送回来的时候，里面都会有各家当天的食物。这就是劳动人民和小资产阶级的不同之处：劳动人民的每一点幸福都是靠自己的行动挣来的。这些行动就包括讲文明，懂礼貌，以及没有性别歧视地团结身边的人民群众。

有时候，邻里之间的亲密关系甚至会达到一种令人感动的地步。这不仅仅是指一家有难，八家支援的极端情况。而是说，一家的孩子也是全院甚至整个胡同的孩子。换句话说，成年人对未成年人的权力关系越出了家庭的界限："去，给大哥买包烟去，找回来的钱算你的。"所以，大杂院里长大的孩子会有一种先天的帮会倾向（不一定有暴力成分），因为大杂院本身就像是一个没有酋长（但是有长老）也不流动的部落。

和四合院比起来，杂院的居民当然不可能请得起堂会。但是似乎每个胡同里都至少有一个会拉胡琴的，七八个能唱戏的，三四十个真正会下象棋的人，甚至还会有一两个会讲故事的叔叔爷爷。再加上笼鸟和猫，杂院仍然是住户主要的娱乐所在地。杂院生活在这个意义上是自足的。

单位筒子楼

如果按照建设资金的来源和厕所来划分建筑物的类型，那么筒子楼应该和图书馆、博物馆、音乐厅以及学校里面的教学楼和学生宿舍一起归入公共设施。因为他们都是使用公共资金建设的，内含公用厕所的建筑物。

筒子楼里最壮观的事情是大家在一起做饭，所以知道别人都做的是什么饭。但是最重要的事情却可能是厕所的共产主义化。事实上，由于筒子楼是建国后才有的新生事物，所以在很多情况下，筒子楼都是单位建房。它和食堂、澡堂一样，是单位福利的一部分。

所以，住户们也大都会是同一个单位的同事。而这些住户并不会因为是同一个单位的同事就变得更亲密一点，情况恐怕完全相反。因为单位上的那点龌龊全带回到了家里。

这样一来，既然大家都要上厕所，而且往往是在同一时间上厕所，那么大家就很可能把对长工资、评职称、分房子、出国考察甚至找对象这样一些稀缺资源的争夺投射到对厕所这一同样稀缺的资源的争夺上。从而使得厕所成为肢体暴力和语言暴力的发生场所。他们打架，还骂人。

厕所还往往因为另一个原因而引发争执。由于筒子楼的下水管道的质量往往不是那么好，再加上年久失修，所以经常会发生堵塞和漫溢的情况。谁来修？房管所的那些人是指望不上的。只能靠住户们自己。而这时，就会发生大型的推诿和争执。

当然，生活不仅仅是上厕所。生活还包括串门和聊天。但是，和杂院里面的居民不同，由于筒子楼的住户之间有上下级关系，或者更加间接的利害关系，所以"串门"的含义和院子里的住户有明显的不同。这里，有时候感情成了事务的载体。

在筒子楼里，生活只不过是工作的延续。因为，让你休息就是要你走更长远的路。

单元房

与筒子楼、杂院比起来，单元房的最大特点并非厕所的私有化。

而是他人生活的不可见性。因为每一个单元都高度自足。

没有了公共的做饭过道和方便厕所，大家进了自己家的门之后就不用再出来了。而按照居民委员会的防火要求，楼道里面是不能堆放杂物的，所以，你也无从通过每家门口或者过道的废旧物品来判断他的健康状况、生活水平、饮食结构或者有无不良嗜好。

同样，防盗门的主要功能也许并非防贼，而是防止家庭内部矛盾的扩散。有人试过，从里面把防盗门锁上之后，就算是趴在门上也听不到里面的动静。这样就在很大程度上隔绝了小道消息的传播。

事实上，单元房居民的惟一的公共活动，就是他们不定期地要被一个叫做楼委会的半官方组织叫去开会。内容通常是布置春季、秋季和冬季的防火任务，"五一"、国庆、春节的防火任务，以及其他时候的防火任务。有时候，隔壁楼发生了盗窃事件，楼委会也会组织户主们学习一下，主要是传达最新动向，并告诫大家一定一定一定要提高警惕。不过，楼委会也会做一些有意义的事情。由于单元房也往往是某一单位自己盖的房子，所以，有时候捐款资助困难同事的活动，会集中在楼委会那里进行：就是把钱交到楼委会。

所以，单元房里的人际关系可能是这样的：户主们都相互认识，由于工作和开会的原因。而每家的其他成员，则可能相互都不认识。而且，实际上只有电梯工才知道每个人的事情。

单元房也是一种不断进步的住宅类型。这主要体现在它的治安方面。现在，有的楼会用一些铁栅栏把自己围住，然后留一个门走人和车。而这个门晚上通常是会锁住的。所以回家太晚就必须要翻门而过。体重或者柔韧性不符合要求的人，就只能要么乖乖早回家，要么另做打算。从这里我们也能看见"身体"正在取代"道德"成为所有与可能性有关的事情的关键概念。

公寓

单元房继续进化，就变成了一些别的东西。在"花园"和"广场"这两个名字中，前者听起来更适合于人类居住。当然，"家园"更好。"公寓"则是这样的：小区要有大块的绿地，要有停车场或者车位，要有单独的健身中心和娱乐中心，而且房间里要有多于一个的厕所。我的意思是，有一个厕所必须在卧室的里面。

公寓最吸引人的地方是，那里没有居委会，也没有楼委会。而物业从道理上说，是为我服务的，所以从道理上说，我可以想开会的时候才去开会。至于人际关系，有家人、同事、哥们儿和各种程度的异性朋友，还怕自己闲着不成？

（《三联生活周刊》友情供稿）

要好房子更要好生活
——33个流行语，22年居住史

安居始终是每一个平凡百姓的日常梦想。

□ 朱 坤

安居始终是每一个平凡百姓的日常梦想。改革开放22年，中国人住出了各种模样，从开放初期的狼狈不堪、人挤人的居住到房改阶段个人货币购房观念的嬗变，再到当今的个性化居住阶段。我们遴选了33个关键词，它们沉淀着中国人在居住上的突飞猛进历程，在中国人的记忆里耳熟能详。

火柴盒

"火柴盒"式的所谓现代建筑是从苏联老大哥那里学来的，大多数城里人一直住到了20世纪末。在短缺经济的年代，美观的需求被实用性僭越。难以想象曾经建造出紫禁城和苏州园林的中国人能容忍自己在这样的建筑里一住几十年。

筒子楼

人行楼道变成了储藏间、厨房,人走过难以转身,小孩在楼道里踢皮球,男人们洗菜切菜,主妇们一边高声聊天一边炒菜。姜昆的相声以此为题材逗得国人笑中带泪。3年前拉开序幕的筒子楼改造工程被看成是改善教师住房待遇的一件实事,近来电视上不乏李岚清副总理带着高校领导视察高校宿舍建设的镜头,包括年轻的教工在内,人们已越来越感觉不到筒子楼的存在了。

"床"与"房"

用这两个词造出的最著名的句子是"宁要浦西一张床,不要浦东一套房"。"床"与"房"的关系在不同城市有不同的区位设定,在广州是河南河北(以珠江为界),在北京是环内环外(以三环为界),中国人总是对市中心、繁华地青睐有加。20世纪80年代的上海,浦东还是一片荒滩,陆家嘴还是一个小渔村;十多年过去了,如果评选全国升值最快的地段,首选应该是浦东。

组合家具

从20世纪80年代过来的人都知道组合家具,当年组合家具风靡大江南北。电视柜、大衣柜、装饰柜、书柜合称"四大柜",小伙子结婚没有组合家具是会被人耻笑的。随着居室的变大,当时流行的转角沙发成了老土的标志之一。

传统的家具业一般是以庄重严肃风格为主,讲究"万年牢"。年轻一代成为购房主力之后,更青睐多功能与轻便,如沙发床、折叠式衣柜等等;另一类就是个人风格浓厚的家具,如红遍北京、上海的"宜家"便是此类典范。

集资房

国家拿一点,集体拿一点,个人再拿一点,这就是所谓的集资分房,充满由计划向市场过渡的妥协色彩。不同的地域对于最后产权的归属有着不同的规定,体现了两极之间的偏向情况。

拆

旧房拆了建新房,房价也是新价钱了。农民建房猛过城里人,挂一块"华厦落成"的牌匾;城里人花钱请搬家公司"乔迁之喜",旧房在身后夷为平地,再起来兴许是利润率更高的商用楼了。当不少城市认为破败的旧民居有碍观瞻时,广州市正试图恢复西关旧民居的风貌。

钉子户

每次拆迁都会出现的景象之一：总有一两家意志顽强的住户们在左邻右舍纷纷退却的当口却依然屹立不倒。他们大多是年龄超过60岁，居住史超过30年的长久住户，最大的愿望就是在老宅终此一生。最后结局也似乎都很一致：被城管部门说服过的下一代们带着他们哭哭啼啼的父母们离开老宅。

租房

不买车只打的，不买房只租房，这是现在年轻人最"in"的做法。房屋因其体积巨大与不易搬移成了老辈人最热衷的保值储值方式，现在却因其不随身与不轻便引起年轻人的公愤。他们嘲笑辛辛苦苦攒钱买房或者勒紧裤带供楼的工薪族们，花费庞大为自己买回了一只大钢筋水泥笼子。

防盗网

曾经是广州街景一大特色，它的主要功能除其名字宣示的之外就是：外街景难看，火灾时生路的自我断绝。十年前广州市政府下令老百姓安装防盗网，今年的新说法是家家都要拆。

不一定每个地方都有防盗网，但几乎每家每户都有防盗门。古代家门口虽有镇邪石狮，但几千年来人们一直习惯串门找乐子，现代人把防盗门请回了家。几年前走俏的铁制防盗门与铝合金防盗门已经不再是市场的主流了，现在有更多的人愿意去购买价格昂贵的不锈钢与铜制防盗门，除了防盗功能，也有虚少攀比的因素。

房改末班车

也称"最后的晚餐"，1998年3月朱镕基总理郑重宣布"从今年下半年起停止福利分房"，这被许多无房人士称为"最后一次晚餐"，有幸吃到的当然欢天喜地，无缘吃到的只好黯然神伤。

始于1980年，1998年由建设部住宅与房地产业司执行的中国房改，几乎每一步都牵动着亿万百姓的心。从取消福利分房到住房货币化，从建立住房公积金到开放二级市场，房改的每一个动作都在老百姓的期待之中，又都与他们的期望值有着不小的差距。

福利分房耗费了中国公务员上上下下无数的时间和精力，但公平总是相对的。所幸现在福利房不是唯一选择，而"晚餐"也仍然在丰富地供应着。

为分房而结婚

要爱情还是要房子？在七八十年代，这是两样不可兼得的东西。许多国家机关或者国营单位把婚否看成是取得排队分房资格的首要条件，与触手可及的房子相比，爱情也就不那么重要了。所以，征婚启事上，房子是男方重要的资本和女方选择的筹码。

为分房而结婚在 1998 年停止福利分房前达到高潮。但不久后有不少拿到房子的小两口，却没有急着入住，因为房子到手了，做夫妻的感觉却没有到位——如果要离，这房该算谁的。

商品房

商品房这个概念相对于公房而言，房屋这个最大的不动产终于成为商品，对旧有的传统公有制已不是小修小补可以形容。可以形容为我们认识的一大突破。从此楼市变成了和股市同样热的东西，无数人在这里胜者为王，败者为寇。

经济适用房

对于身处商品房时代的中低收入阶层，经济适用房简直是漫漫长夜里的平安福音。因为政策上的优惠，经济适用房比商品房价格通常要低 50%。否则以北京和深圳的某些高档住宅每平方 10000 元以上的价位，普通的工薪阶层攒一辈子钱可能只够买一间客厅或者卧室。1995 年，上海率先启动经济适用房建设，其后广州、北京等地相继而动。

邻里关系

中国人的传统观念是"远亲不如近邻"。福利分房阶段，邻里邻外都是同事，连两口子拌嘴都要考虑一下社会影响。到了个人购房阶段，连对面住的是男是女都不知道，于是卡拉 OK 唱到深夜，在阳台上烤羊肉串浓烟滚滚，邻居打电话报火警的事也就见怪不怪了。

装修

装修不比购房便宜和省心，人们常说"装修一次，住上一世"。好容易买了房，再装修得土里土气，怎么着也对不起那支出的厚沓大钞。究竟是用实木地板还是强化复合地板，是铝合金门窗还是塑钢门窗，不仅仅取决于你的个人品味，也取决于你的财力。所以，"五星级"的豪华酒店式装修虽然气派，但不见得最"in"。

住宅产业

中国住宅产业拉动经济增长主要是靠资金（大约占 60%～70%），

靠科技拉动的只有10%，而国外成熟的住宅产业恰好与之相反。目前建设部有意组建二三个大型住宅产业集团，在政策、金融、信息、服务上给予支持，不知全国大大小小27000多家房地产企业中，哪几家能率先得到垂青？

按揭

就是住房贷款的一种方式。政府把它当作拉动内需与刺激经济增长的强心针，庶民百姓把它看成是告别蜗居的救命稻草。到今年4月上旬，四家国有商业银行中个人住房贷款做得最好的建设银行个人住房贷款余额刚刚突破1000个亿，这笔款项仅仅够260万户居民解决住房问题，想一想中国城镇居民共有1.5亿户。抵押物处理难，变现难；贷款费用高昂；个人住房贷款利率单一，看来中国的金融界还有相当长一段路要走。

公积金

住房公积金曾经被视为启动住房制度改革的"金钥匙"。但现在全国住房公积金使用率低于3%，只有大约10%的沉淀住房公积金用于住房建设和商品生产流通等高风险投资，再加上比商业银行贷款还要繁琐的公积金贷款手续，金钥匙不变色才怪呢。

豪宅

1992年的丽京花园是北京第一个别墅项目。此后3年，北京也像全国各地一样大兴"别墅热"。1994年达到了高峰期。那三年兴建的豪华别墅直到现在也没有卖完。

复式

复式住宅的出现，最大程度地满足了年轻一代们渴望隐私得到保护的想法。谁也不希望自己凌乱的睡房与隐秘的个人物品暴露于光天化日之下。复式住宅现在得到了时尚的SOHO一族的偏爱。楼下做办公室，楼上做卧室，物尽其用，两全其美。

住郊区

住郊区曾经被某些经济学家称为住宅产业的新趋势。这些专家大约在大学或者研究所里呆久了很少出门，只要他们在上下班高峰时走一走北京的三环路，就明白住郊区在中国是多么地不现实。

户型

三代或者四代同堂时代的城镇家庭，对于好房子的理解只有一个标准：宽敞。独生的一代渐渐长大了，单身贵族和丁克家庭在城市里比比皆是，最多两个人的环境对于房子的尺寸要求已没有那么迫切。更舒服、更人性化的住宅是最新的流行趋势，现在在京沪深穗卖得最好的都是小户型。

蓝印户口

外地人在上海购买价值超过多少万元的房子时，会自动获得上海市户口。不过这种户口上用的是蓝色钢印，区别于正宗上海土著的红色钢印。最自恋的上海人在这件事情上同样显示了他们一贯的排外性。今天几乎所有城市都对买楼的外地人捎带户口了。

欧陆风情

国内的房地产开发商不约而同地标榜"欧陆风情"，有些更是直标"北欧风情"，其实去过欧洲或者北欧的人都会明白这是挂羊头卖狗肉，没有一个房地产开发商愿意把自己的项目建成芬兰那样的尖顶式，那样多费面积啊。

睇楼

来自粤语，意为"看楼"，这种风气源自香港，成了广州市民特别是家庭主妇们的休闲活动之一。每个双休日和假日，成千上万的睇楼大军奔驰在路上，看完这家看那家，商品房开发商们不仅有车免费接送，有的还有免费的午餐供应。

私家花园

20年前私家花园是让人连做梦也不敢想的事，现在却成了每一个年轻人的理想。比面积、比装修，也许有一天会发展成为比花园，谁的花园够大、谁的花园草长得好。

丁克家庭

从四世同堂到三口之家，再到丁克家庭和单身贵族，感觉中国人的家庭结构越变越单纯。年轻一代享受青春的同时不愿传宗接代。据悉上海市几年前人口就已经开始负增长，到2050年中国老龄人口将突破四分之一。

中介

满大街上贴着中介公司的小广告，报纸上也是连篇累牍，不少一朝被蛇咬的租房客们在登载求租广告时却一再声称：免中介。不管怎样说，中介公司确实体现了房屋租借市场上出现了除供方与需方之外的第三种力量，尽管常常被人诟以骗子的面目。

毛坯房

商品房销售中的定律之一：毛坯房永远比精装修房好卖。有些自作聪明的开发商们以为把房子装修得美仑美奂宫殿一样就能卖个好价钱。但是有的人更希望住破窑。

楼花

规范一点的称呼应叫"期房"，来自香港。与现房相比，楼花牺牲的是价格，获得回报的是资金的更高周转与利用率。现在"×花"已成一个流行词汇，比如影视片的制作与发行已出现"片花"。

社区

就是日常所说的"小区"，不是社会学意义上的"社区"。成熟的社区内应该有完整的服务设施及社会福利机构，比如银行、邮电局、托儿所和健身房，中国原来是没有，现在好容易有了，看起来还是像一盘散沙，缺乏那种和睦温暖的气氛。

大客厅小居室

现在最流行的居室格局是大，客厅大不仅会客方便，随时可供举办宴会，也可适当地满足虚荣心。一般来讲，客厅是给人看的，居室是自己用的，相形之下，当然面子更重要。还有家庭吧台，这样不出门便能泡吧。

互联网家居

按钮输入自己的指令，房子就会完成打蛋、加热锅底、煎蛋等程序，并且做好的食品可以通过传输带送到你身边。这个充满新世纪色彩的"互联网家居"由思科公司研制完成。由一个控制接口，住户可以得到起床、抵达、离开、聚会、假日等等各种配置，只须点击一下接口，房子会根据一天的不同时间、活动和个人爱好，将灯光和温度调节到理想值。这样的家居该有多贵？

（《新周刊》友情供稿）

走近新住宅

新住宅运动将实现一个伟大而平凡的梦想:美丽而有浓郁文化氛围的城市,广大市民能享用的舒适的社区、网络化的居住,以及自由和尊严的生活。

- 中国呼唤"新住宅运动"
- 走近"新住宅运动"
- 面向新经济,关注普通人

中国呼唤"新住宅运动"

中国住宅产业正在经历一种深刻的、迅猛的变化,那个"阿猫阿狗"们只要有钱有地就可以暴富于房地产的时代已不复存在。

□ 卢 铿

最近看了几本好书,包括黄健敏主编的《阅读贝聿铭》、王一川的《审美体验论》以及赵鑫珊的《建筑是一首哲理诗》等,使我更加理解了"我们为什么要去做?"这些基本的道理,也使我更多地理解了这两年来中国住宅行业的进步。

眼下我们正面对一个十分特殊的历史机遇。中国这个人口第一大国的民众住宅政策的改变,创造了一个潜能极大的住宅市场,同时也带来这个行业的无数困惑。从2001年春天可能开始的中国的"新经济"时期以及即将加入WTO一事可能为中国未来的住宅产业注入新的活力。中国的住宅产业正面临一个千载难逢的发展机遇,同时又面对许多需要全社会来关注和解决的复杂问题。

住宅产业的三个境界

当绝大多数住宅发展商们尚在科学的领域内困顿和彷徨的时候,已有极少数人开始在住宅产业的科学、艺术和哲学三个境界中同时进行探索。科学中的规律与规范、艺术中的审美与创造以及哲学中的逻辑和辩证,很可能会把中国的住宅产业带入一个全新的发展阶段。

在建筑学发展史或者说建筑艺术创造史中,曾经有过"新建筑运动"这一段文化过程,使得当时现代主义建筑学派的交替与融合得到了加速,这正是我们今天提出"新住宅运动"这个概念的初始动机。

在犹太人的智慧中有一个神秘的"宇宙法则":世界上的一切都是按78:22的比例存在的。例如,地球上的空气成分中氮与氧的比例是78:22,人体内的水分与其他物质的比例是78:22,等等。今天在我们这个行业中,这个法则似乎也在应验,失败者与成功者比例大约是78:22,22%的发展商占据了78%的市场份额,等等。

翻开我们的同行中每一家的历史画册,几乎都会发现这几年的住宅作品与前些年相比有了相当大的差异。住宅从一种简单的居住空间到功能明确到艺术创造到追求文化环境,正在悄然地发生一种深刻的变化。同行们都了解昨天也都感受今天,却还未必都能感知明天。

近亿平方米的空置房引发的痛苦思索

中国住宅产业正在经历一种深刻的、迅猛的变化,那个"阿猫阿狗"们只要有钱有地就可以暴富于房地产的时代已不复存在。成功的发展商们正在感受着这个跨学科的、多文化的、高风险的,充满着科学的常规、艺术的新意和哲学的深理的新兴产业的那种无穷魅力。

房地产商曾经被人误解。房地产从"重要产业"到"调控对象"到重新受到重视的"主导产业",或许很快还会被尊为"支柱产业"。鲜为人知的是,住宅产业是一个每年投资五千余亿元人民币、国家从中获益巨大而全行业却呈负利的巨大产业,那近亿平方米的空置房更引来业内诸多人士的痛苦思索。

从无房到有房、从小房到大房、从旧房到新房、从一房到两房,以及人口的增长、需求的变化、审美的进步等原因,使得中国的住宅产业有着一个非常广阔的空间。在未来的三十年中,每年平均还要新建住房约15亿平方米。在一个新的世纪和新的千年开始的时候,许多人都在思索,什么样的住宅才能满足今天和明天人们的需求?进而,如何使这种满足为发展商带来利润,为建筑艺术带来进步,也为新文明史带来福音?

住宅产业蕴涵了管理与技术的科学、经营与设计的艺术以及文化与思想的哲学。横向涉及宏观形势、国家政策、公共关系、同业竞争,纵向则涉及材料、设备、设计、营销、管理等。没有一个产业像住宅业这样更直接地关注人生,更广泛地涉及人类的进步,更深刻地反映着文化和文明的进步。

让我们一起来关注

无数的科学家、艺术家和哲学家都关注着住宅产业，无数的发展商、供应商和营销商们也在关注着住宅产业。这个产业的责任如此重大，所以"中城房网"的责任显得格外重大。"中城房网"的成员们共同关注着许多专题，但我们似乎更需要一个提纲挈领的总主题，这或许就是我们议及的"新住宅运动"。这可能是一个伟大的文化创新运动，更可能将为中国人的居住水平、国家的安定团结以及中国人的社会地位带来一系列深远的益处。

发展商的力量总是有限的，唯有在众多的专业人才、科学家、艺术家、批评家和哲学家们的共同关注下，中国的住宅产业才可能在新的世纪出现一个全新的并且不断创新的面孔，甚至在整体上超越其他民族的居住文化。这一场追求美好生活、促进中国住宅全面改观的文化运动将会得到政府的理解、学者的关注和百姓的支持，并会成为21世纪初中国新的文化进化的一个重要的组成部分。

面对新世纪，中国呼唤"新住宅运动"。

（卢铿：沈阳华新国际总裁　新住宅运动发起人之一）

走近"新住宅运动"

> 开展新住宅运动,犹如一次历史性的腾飞,我希望它在理论上爬得很高,然后落到实践的坚实大地上,在大地上留下坚实的行迹。

□ 贺承军

1999年岁末,我接到一个电话,是大名鼎鼎的王石先生打来的。他首先说明来意,乃中国房地产界一批头面人物对已得到长足进步的房地产业有一些基本评价,总体来说仍不满意。我国每年在新增数千万平方米的住宅与办公楼,据权威人士估计,房地产还有40年的发展潜力。换句话说,在未来40年内,房地产业界巨子们将把我国大部分城市人口装进他们开发建成的小区和住宅内。住宅几乎与所有人相关,所以我们不能不关心房地产界巨子们在想些什么。

王石说,他和几位有名的房地产界人士准备发起一个"新住宅运动"。缘由是在行业自我评价的基础上,准备为未来社会留下一点有价值的东西:有形的住宅和无形的关于居住的精神与思考。我问,不是仅仅研究豪宅与欧陆风格吧。不是,不是,王石在电话那头爽朗地笑。

房地产发展确实到了总结经验、拓展新向度的时候了。否则,愧对时代,愧对世界,愧对子孙。我作为政府公务员,倒也没那么多引以为疚的责任,但对王石辈的心情,还是有一份同情的理解。

20世纪是世界上现代主义建筑蓬勃发展的一个世纪,主义流派交替演进、风格变幻莫名、技术巨大进步,住宅建筑也增添了无比丰富的内涵。从上个世纪初的"住宅是住人的机器",到世纪末的居住语言与技术手段、空间与环境哲学的综合,"诗意地栖居"的普泛化,住宅确实是时代精神的承载者和体现者。我国在改革开放后的短短20年内,在住宅领域也经历了从追求面积到讲求质量与装修风格到居住整体环境的渐次提高的过程。新住宅运动,则既要应对城市居民住宅仍严重匮乏的老问题,也要面对经济水平、文化水平提高之后,消费层次分化、社会政治经济转型等错综复杂的新问题。

在新的形势下的住宅问题,也就是王石所提的"新住宅运动"应考虑的问题,牵涉到政治、经济、社会、文化、心理、行为、城市规划、建筑和应用技术等诸多学科,因而新住宅运动困难重重,前景却

也异常广阔。

由一个业界人士而不是政府部门或学院派人士来提出这一课题，我认为是非常可喜的现象。王石熟知都市政策、土地政策、产业政策、消费和居住传统对房地产业的制约和影响，而新住宅运动，将会对这些领域形成巨大的冲击，否则，住宅业将会为消费误区所桎梏，无以跨越到新的境界。

住宅和房地产愈来愈规范化和多元化，在社会学家讨论"市民社会"，经济学家争论过渡时期的"效率与公平"的时代，我希望房地产界的富于人文色彩的老板们作出有理想、有关怀、有成就的实践。

沈阳的卢铿先生提出了"新住宅运动"的想法。这是一个新概念，我是通过王石先生获知的。我与王石交往不多，可以说是刚刚开始。第一次是在春节前的一个大约5分钟的电话交谈，第二次是在3月4日的星期日登山活动中。在延续六、七小时的登山中，我们很少走在一起，也没有谈及新住宅运动，我看到他背着约20公斤的行囊，保持固定的节奏，缓慢而有力地穿过了丛林、溪流，像蜗牛一样爬过了峭壁。在山头，王石展开了飞行伞，灵巧利用山间气流，像一只鸟儿飞起来了。我不想说此时的他天真如孩童，而是一个理性地把握气流条件、有冒险精神的老手。我害怕遇到天真如孩童的中年人，因为那样意味着危险和陷阱。王石是一个理性而有激情的人，一个有理想、有人文关怀并注重实际的人。后来，在一次会上我还遇到了卢铿、胡葆森、杨小明、冯仑、孟刚等中城房网的老板，他们准备联手推进新住宅运动，新住宅运动需要这样的领头人。搞房地产的商人，不能成了慈善家，因为慈善家固然能博得好名声，但于一桩未竟的事业不利。这桩未竟的事业，乃是通过新住宅运动来促进中国市民社会的壮大。

下山后，天已经黑了，我们驱车回到市内，在一家灯火通明的包子铺，爬了一天山、累得腰酸背痛的几十号人围桌吃包子，AA制，每人24元，吃得很香，王石眉飞色舞地讲解着登山与飞行的技巧。我则静坐一旁，思考着市民社会与新住宅运动的联系，他说了些什么，我全然没有听进去。

市民社会是个什么概念？手头有一本社会学家邓正来和J.C.亚历山大合编的一本书《国家与市民社会———一种社会理论的研究路径》。邓正来先生在"导论"中说：市民社会理念于近一二十年间的复兴与拓深，几近形成一股可称之为全球性的"市民社会思潮"。明确一点说：市民社会是要脱离开"政治社会"，"市民社会与国家相对，并部分独立于国家。它包括了那些不能与国家相混淆或者不能为国家所淹没的社会生活领域"。

复兴市民社会，乃是为了纠正20世纪盛行的形形色色的"国家主义"。"国家主义"表征为国家以不同的形式、从不同的向度对市民社会的渗透或侵吞；市民社会试图对国家与社会间极度的紧张做出检讨、批判和调整，以求透过对市民社会的重塑和捍卫来重构国家与社会间应有的良性关系。市民社会的功效，对于发展中国家可以以其理念来统摄社会主义的、资本主义的和民族主义的理想，对于发达国家如美国，丹尼尔·贝尔甚至呼吁在美国复兴市民社会，以此作为抵御日益扩张的国家科层制。

王石不是社会学家，我也不是，但对于房地产业的发展过程及未来的省察，促使我们从不同角度来思考房地产业的发展应该作什么样的调整与定位，以及对未来中国产生什么样的作用。

中国的大多数房地产老板，在百姓心目中并无良好印象。早年爆炒地皮，有许多人借寻租权力而进行所谓原始积累。我不知道王石是否进行过这种不光彩的原始积累。迄今为止，就房地产的规范化而言，有两个人给我留下了深刻印象，一个是王石，一个是深圳市规划国土局局长刘佳胜。这两个人致力于改变房地产业界的老板与官员在百姓心目中的不良印象。前者致力于一个新型房地产企业制度与理念的建立，后者则致力于以制度来约束政府权力的运作。

两个人均很低调，但由于王石身在企业，毕竟可以博得些名声，刘佳胜身在政府，则只能在稳固的制度大厦基座上刻一个不起眼的名字。从更高层次上说，刘佳胜在着力于强化与规范国家科层制，这对房地产业和中国未来社会均非常必要。王石则要建立一个有超级影响力、并合乎现代社会公平合理游戏规则的企业制度，也是非常必要的。但两者均不是中国未来社会房地产业制度的充分条件，这不是因为他们两个人的局限，而是历史的局限。

我说这番话，绝不意味着我比谁高明，而只是证明，我是处在一个虚拟的位置上，比谁都虚。虚话说到这里，下面说点实的，而且还有专题：新住宅运动的理论与实践问题。

新住宅运动需要解决或探讨的理论问题

居住的诗意

"诗意地栖居"，耳熟能详，但在中国，言者态度上取向于浪漫，行为上缺乏取证，作为房地产业间的具体操作，则局限于以"欧陆风"、"民俗情"作为"诗意"的具体表征。

海德格尔的存在论上的"诗意"，应该通过意大利哲学家维柯的"诗性智慧"的转换，甚至加上英国建筑学家兼美文家约翰·拉斯金的"手工艺情结"的洗礼，才可能触及人类对于建筑与居住的深切理解。诗意的，某种意义上就是手工制造的。经过现代主义建筑运动，机器生产、工业化的产品已成为无可回避的居住现实，那么"诗意"还可能扩大到一种类似手工生产、实为机器生产的环境，并意味着选择构

居住呼唤诗意

件的多样性、个性化和手工参与的可能性。对于住宅而言，如果住者能亲手打制自己的家具，装饰自家的壁龛，摆弄自家的花园，并且选择一个没有污染、自然风光美丽、邻里和睦的大环境，则"诗意"庶几可存。

在存在论意义上，居住的价值并不必独立于做学问、从事艺术或欣赏音乐等高级或高尚活动之外。对于哲学家而言，只问思考，不问居住环境的态度是颇可质疑的。在中国，喜欢赞颂那些安居陋巷而做大学问的苦行僧，或者自诩为"安得广厦千万间，大庇天下寒士俱欢颜"的圣人，这样的圣人存在有一个潜在的前提，即天下寒士必须报这位救世主的恩。诗意的栖居，不能是报恩的栖居。每个人必须能直面自己的心灵，或直面心灵的上帝，而不必通过一个中间人或中间机构来感知造物主或生存之"道"。

诗意的居住，应该由尊重个人价值的社会提供这样一些要素：环境便利的生活与交通条件、参与环境制造的可能性即参与的途径、居住区的象征与建筑群体的意象、安全而和睦的邻里关系、社区服务。

个性能展现、个体受到尊重、个人能够积极地参与社区，私人领域和公共领域相得益彰，这就是诗意栖居的前提。由之，我们也就转换到另一个核心概念：市民社会的建立。

市民社会与新住宅运动

居住问题是非政治领域的重大问题。

年近50的王石，一定对近50年来中国的政治风雨深有感触。这个年岁的人，是典型的政治人。通过政治手段而参与社会变革是许多人的直接愿望。即使是一些躲在书斋的学者，参与政治也是他们的宿愿。而王石或以王石为代表的一群人，试图探索通过产业活动而促进社会改革的途径。新住宅运动也许就该在这个意义上来定位。经济学家们鼓励市场的发育与民营企业家的成长，也许出于类似的考虑。正因为住宅或者说居住概念的极大综合性，牵涉面如此之广，所以，通过新住宅运动而实现社会变革的诱惑是无与伦比的，在中国，要成为比尔·盖茨是难以想像的。要成为王石还不容易吗？是很容易！但王石并不是走权力寻租的路子，他具有深切的人文关怀，他靠完善的制度来规约公司的发展，这样的王石是很难学的。

王石代表着一种有前途的、值得肯定的市民社会的力量。王石等人不是王安石，不是武训，也不是李嘉诚。作为"民营企业家"，他们要通过新住宅运动完成从传统"与政治结缘"的企业家向市场经济条件下的自主企业家的转变。一方面把企业的蛋糕做大，一方面形成有示范作用的现代企业制度。

我们谈了多年的社会转型，到底要转到什么样的型？从传统政治挂帅、靠政治口号动员社会因而难免集权式统治的类型，转到以市场经济挂帅、以民主政治为根本、靠理性的市民社会力量来整合的类型。在这个意义上，新住宅运动寓意不可谓不深远，道路不可谓不漫长。

由于住宅是每个人面临的问题，在经济上、情感上均占有个人生活的极大比重，因而新住宅运动在市民社会建立的资源配置、经济力量整合与情感动员上大有可为。另一方面，住宅问题作为建筑与城市规划领域的重要问题，与行为科学、生态与环境科学、建筑技术科学、建筑与城市规划学的发展有密切的联系。这些学科与技术的发展，在以往人们总是诉诸于国家的重视程度。新住宅运动应该从新的角度促进这些领域的发展，即不但要诉诸政府重视，还要凸现出社会发展的另一个有伟大意义的主体：市民社会。

在建筑学本体论的意义

1. 美学与城市美化运动

国家的城市美学一般诉诸于行政广场与行政大楼以及以国土规划为尺度的宏观叙事，新住宅运动则更关心社区与私人空间，这属于微观叙事。作为现代生活的承载者，当代城市的美学危机主要地不是存在于行政空间和城市主干道，而是存在于占城市重要分量的住宅区。以民间力量来实现社会的美学动员，可能比依靠行政力量来美化城市有更优越的价值：民主化、多元化。城市美化运动的主体应该在民间。

2. 心理认同与住宅环境

新住宅运动应该以合乎民主性与发挥个性的方式来完成丰富多彩的私人空间的构成，因而在动员社会参与方面有深厚的底蕴，将会极大程度地给丰富的人性以反射作用，达成人与空间的良性互动。这也是将提了多年的人性化、个性化空间落到实处。一旦普遍的充满个性化的空间形成，市民的心理认同度增加，社会稳定的空间条件就具备了。在这个意义上，住宅环境是社会文明程度的重要标志。文明的环境是有人情味，尊重个人的，从根本上防范与拒绝强权的。因而文明的住宅环境将极大限度地防止专制的形成。住宅不必具有纪念性，作为单体，它绝不应该如同纪念性建筑，但作为一个整体，文明住宅的时代风尚将进入历史的永恒。

3. 住宅与技术、生态

城市住宅是时代技术的综合体现。在当今，住宅应用了很多高技术，但并不必单纯追求高技术与智能化。技术与材料的应用效果，取决于人们的平均素质水准，而且技术的运用应该是激发人的创造性。勒·柯布西埃说"房屋是居住的机器"，对于冲决古典主义的形式教条有革命性的作用，但住宅终究不能成为傻瓜相机，应该给住户以充分的参与创造的条件。因而，在技术问题上应该参考"新艺术运动"的经验，智能化、技术化要运用适当。

技术可以最大限度运用于生态保护。居住区的生活污染已成为城市污染的主要成分，居住区规划上的"保护生态"应该落到实处，就是资金的巨额投入与技术的充分利用。

4. 居住环境的管理

北京万科已经介入建设部大院的物业管理，这是我极力主张的市民社会力量渗入国家权力机构的良好凭据。这件事本身具有象征意义。在住宅物业管理上的立法，在形式上具有相当的先进性，即立法更多地采纳了房地产界人士的经验，而不是由传统教育制度下的学院专家与政府人士凭空决策。新住宅运动完全可以通过这种方式来介入社会

人与空间达成
良性互动

的规约,一种新型契约制度在住宅区管理上达成,传统的行政大院的综合性僵化体制,有望被瓦解分化更新为新型的人与人之间的关系,社区管理将发挥更大的作用。

新住宅运动的实践层面

实践层面的事情,应该由王石等业界人士来回答。在此,我只是略为提供一点线索。

1. 新住宅之模式语言

建立一套新住宅的模式语言是非常必要的。迄今为止,每个房地产商均有一班自己的市场调查与策划人员,而市场调查几乎是"先射箭、后画圈",难免主观臆断的随意性。房地产界应该共享每个城市的消费者群落、消费水平与结构分布,再根据不同的消费状况,适用不同的模式标准。

模式标准的建立,必须在对当代生活与人的行为大量调研与可能性分析基础上,按照合乎理性的空间认知方式,来建构不同类型的中心、路径、界面、结点等,人文主义价值应该融汇到模式语言中。

2. 建筑设计、环境设计与大众参与

新住宅运动之建筑设计与环境设计应该是一个动态过程,大众意见应该是设计调整与完善的重要依据,避免开发商和设计界的武断。同时要充分考虑住户参与设计与建设的可能途径。建筑师的知识与建筑设计管理体制也应该在新的条件下予以更新,以肩负起新住宅运动主体力量之一的重要责任。

3. 借鉴成熟的先进经验

中国房地产业的发展,离不开对国外先进经验的学习与借鉴。当然,以往的借鉴往往流于表面形式。要重视对设计过程、管理程序和内在理念的学习。尤其要重视技术与人文学科在住宅领域的融会贯通。

4. 通过多种方式展示、宣传与挖掘住宅的丰富内涵

西方国家有成熟的主办城市住宅展览的经验。住宅博览会、居住问题研究文丛等是非常有效的方式。应该组织与吸纳更多的专家学者探讨居住的社会学、美学、哲学与技术、生态等诸学科综合问题,将住宅研究引向深入。

5. 建立示范区,开展住宅科技与艺术试验

我国在住宅科技与艺术试验方面进展尚微,新住宅运动必须从此方面进行积极的尝试。尝试技术的综合运用和艺术品位的多样性。

6. 开展合乎学理而重视创见的建筑批评

在住宅建筑的未来发展中,建筑批评绝不能再处于缺席状态。迄今为止,我国的房地产界衍生出了大量泡沫式广告,贫乏而空洞,需要有专业背景和丰富人文学科学养的人来从事专门的建筑批评,杜绝

"歪理邪说"，倡导正当的建筑价值。

王石说，飞伞总是要先爬到一定高度，然后再顺流而降。有几次，他差点落到了水里，但非常侥幸，他经过努力，成功地着陆于岸边。开展新住宅运动，犹如一次历史性的腾飞，我希望它在理论上爬得很高，然后落到实践的坚实大地上，在大地上留下坚实的行迹。

（贺承军：清华大学建筑学博士）

面向新经济，关注普通人

我们犯了许多错误，房地产行业不能再糊涂混乱地发展下去。

□ 王 石

"中城房网"产业联盟的缘起

随着住宅市场商品化，中国住宅市场开发企业的主体已经发生了本质的变化，由国企为主导地位演变成民营为主体。

自1998年，中央明确把住宅产业"作为经济增长点"以来，民营企业在住宅市场中所占的比重越来越大。以1999年为例，无论是销售面积还是开工面积，多种经济成分企业已经成为市场主体，占60%，而国企由原来的80%强下降到40%。

可以预计，以多种成分构成的民营企业的市场份额将进一步扩大，而国营的比重继续萎缩。

由于全国各地区住宅商品化程度不同，国企和民营各占的比例也有很大差别，比如北京市场，还是国企集团占据主流市场；而个人购房率超过90%的广东和以上海为龙头的长江三角洲地区各个城市，排前十位的发展商，民营的比例占到70%。

虽然，机制占先的民营发展商已经成为市场主旋律，但却受制于企业规模小、资源分散，与其资金密集的行业特点极不相适应。

以1999年为例，中国大陆房地产开发企业的平均资产规模不足5000万元，年均开发规模不到1亿元。在沪深两地交易所，近40家房地产上市企业，年营业额平均也仅是5亿元，而上市家电企业的平均营业收入却达到40亿元，是前者的8倍。

与香港的同行相比，差距就更大了。以万科为例，1999年的资产规模40亿元，净资产22亿元，资产负债比率约50%，在上市房地产板块排名第一。而香港地产老大——新鸿基，净资产为1300亿港币，资产规模1800亿港币，净资产规模是万科的60倍，资产是万科的45倍，资产负债比率仅百分之二十九几。很难与之相提并论。

市场占有而言，香港前九家的市场份额为80%，日本积水物产的市场占有率达到29%；而在中国大陆，市场化程度相对较高的上海，市场前十位发展商的市场占有率加起来也就23%，深圳还不到20%。

由于开发商形不成规模，社会资源分散，造成社会资源低效使用，是开发商整体水平不高的主要原因。单个企业而言，由于开发商不能规模筹集资金，也就无法投入足够的资源用于新产品技术层面的研究；也就不能够积极采用新型材料和新工艺；也就不能积极响应配合"住宅产业化"的规划要求。

能否规模筹资规模开发，能否适应住宅产业化的要求，能否在激烈竞争的市场上扩大市场份额，已经尖锐地提到住宅开发企业的面前！

在这样的背景下，产生了"中城房网"企业联盟。

网络技术资源整合

一提到"联盟"的字眼，就会联想到行业垄断、市场瓜分，但就中城房网来讲，是行业协会性质。

传统上，中国房地产协会是房地产开发商的全国性行业组织，随着市场的急剧变化，中房协传统的管理概念和手段已经不适应发展商的要求，比如：共同建立信息平台，通过互联网进行情报交换信息沟通、集体捆绑采购、共同信用融资等。

传统的协会成员是按地区划分，很少跨地区联系，而中城房网的成员首先打破地区限制，进行跨地区的联合，促进会员之间的信息交流、共同培训、联合采购、集体融资和联合开发等深层次的合作，达到资源共享、扩大规模的目的。

中城房网以团体会员的名义加入中房协下属的城市开发委员会，既是行业管理创新，也是网络经济时代的产物。

行业情报交换、信息交流，相比于IT、家电、金融保险行业而言，中国的住宅产业在信息方面还是"黑箱操作"，很多信息只能通过传统的途径传播，信息交流成本非常高。

1991~1992年，万科投资上海西郊花园，由于缺乏开发别墅的经验，车库的进口位置设计不合理，车子要倒三次才能开进车库，原因很简单：设计人员没有开小车的经历，设计的车道是自行车的转弯半径。

我在各地参观过许多别墅小区，惊讶地发现，万科犯的错误，一再重复。2000年初，到南京参观一处新开发的别墅小区，汽车不能直接拐进车库的毛病仍没有改变。已经8年啦！仅是举一个例子。

目前中国大陆住宅发展商在信息情报交流上，还停留在互相参观"样板间"、比葫芦画瓢层面上。中城房网希望在行业情报交流上有所突破创新，避免重复错误，降低信息交易成本。中城房网将利用网络技术，开展信息交流工作。

网络化要求计算机化，而计算机管理的前提是要求企业的管理文字化、数字化、规范化。因此，企业扎实的科学管理基础，是运用网络技术手段进行情报交流的前提。中城房网成员还有许多基础工作要做，不能指望一年半载见成效。社会上"急功近利、急于求成"的浮躁心态在住宅行业也很盛行。现在需要的是踏踏实实做事的心态和精神，否则，投资于情报交流的电脑硬件只是聋子的耳朵——摆设。

目前中国大陆有关房地产的专业网站已经两百多家，而且正在以几何的数字增加。中城房网成员也积极介入其中。但中城房网的重点是在企业管理方面，比如员工培训，将运用数字压缩技术，开展中城网成员之间的远程视频教学，如果采用传统的通讯方式操作，成本上是无法接受的。

B2B建材采购会在2000年7月试运转，10月正式投入使用。电子商务的目标是改变中城房网成员单位的传统采购形式，适应网络经济的新环境。

通过电子商务建材采购，不仅仅大大降低交易成本，还直接提高了产品的服务质量。电梯生产厂家通过电子商务直接供货给最终用户，减少了分销的中间环节，还使成产厂家能运用更多的资源投放到售后

王石：网络最重要的精神之一，就是关注普通人

服务系统上去，使客户得到质量更高，服务更全面的产品。随着电子商务的普及，建材制造商将由推销型向售后服务型转化。

发展商面对网络经济，也同样必须由营销型向以客户为中心的服务型转变。目前我们操作的小区宽频网络项目，就是这种转轨的实际行动。万科同时在开发 CRM 系统（客户联系管理）。通过 CRM 系统，将市场策划、新技术应用、产品营销、售后服务等业务系统，围绕以客户为中心进行网络管理。CRM 的特点是：发展商同客户互动，企业部门之间连动，信息反应及时快捷，是传统管理手段无法比拟的。

市场为导向的企业整合

关于规模化，家电行业很有借鉴意义。彩电行业的龙头企业，经营规模已经是百亿以上，像海尔、长虹、康佳。企业规模上去了，应该相应地产生规模效益。但实际上近几年的彩电大战、空调大战（随之而来的手机大战），其"割喉式"的价格战已经威胁到同行业的健康成长空间。2000 年 5 月初，全国彩电企业形成的最低限价联盟，除了引起媒体的即时兴趣外，市场价格仍然下滑。什么地方出了问题？厂家的生产能力远远超过市场承受力，这是人所共知的。

供过于求，是市场经济的基本特征之一。20 世纪 80 年代，我曾参观过 SONY 公司在东京的专业级摄像机生产线。在装配线上，我不仅看到 SONY 的品牌，还见到 JVC、NATIONAL、HITACH 等 SONY 竞争对手的品牌。大的电子制造商利用品牌占领市场，生产领域却按规模经济生产的原则进行分工合作。我感叹品牌之间的既竞争又合作的资本主义精神。

反观中国的主流彩电企业却是走着互相竞争而不合作的道路。很难设想争夺彩电市场第一、二把交椅的长虹、康佳两家企业能互相委托加工，但为什么不擅长生产电视机的海尔、TCL 进入彩电市场不采用委托加工的形式呢？我们曾反思过计划经济的"小而全"、"大而全"。可惜，家电行业仍在走着大而全的发展模式。

企业在这种模式下的竞争，是严重浪费社会资源的恶性竞争，虽然表面上，低价格倾销策略使消费者受益，从长远看，浪费资源的恶果，最终还要消费者承受。利润微薄的企业哪有资源开发新产品？更不要说为未来产品升级储备了。这样水平的竞争再持续下去，即使不加入 WTO，彩电厂家也得面临被洋彩电厂家收购兼并的局面。

鉴于彩电行业的现状，住宅产业应该走什么样的路呢？

简单的规模化是行不通的。要使社会资源合理配置，有竞争力的发展商应该在产权、资产、专业分工的综合层面上进行整合。只有这样，才能在最短的时间内，形成一批具规模、有影响力的产业集团，才能彼此形成既竞争又合作的良性竞争局面。

1997年，万科就考虑通过和同行企业的整合，加快企业规模化的进程。正在进行的华润集团控股万科，正是企业间进行整合的第一个步骤。

在这一步里，首先是万科和华远的整合。被香港华润集团控股的北京华远不仅打通了在香港直接融资的渠道，还是首都市场四大房地产企业之一。而在房地产上市企业排名第一位的万科拥有全国性的品牌，有一支成熟的市场开发队伍。万科与华远的整合应该是 1＋1＞2 的整合。

万科同华远的整合完成后，还会有一系列的整合。但是，应该看到，同香港同行比较，即使万科加上华远，规模还是不大。因此，"中城房网"将在充分的信息交流、共同培训、共同采购、共同融资的过程中，继续扮演积极角色。

关注普通人是市场的大势

20世纪80年代，中国大陆城市住宅的主流还是均一化的福利房，与此同时，深圳、珠海、厦门等沿海城市的商品住宅也在悄然兴起。早期商品住宅面向的是哪些人呢？在"对外开放"、"先让一部分人富裕起来"的政策导向下，面向的只能是海外华侨、港澳同胞，以及游离于体制外的三资企业白领、民营工商业主、自由职业者。这是个特殊的消费群体，其主要特征为：人数上只占城市人口的少数，而经济收入和消费能力上却远远高于城市的平均水平。显而易见，面对这样一个特殊的消费群体，住宅开发商的产品路线只有开发高档或中高档住宅。万科地产的城市花园系列应运而生。

以高档、中高档住宅为主导的商品房市场持续到90年代的中期。之后，市场发生了天翻地覆的变化，其特征为：城市住宅业，福利房的主导地位已经让位给商品住宅，以1999年的住宅市场为例：商品房的市场占有率为85%强，非商品房不到15%。

商品住宅从面向少数群体的"奢侈消费"转向普通人的"大众消费"成为不可逆转的趋势。但许多住宅发展商没有注意这一趋势，仍盲目开发高档、中高档住宅，这是城市商品房空置率居高不下的原因所在。如何顺应住宅市场的根本变化，关注、开发城市普通居民住宅，是新老发展商共同面临的重大课题。

关注普通人应该成为开发商的自觉

关注普通人的"普通"定义是什么呢？

我的理解就是：不享有政治、经济和文化特权的白领、蓝领、自由职业者和中小工商业主。这个群体是现在、未来住宅市场的主流消费群体，这个群体的特征是：占城市居民的大多数，经济收入和消费水平为城市的平均水平。20 世纪 80 年代培育起来的住宅开发商习惯于所谓的洋派高尚商品房而不屑开发适应普通居民需要的普通商品住宅。

万科曾经请罗小未教授讲"外国建筑史",在评价近十多年来中国城市住宅开发现状时,罗先生说:"姑且不谈个别粗制滥造最后不得不推倒的伪劣产品,即使有些被认为不错的也存在败笔。"罗先生认为的败笔是什么呢?她列举了:建筑形式宫廷贵族化、室内布置高级宾馆化……;至于住宅单体,则是"什么'欧陆式'、古典式、英国式、威尼斯式,甚至是无中生有。"

也许多数发展商不认同罗先生的评价,仔细回忆近二十年商品住宅市场所走过的路,认真观摩城市新型住宅区的景观,我们不得不得出结论:罗先生的话虽然刺耳了点,讲的却是事实。商品住宅的开发自觉不自觉地走进了浮夸、浮躁、盲目崇洋、标新立异的误区。

在上海新住宅论坛筹备期间,政府官员和媒体记者曾一再问我"'新住宅论坛'的目的是什么?"我回答:"我们犯了许多错误,房地产行业不能再糊涂混乱地发展下去。回顾十几年来走过的路,一总结才发现发展商很难看清自身的问题。所以我们先是邀请建筑专家,再是请出社会学家、经济学家,加入大讨论。会有什么成果?是什么?还不清楚。""没有其他的目的?""没有,真的没有。"媒体的朋友不满意如此简单的答案,猜测刚成立的中城房网正在酝酿重大商机,或纯粹商业炒作。但建筑学界、社会学界对发展商的反思倡议表现了正面的理解和积极回应。"关注普通人"的提法就是在和两个学界专家讨论中形成的共识。

20 世纪六七十年代、乃至八十年代,中国城市曾大量建造"火柴盒"行列式住宅,新兴的发展商认为:它是过时、缺乏生活情趣而予以否定,取而代之的是注重绿化居住环境、关注建筑立面的美观、满足生活舒适方便的现代住宅。但换一个角度看,"火柴盒"行列式住宅却是用较小的资源解决城市普通居民住房的最佳选择,在动员国力资源开展工业化时期,有其经济上合理的一面。

反观 90 年代流行的住宅小区,无论住宅环境公园化,还是住宅空间的无限扩大化、住宅装修高级化、卫生间重复化都表现出经济的不合理。以卫生间重复化为例,从住宅区的公用厕所过渡到单套住宅配备卫生间,是城市居住文明现代化的标志之一,问题是:单体住宅配置两套、三套甚至四套卫生间是合理的吗?万科曾考察过日本的高尚住宅区,惊讶地发现,很少单体住宅配置两套以上的卫生间。日本的人均 GDP 多少?中国大陆人均 GDP 多少?为什么我们的住宅卫生间配套这样"奢侈"呢?

从这个例子说明我们现行的商品住宅存在着经济上的极大不合理性。在迎合"新富"消费群体时期,这种经济不合理性却能满足消费虚荣的需要，而面对普通消费者，无论从个人的消费能力，还是社会资源的有效利用，都是不可取的。面对普通消费者，应该反省住宅开发中的贵族化倾向，以舒适、实用、经济为前提，研究、开发满足普通居民的居住需求。

住宅开发商的社会责任

1991年万科跨地域经营的第一站是投资上海的住宅项目。记得刚到上海的当天就驱车游览外滩。船笛声中，仰望沿江的建筑，不胜感慨：经百年的历史岁月，这些已陈旧的建筑仍庄严地屹立在外滩，骄傲地表现着大上海的天际轮廓线。我自问：万科能给上海提供有历史留存价值的建筑吗？

我没有受过城市规划训练，但却深深感觉到城市建筑不仅影响到城市的现在，还将影响到城市的未来。房地产开发商的社会责任重大。

社会上一谈到房地产开发商，颇有微言，似乎房地产企业是暴利、没有信用的代名词。针对中国大陆房地产开发商的现状，张维迎教授在发言中的"只有10％的发展商是守信用的，其余的都是大小骗子"的说法虽然有调侃的味道，却代表了社会上的流行情绪。"为什么IT企业烧钱是高科技的高尚行为，而房地产商的赚钱举动就是奸商？真想不通！"万通董事长冯仑这句话则道出开发商的心声。就行业之间的利润率来比较，房地产整体行业的利润率低于家电、汽车、高科技等行业，表明房地产业的利润率已经社会平均化。1999年住宅市场的销售额已达2143亿人民币，并保持两位数字的增长，仅仅调侃"90％的发展商都是骗子"怎能令人信服？社会上对包括住宅开发商在内的房地产业有偏见是不言而喻的。

一般而言，房地产开发商和其他行业的企业并无不同，目标都是追求利益的最大化。但房地产开发商还有自身的，不同于其他行业的特殊属性。在城市文明的建设中，发展商还是计划者和组织者。在这里引用李陀先生的一段话：房地产这个行业毕竟与其他行业有所不同，它对人类今天一个主要的文明形式——城市，有莫大的影响，因为房地产商的每一个举动都和城市的发展紧紧缠绕在一起，与这一文明的荣辱盛衰有着直接的关系。李陀先生说得多么精辟！可惜的是，房地产开发商的第一重属性被社会误解，而第二重属性则被社会忽略，也被发展商自己忽略。

作为住宅发展商应该警惕自己不仅仅是扮演商人的角色。在城市住宅规划中，发展商很计较规划住宅用地的容积率，大多数情况下，希望突破规划的容积率，这样，在土地价格不变的情况下，降低了建筑面积的土地成本。仅仅从商人属性角度，突破容积率的冲动没有错，但从城市的理性发展来看，很可能是破坏性的。再拿住宅卫生间为例：

仅从商人属性考虑，迎合眼前的消费潮流，继续提供多重卫生间的住宅，实现利润最大化；但从有利于城市的健康发展，应该承担一定的经营风险，引导消费者选择单体住宅单卫生间的户型。

随着市场经济的发展，不可避免地会带来城市居民贫富的两极分化。开发商开发的别墅区、高档住宅区和未改造的老住宅区凸显了城市居民贫富的两个极端。城市规划者在考虑如何减少这种差异造成社会的紧张，有社会责任的发展商也应该认真考虑如何通盘规划设计，使不同收入层次的消费群体能够和谐共处、共享城市文明的成果。日本东京都地区的多摩是一座新型卫星城，已经规划建设三十多年了，仍在建设中。在多摩社区既有为高收入者设计的住宅，也有给低收入者安排的住宅，当然，更多的是普通平民的住宅。开发者通过巧妙的规划设计，把几种不同对象和档次的住宅有机地结合起来，使不同收入档次的人群都能够友好、尊严地生活在一起。多摩社区的规划发展给人震动和启示。开发商要关注普通人，就应该有这方面的意识和社会责任感。

（王石：万科集团董事长
中城房网首任轮值主席）

大步迈向新生活

建筑的困惑

人对于自己创造的建筑的困惑,可能一点不亚于上帝对他所造的世界的困惑。四根斜柱子,搭成简陋的小棚,就包含了建筑的所有过程和含义的问题:它是否符合居住者的生理、心理、审美需要?它是否是一个文化记录?

- 走向新住宅

- 城市的忧伤

- "新住宅运动"与建筑文化创新

- 吴焕加的八字真言

- 低能耗,并非遥远的风景

- 作为建筑师,我们的责任

- 人,诗意地栖居……

- 长官意志:建筑师的厄运和幸运

- 零度建筑

- 许安之和他的"后小康住宅"

- 刘太格:安得广厦千万

- 现实的建筑

- 崔恺:市场推动着的建筑师和他的住宅

- 张永和:住宅的漫游之城

- 新住宅运动:中国建筑新的地平

走向新住宅

"新住宅运动"应当关注住宅建设与城市空间的关系，新社区应该去织补已经破碎的城市，而不是继续肢解我们的城市，犯历史性错误。

□ 崔　恺

新世纪来了，"新住宅运动"来了。

什么是"新住宅运动"？每个人都有不同的看法和猜测：是不是商业炒作？是不是行业托拉斯？是不是沽名钓誉？

当我阅读了卢铿先生的倡议书，当我参加了中城房网的座谈会，当我看了万科周刊"新住宅运动"专栏中的许多文章，我相信"新住宅运动"是认真的，是做实事的，甚至有可能成为影响中国建筑发展的一个重要的历史事件。

作为一名建筑师我坚决支持"新住宅运动"，我愿意积极参与"新住宅运动"，我对"新住宅运动"充满希望。我认为：

"新住宅运动"应当关注所有人、普通人的居住问题，而不仅仅面向某些社会阶层。它要解决而不是制造社会问题，要促进社会的发展和稳定。

"新住宅运动"应当既反映现有的生活方式，又提倡新的居住精神，引导健康的住宅消费，而不应急功近利地迎合市场，甚至将其引向歧途。

"新住宅运动"应当注重住宅空间和形态语言与生活行为模式的对应关系，而不应仅仅是外在形式语言的翻新和模仿。

"新住宅运动"应当从营造社区的景观环境入手，进而关注城市的环境和自然生态，而不应以破坏环境为代价。

"新住宅运动"应当关注住宅建设与城市空间的关系，新社区应该去织补已经破碎的城市，而不是继续肢解我们的城市，犯历史性错误。

"新住宅运动"应当加速住宅产业化进程，扎扎实实地促进建筑材料、设备及建造技术的发展和进步，而不是加剧不正当竞争，在低水平线上不断地重复、徘徊。

"新住宅运动"要求建筑师走进市场，走近客户，走下工地，提高服务意识，更新服务观念，而不应纸上谈兵，闭门造车。

"新住宅运动"要求建筑师要学策划、学经济、学营销、学开发、学运营管理，开拓眼界，增长知识，扩大设计业务范围，提供更好的服务。

"新住宅运动"应当提倡建立新型的发展商与建筑师的关系，更多的沟通、更多的信任、更多的尊重、更多的理解，双方是合作者，而不仅仅是契约中的甲方、乙方。

"新住宅运动"应当重新确立设计的价值体系，优质优价，好的设计应有好的取费，好的设计创造更高的价值。合理的价值体系将激励设计水平的提高，反之则会抑制和打击建筑师的创作热情。

"新住宅运动"应当做的事太多了，我们可以并且能够对它寄予厚望，我也想呼吁所有关心中国住宅建设的人们加入到"新住宅运动"中来，众人拾柴火焰高。

著名建筑大师柯布西耶在《走向新建筑》中写道：

"建筑应该是时代的镜子。

当今的建筑专注于住宅，为普通而平常的人使用的普通而平常的住宅，它任凭宫殿的倒塌，这是时代的标志。"

让我们一起走向新住宅，这是新千年的标志。

（崔恺：建设部建筑设计院副院长）

城市的忧伤

一个城市可以没有职业思想家，但午夜仍在街上闲逛的男人，一定离思想不太远。

□ 贺承军

街道

当代城市的街道留给人的印象和记忆，就是车流、人流和广告之海。

既是街道，就应当让人感知到自己脚步的节奏，或舒缓或急骤。并且，在一定的视野范围中，某些标志性建筑或熟稔的、亲切的场所在等待着你。街道两旁有女人愿逛的商店，有男人愿意寻找的女人，但是没有一个容纳足迹的场所。购唇膏的女人记得唇的印迹，找女人的男人也记得香吻，但脚步之痕是隐匿的。人们不记得自己的脚步，街道就失去了大部分意义。

街道的意义就这样消失在选择的骚动之中，安详而静谧的拐角处交换语言和思想的游戏似乎从未发生过——思维存在的场所消失，即使对于实用性的街道空间，也失却了存在的底蕴。

于是，步行街的概念在城市规划中频频出现，只是城市的男人们不愿意离车移步，而宁愿逗留在空调小车上，等待妻子或情人步行购物归来。

城市的生活性街道有如居住的多功能客厅,小餐馆、小店铺紧挨着联成一片,停车、用餐、购物、聊天等多种活动同时发生。这里体现了城市的活力。每当凌晨两点路过这等地方,一堆男人在喝啤酒侃大山,我不惊叹如此多的男人今夜躲在妻子的约束之外。午夜过后静悄悄的城市有如坟墓,好在我所在的城市的午夜是活泼而美丽的。一个城市可以没有职业思想家,但午夜仍在街上闲逛的男人,一定离思想不太远。

美好的街道是这样的:20~30m 宽,500~1000m 长,临街建筑 2~3 层高,建筑界面柔和,有凸凹,可以容得下一个餐桌或石凳,有不超过 6m 高的雕塑,花木扶疏,石材铺地,有酒吧、咖啡厅和沙龙,沙龙里有才貌出众的女主人。说起女主人,就让人伤心地渴望。

广场

广场是干什么的?几十年来,我们习惯了万人集会批斗××人的政治性广场;几百年来,我们依稀记得将犯人枭首示众的刑场,前者让我们狂热,后者让我们冷漠,总之是偏离人性的成分太远。如今开会报告用不着众人均"到场",枪决犯人也不宜张扬示众,那么,广场用来干什么?

在许多人心目中,广场是一个城市的脸面,似乎城市脸面贴在建

筑物立面上还不够，还要铺张到水平的地面上。于是，在城市干道或过境公路边设广场的做法大行其时，或者含蓄一点的，设一个市政广场，即在政府主要机关大楼前设一个类似天安门广场的空旷空间。

而市民广场，才是广大居民的真正需要。工作之余的闲憩，人们希望在商业街和居住楼密集的地方有宜人的广场。尺度不要大，做工要精致一些，层次要丰富一些，有个人自娱自乐的表演性空间，有静坐遐思的空间，有儿童游戏场所，也有适合残障人士通过的各种辅助设施。

中国人出门就喜欢看热闹，围一堆人看蚂蚁或看怎样做人血馒头，没的热闹就更喜欢在家里呆着，而不习惯于广场上的公共空间，所以每一个城镇都挤下每寸土地盖住宅，而舍不得留下一星半点空地做市民公共活动的广场。

曾几何时，广场成了一个纯粹政治性词汇，它令人想起法国启蒙运动以来的广场和街垒战斗，想起白宫前广场上的游行示威……近年来，一帮温柔善良的文人在倡议建设市民社会，作为硬件的市民广场，可有进入了他们的议题？

广场是市民的，同时也是培养市民的。广场是除办公室、影剧院外的重要公共场所，市民的素养在广场上醇化。广场的公共性，决定了它需要优雅的举止、优美的言辞，同时它容纳了与私宅密室的密谋私议有别的社会公议。市民广场能培养出真正的有判断力的公众，而不是平时唯唯喏喏、乱时一呼百应的盲目大众。

市民广场的布置要亲切、要多层次多中心，不宜设计成集中的同心圆式的格局，更不能在圆心上设立一个神坛一般的偶像雕塑。市民广场是人们身着便装随意游冶的地方，它将鼓励人们对于公共空间的自觉。

城市标志

城市标志以其实体而承载了精神、象征、审美的内容。

北京的天安门——古都，端庄厚重、正大光明、稳定团结、均衡、权威……

上海外滩——洋场，新锐典雅、商业繁荣、自由、和谐、多元共存……

深圳的标志呢？未来的水晶岛　还是现在的地王？

西方有许多历史名城，经过漫长的中世纪累世经年建立的教堂就成为历史积淀的城市标志，伴随着那些标志物凝聚了持续不断的人文精神的传统。从城市发展史来看，也不是哪一个君主或城邦主说要建一个标志性建筑就能建起来的。

所以，深圳暂无标志性建筑——再过五年有没有？未必。再过50

年呢？或许会有。

那么，现在人们谈论城市标志的意义在于，人们希望有更多的个性的建筑出现，好让人们记住它在哪条路边已成为心理地图中的星位，并以此而记住整个城市。这种要求并不奢侈，也不包含长官意志的大一统，是平朴的民众愿望，值得城市设计者和政府共同来实现。

标志性建筑的审美象征性应该纯粹而富于建筑性，比如广州的五羊或丹麦的美人鱼，就因为过于具象，总显得不够纯粹，不够力度，因而标志性就不强。而如巴黎圣母院、悉尼歌剧院、北京天安门、上海外滩就要纯粹得多，更容易进入记忆。

倘若一个城市的人追求的象征，是如观音菩萨或财神爷崇拜的那种象征物，或者一定要体现什么宝什么贝的，只能说明这个城市的人心胸狭窄、实用而庸俗，对线条、抽象体块的漠然无知，说到底，乃审美力缺乏。

人们对公园的认识已经够多，公园是城市的肺，是新鲜空气、阳光和水体景观的汇聚之所，公园是城市人工环境中的自然。

但深圳的公园，似乎主要地是因为儿童而存在的。房地产业蚕食着公园绿地，只是在孩子乞求的目光下，成人们才留下了那星星点点的绿地。成人们中的男性大多去了歌厅酒肆夜总会，性感女人成为他们陶醉的大自然。家庭主妇则和孩子们一道在家里看电视，稍为奢侈一点的妇女，就到美容院一方面做面膜，一方面看自己。公园成为真正的奢侈品。

公园里应该可以跑步、打球、放风筝，做以上活动时，不必如高尔夫球场上的贵族们那样身边跟着球童，公园应该成为成人们每日的需要。问问深圳的男人们几时逛过公园吧，他们逛公园的次数肯定不如情人的个数多，这样的一群男人可以规划、设计，建设出好的公园来？

但是与公园相类而历史渊源不同的另一种形态的城市空间——"苑"，则似乎得到了充分的重视。"苑"起源于古代王公贵族的郊野游乐场，它的当代形式就是世界之窗、中华民俗风情园之类门票奇高的旅游景点或高尔夫球会之类贵族俱乐部，虽然不再打贵族牌，但深圳的百万打工者是难得一睹其尊容的。天下没有白吃的筵席，这道理我懂，但城市应该有容纳所有人、成为所有人需要的公园，这道理谁懂？

一个平和的、平民的、平等的现代城市，不应该有充满歧视性的公共空间，无论这种歧视的政治的、经济的、种族的、阶级的、性别的解释是如何头头是道，这种歧视本身是野蛮、封闭时代的残存物。

"新住宅运动"与建筑文化创新

北京菊儿胡同的仿四合院式的住宅楼是特殊场合的产物。那种型式不能解决当今中国城市普遍的住宅问题。

□ 吴焕加

新住宅运动的成立，使我想起19世纪末英国的工艺美术运动及20世纪初德国的德意志制造联盟。这两个运动都与工业化发展有关系。

建筑史上的两条道路

19世纪末，英国一些人士在机器生产的浪潮前面，借鉴历史认为需要恢复手工艺，才能保证产品质量。这种向后看的运动没有起到倡导者想起的作用。

德国人采取另一种做法。大家知道，现在德国的产品及其设计，以奔驰和宝马汽车为例，质量和水平之高举世闻名。可是一百多年前，并非如此。德国原来分散为二百多个大邦小邦，1870年才告统一。它的工业化进程落在英法之后，是当时的发展中工业国。

在1876年的美国博览会上，德国的产品"低廉丑陋"，没有竞争力。德国参展团打回报告说："德国工业界应该抛弃仅仅依靠价格低廉来竞争的做法了。要通过智力和技术来改进产品。"一位德国企业家在

1903年发出警告说:"设计质量不仅是一个文化的问题。如果再不改进,我们很快就要无力从国外买进原材料来开动工厂,社会问题也将变得严重。"

德国人亟谋对策。许多人到英国去找经验。其中一个叫穆特修斯(H. Muthesius,1861~1927)的建筑师,当时任德国驻伦敦商务副参赞。他在英国7年,细心考察英国的产品设计问题。穆氏看出英国的工艺美术运动的致命错误是站在工业化的对立面。

1903年他回国在贸易部主管人才培训,主张改革设计观念。他说:"如果在产品上继续借用先前世纪库存的形式,将会招致经济衰退","改进产品不仅仅是政府机构的事,也是全体德国人应关切的事。"他主张企业界和设计家联手活动的方式,推动改革。

1907年,12家德国企业和12位设计家组成德意志制造联盟。在其影响下,许多德国厂家聘请有创新意识的建筑师、设计师、美术家担任设计工作。实业同学术结合,创新同务实结合。联盟举办展览会,出版刊物。1927年在斯图加特专门举办新型住宅展览会,是现代建筑史上影响很大的一件盛事。

当时有一批人攻击穆氏和联盟,说他们迎合中产阶级的口味,是德国艺术的叛徒。1933年,希特勒上台,联盟和包豪斯都被迫解散。联盟存在26年,这期间德国产品的质量和水平迅速提高,并且形成一种新的传统,在这方面,联盟功不可没。

往前看还是向后看?

中国当前住宅建设也面临改进质量、提高水平的问题,我们是走当年英国人的路还是走德国人的路?答案是很清楚的。

但是鼓吹向后看的声音也是不少的。有人把中国传统建筑文化捧得天高,说它不但过去全面领先,而且在现在和未来领先。因为它"预留了足够的'提前量',几乎每一发从中华建筑文化传统的'炮膛'中射出的炮弹都命中'现代'"。西洋人搞这个搞那个,他们都"每每不自觉地走拢了中国传统"!

另一篇文章写道:"西方文化对中国文化的强暴同样已引起了中国建筑界的愤慨。"作者说"人们在呼吁建筑的'魂兮归来'。什么魂?中华民族之魂"。实则是要招回中国古人之魂。

既如此,便要求淡化创新。数年前出现了《建筑慎言创新》的文章。

中国传统建筑的高峰在唐宋,那是中古时期。此后数百年停滞不前,原因在于中国社会在近代没有发展。梁思成先生早年在他的《中国建筑史》中写道:"最后至清末,……旧建筑势力日弱。"这决不是偶然的。中国建筑在过去一百年中逐渐蜕变,是不可逆的进程。梁启超在其《变法通议》中说："凡在天地之间者，莫不变，夫变者，古今之公理也。……大势相迫，非可阏制。变亦变，不变亦变！"在 21 世纪的今天，古代传统是我们想回去就回得去的吗！

上面所举的一些向后看的言论，明显地带有中国古代华夏中心论和当今新文化保守主义的倾向。它们大讲历史却缺乏历史实感，口气很大却缺少现实的可操作的本钱，因此在现实面前难免向隅。

北京菊儿胡同的仿四合院式的住宅楼是特殊场合的产物。那种型式不能解决当今中国城市普遍的住宅问题。

诗云："周虽旧邦，其命维新。"发展是硬道理，思想观念理论的创新是应坚持的方向。如易所云："苟日新，日日新，又日新。"

住宅问题十分复杂，如果明确我们的基点便可以把握主攻的方向和边界，形成内设的尺度。我设想是否可以把"中国、当下、大众、实惠"这四项作为运动的基点。

新住宅运动在组成和方向上与当年德意志制造联盟有相似的地方。这个运动虽以住宅建设为主，但我想它也能同当年德国那个联盟一样，不但在住宅起作用，在建筑文化创新方面也发挥积极的带头作用。

（吴焕加：清华大学建筑学教授、博士生导师）

吴焕加的八字真言

把中国、当下、大众、实惠这八个字作为"新住宅运动"的基点,以此把握论坛的主攻方向和边界。

□ 曾帼英

窗外是阳光灿烂的黄浦江。吴焕加教授坐在窗边,一头白发显得特别醒目。

"我去过一个开发商的家,"他说,"房子足足有 1000 m^2,光起居室就 100 m^2。在中国,这是高消费,并不是我们所讲的 HOUSING。"

"'新住宅运动'的主攻方向,不应该脱离大众。"吴教授认为,中国老百姓的房子实在太小。"几代人挤在一起,不要说'人文关怀',连'人伦'都关怀不到。"

"我就跟我的小孙子共用一张桌子,他做作业我写字,桌面很乱。书架里的书也要摆两排,假如我有一个大房子,问题就全解决了。你要关怀我的人文,最好先关怀一下我的物质。所以,所谓物质关怀,就是人文关怀落到了实处。"

他讲了一个很有趣的现象:连建筑系的教授,在挑房子的时候,注意的也都是平面、面积、朝向,谁也不考虑立面。"外观怎么样都没关系,可是地方太小了东西就放不下。面积大一点,可以隔出一个保姆间，就是很实惠的东西。"

因此，吴教授提议，把中国、当下、大众、实惠这八个字作为"新住宅运动"的基点，以此把握论坛的主攻方向和边界。

"我们的住宅，要符合中国的环境和中国人的生活习惯；立足点是现在，而不是复古或遥远的将来；我们面向的，是广大的普通民众，他们才是真正需要解决住房问题的人。"

"'新住宅'是一个非常好的课题。"吴教授说，"中国要解决居住问题，既要有政府的关注，也要有人民群众、尤其是社会中有实力的非政府人群主体的积极参与。这个论坛的提出，不但可以推动学术，推动产业，更重要的是可以推动大家对住宅建设的关怀。"

有人问他："'新住宅运动'会不会是部分房地产开发商在炒作自己？"他的回答十分直接："不排除这种可能。但发起这样的讨论，本身是一件好事，炒作一下又有什么关系？如果因为怕'炒作'而不做，更加不好。"

（曾帼英：《万科》周刊记者）

低能耗,并非遥远的风景

"中国可以从美国学到很多东西,但对于建筑,学美国就错了。"

□ 曾帼英

> 凯勒(Bruno Keller):建筑物理博士,现任瑞士联邦工科大学建筑技术学院院长、建筑物理所教授,"高舒适度与低能耗住宅理论"的创始人之一。
>
> 瑞士联邦工科大学(ETH-Z)在国际科技领域享有盛誉。20多名诺贝尔奖获得者或毕业于、或工作和任教于ETH-Z。
>
> 1973年和1978年的两次严重的能源危机,迫使欧洲政府和研究机构投入巨额资金和力量去研究低能耗住宅。16年前,凯勒教授和他的合作伙伴开始推广他们的研究成果——高舒适度与低能耗住宅理论。

向欧洲学习

采用一定的建筑技巧,使房子的室内温度在较低能耗的条件下长期处于舒适范围,是"高舒适度与低能耗住宅理论"的核心。

做法其实非常简单,关键是窗户。窗户大小、玻璃种类、遮阳设施是凯勒的三大"绝招",再配合通风系统和保温材料的使用,完全可以使房间冬暖夏凉。当然,凯勒有一整套计算公式,可以根据气象数据、房子墙体和其他材料的传热系数,精确计算并选择出最优化的节能方案。

"我们推广的,是低能耗住宅的新概念和具体实现方法。"凯勒说。

开始推广的时候,也遇到很多困难,人们对这种理论并不理解,而且怀疑是否有效。为了说服投资商,凯勒甚至立下"军令状",保证对节能效果负全责。

80年代末,苏黎世Rutishauser公司同意凯勒的建议,对整栋办公大楼进行外墙改造。工程完成以后,大楼的制冷和供暖能耗分别从350kW和730kW下降到40~50kW。

"至今已经十多年了,效果仍然很好。"凯勒自豪地说,"如果加上遮阳的话,这栋楼完全不需要制冷辅助。"

Rutishauser工程一下子打响了"高舒适度与低能耗住宅理论"的名声,工程师们开始接受并思考这一概念。现在瑞士已经立法规定,不得建造没有遮阳设施的楼宇。在整个欧洲,这种理论虽然仍未十分普遍,但已经有好几百栋建筑有效地使用这一研究成果。

在大洋的另一边,这个理论也广受注意。美国和加拿大拥有充分的能源,"节约"并不是迫在眉睫,但他们仍然对凯勒的技术感兴趣。"因为可以省很多钱。"凯勒分析,"同样高度的大楼,如果搞中央空调,层高就要高达4.5m,但利用我们的设计,可以节省空调管道空间,层高3m就够了,这样就可以多建几层。多出来的楼层就是额外收入。"

"日本和美国经济和技术发展很快,但在建筑技术处理尤其在节能

Rutishauser大楼,低能耗经典之作

技术方面还处于发展中水平，至少比欧洲落后 50 年。"凯勒说，"美国建筑的能源消耗是欧洲的两倍，有些建筑的标准在欧洲甚至根本无法得到批准。"

"中国可以从美国学到很多东西，但对于建筑，学美国就错了。"

最良好的祝愿

上海国际会议中心的阳台，由十几米高的玻璃密封着，十足一个"温室"。凯勒汗流浃背地站在玻璃前，浦东的尘嚣尽收眼底。

"上海现在对能源的依赖性也很严重，我看它在重复曼哈顿的老路。再不改善，迟早会出问题。"他说。

1998 年 9 月，"高舒适度与低能耗住宅"理论开始走进中国。哈尔滨工业大学、清华大学、同济大学、东南大学等学府纷纷与 ETH – Z 合作。

江苏一家开发商愿意拿出 2 栋楼作为试点，让凯勒建设"低能耗住宅"的实体模型，由江苏省政府、东南大学、开发商、ETH – Z 四方共同承担费用。凯勒花了 3 个月时间分析了南京的气候数据，制订出最优方案。今年 10 月就可以开工。东南大学将对房子进行能耗监测，如果节能效果好，就会大力推广。

"引进一项新的技术，从来就不是从低价开始的。"凯勒说。但基于中国的国情，他不能用太复杂的材料。

"中国人花那么多钱把房子装修得豪华花哨，为什么不肯把钱花在窗户上？"凯勒对此很不理解，"其实与建筑表层相比，窗户的面积小得多了。一个适当的窗户，可以营造更舒适的室内温度和健康标准。"他完全倾向于高舒适度："装修的钱完全可以获得更好的设施。"

凯勒强调，优化了的建筑结构完全可以实现低造价。据计算，低能耗住宅的成本只比普通住宅高 200 元/m^2 左右。"已经可以做得很高档了。"凯勒说，"而且低能耗本身也是一个好的卖点。"

凯勒对万科的楼盘比较熟悉："四季花城的通风概念非常好。但对金色家园一期我们有一点遗憾：参与得太晚了。万科与我们联系的时候，房子已经在销售。"

一年多来，凯勒对中国的国情有了深刻的了解："在欧洲，我们只要满足法律的所有规定，就可以完全由自由市场操作。但是在中国，政府的作用非常大。一些新的技术和观点还要政府大力推广。"

"低能耗是中国新住宅不可或缺的元素。以人的舒适度要求为本，结合低能耗技术，新住宅并非遥不可及。"凯勒说，"希望这次论坛能对这个概念的推广有帮助，This is my best wish"

(曾帼英：《万科》周刊记者)

作为建筑师，我们的责任

建筑风格是一时一地的文化积淀，如对文化底蕴缺乏理解，就会形神俱伤。这些华而不实的结果，最后还是分摊到各个住户头上。

□ 罗小未

近几年来，我国住宅建设无论在数量、质量均有意想不到的长足进步，但也不免看到规划与单体设计中的误区。姑且不谈个别粗制滥造最后不得不推倒的伪劣产品，即使有些被认为不错的也存在败笔。

例如建筑形式宫庭贵族化、小区绿化城市广场或城市公园化、室内布置高级宾馆化……有的小区为了突出中央广场的宫庭气派，将住宅视为衬托，以至部分居室布局别扭、朝向不佳。有的为了追求小区入口宏伟气氛，不惜把房屋间距缩到极限。

至于住宅单体也是败笔不少，什么"欧陆式"、古典式、英国式、威尼斯式……有的无中生有，有的抄也没有抄像，或者形式与实践格格不入，造成不必要的浪费。例如为了追求所谓孟沙式屋顶的比例，硬把屋顶提到5m高，剥夺了后排住宅享受日照的权利；古典柱式或拱券门洞到处乱放，或把不符合结构与构造逻辑的大小坡屋顶胡乱穿插等等。

建筑风格是一时一地的文化积淀，如对文化底蕴缺乏理解，就会形神俱伤。这些华而不实的结果，最后还是分摊到各个住户头上。问及设计人，他们常会无可奈何地说，这是市场的需要，业主——主要是房地产开发商的意图，自己不过是执行者。

上述问题的症结主要在于偏重住宅的表象，而忽视了住宅的实质；在表象中又只注意到社会上某些层次。说穿了，目前特别关心的是那些"新富"的口味，而没有注意到各种不同经济层次、文化层次、生活方式的人群要求。

因此，在全面提高住户生活质量的目标下，认真研究不同服务对象的住宅要求，不仅是企业家的责任，也是建筑师的责任。

现在以万科为代表的一批具有市场影响力的房地产企业，认为当前红红火火的住宅建设还不够理想，正在酝酿一场住宅创新活动，我们建筑师是否也应发挥自己的专业良知与专业智慧，为此作出贡献呢？

心灵深处的"诗意"要求

什么是住宅？住宅不是宫殿，不是宾馆，不是迪斯尼乐园，更不是一件用来炫耀自己、吓唬别人的东西。

按海德格尔的话说，住宅是"诗意的栖居"。"诗意"不是用话来说，用眼来看，而是切身体验与领悟的。不同层次的人群对"诗意"的理念与要求不同，对"栖居"方式也不全然一样。

最近上海有些白领看了许多"豪宅"却没有中意的，这里不是经济问题，而是没有达到连他们自己也说不清道不出、存在于心灵深处的"诗意"要求。

作为有志促进住宅创新与发展的人，是否有责任去研究这些问题呢？由此出来的住宅必然是丰富多彩的，比那些绞尽脑汁只想在花样上下功夫要丰富得多，更能表达住宅的本质与特征。

诺伯格·舒尔茨曾说，住宅的本质与特征是由形式、空间与环境综合而成的。形式可以多种多样，空间可以随着人们的生活方式与精神要求而变化，环境可因地而异。三者不是谁说了算，而是相互关联、融会贯通，共同形成住宅所不同于其他类型的"诗意的栖居"的本质与特征。

20世纪是社会住宅发展中最为关键与突出的世纪。它从20年代起便提出并积累了许多旨在提高人们生活质量的经验，这些经验都是针对当时当地某些住宅存在着的缺陷而提出的，是事出有因，有的放矢的。

建筑是一种多元的文化现象，按 Bruno Zevi 的说法是"几乎囊括了人类所关注的事物的全部"。由于各种要求与条件相互牵连与制约，有时在对策中未免顾此失彼，于是又出现了对经验与方法的否定之否定。住宅在这方面较其他类型为甚。

因此，对住宅的各种经验均要作过细的检查，追究其提出与后来又被漠视的原因不能轻易取舍，而是结合自己的要求与条件使之为现实服务。

几个应予深究的问题

例如，20 世纪 20 年代包豪斯针对当时旧城区低收入家庭住宅环境的拥挤与恶劣，在布局中提出了废周边式、立行列式和保证健康的行列间距等等措施，这是住宅史中一伟大贡献；但 50 年代末的"小组 10"与后来英、荷、德的一些建筑师认为行列式不利于人际交流，提出围合式、半围合式、组团式甚至周边式等概念。以上种种是否应逐个究其原因呢？

又如，从原来密不透风的居住区到有大片绿地，这是个进步，但也是上面那些建筑师提出要把绿地分散到住户屋前。今天我们也有集中绿地还是分散绿地，以及住宅在花园中还是花园在住宅中等等不同看法，各自的根据又是什么？

绿化与环境设计

再有，从卧室与起居不分到大卧室、小起居或小卧室、大起居以至大卧室、大起居，甚至又回到卧室与起居不分的大通间，又有些甚么说法呢？

此外，关于住宅设计中的模数化、标准化以至工业化，国内外均积累了许多经验。但最近二、三十年来无论国内外都不那么热衷了，目前我国也只有建设部在积极呼唤，这是什么原因？难道住宅工业化不是方向吗？或者是否工业化与住宅的个性，或与"豪宅"之间有着不可调和的矛盾？

近十余年来，正当人们在庆幸住宅设备日益完美，住宅空调使人免受严寒酷暑时，又发现了地球因生态不平衡而在生病。于是各种节约水电的措施、各种免用或少用空调的实验正在兴起。中国作为一个文明的人口众多的国家，是否也应将此作为己任呢？

20世纪50~60年代，上海建筑师曾因市里提出要尽可能节约土地而做过许多诸如房屋间距、层高等等实验。在空间布局与建筑体形上又做过合院式、大进深、房屋外形前高后低，以及锯齿形平面等等探索。现在大家对于建筑密度的态度比较被动，常是上面规定多少就按多少来做。诚然，过去有过去的问题，现在可能不一样了。最近荷兰被认为是人口密度最大的国家，一些建筑师便一直在考虑住宅的建筑密度问题。他们希望在不伸手向城市要土地的情况下来提高居住质量。这种精神值得学习。

不少建筑师曾有住宅应该改革的愿望，由于牵涉面实在太广，不是某种专业人士力所能及的，只好将此视为奢望。现在中城房网掀起了由企业家、经济师、社会学家、规划师、建筑师与社会各界力量组成的"新住宅运动"，这将是住宅与建筑产业的一件大事，我对这个运动的成功充满信心。

（罗小未：同济大学教授）

人，诗意地栖居……

> 我们迫不及待地"拥抱自然"，挤进了青山绿水的风景，但我们给郊区带来了什么？单一的功能、凌乱的布局、随心所欲的占据、能源的超常消费……

□ 单小海

1."宅者，人之本。人因宅而立，宅因人得存。人宅相扶，感通天地。"

相传，这是《黄帝宅经》的开篇语。简简单单的几句话，却令我久久地凝视。

在西方，存在主义这样地表达：人、家园、存在。海德格尔说："人，诗意地栖居在大地之上。"

诗意地栖居，是人类亘久的梦想。

2."人是万物的尺度"，理所当然，人也是建筑的尺度、居住的尺度。当人回到居所，他应该可以忘掉利润、忘掉竞争，把城市的喧嚣轻轻地关在门外，像鸟雀回到山林，像野兽回到洞穴，安静地蜷伏在自己的一隅。

只有这时，面向被遮蔽的本真才成为可能。

3. 我们曾经为工业文明的伟力而欢呼雀跃，我们也曾经为大都市的崛起而兴奋不已。在童年的作文里，有这样的字句不断闪过："高楼大厦鳞次栉比"、"轰鸣的建筑工地"、"城市日新月异"……

今天，当我们奔走于高耸的石屎森林之中，突然发现，尽管也有红花绿树，有种种修葺矫饰的漂亮风景，但是自己离清风明月、离自然已经很远。

在这座单向度的城市，自己也是异化的一种。

4. 1898年，英国人霍华德提出了"花园城市"的构想。尽管他的规划看起来有点幼稚，但是他所倡导的让都市人保有与自然的友好关系的思想，百年之后仍然让我们怦然心动。

二战后，随着高速公路和汽车工业的蓬勃发展，厌弃了水泥丛林的都市人纷纷涌向郊区，"居住郊区化"浪潮汹涌，一时蔚为壮观。

郊区化是一种逃离的努力。是现代文明使这种努力成为可能。在高速公路上，在门窗紧闭的汽车里，人们向着郊区四散逃逸。

5. 进入世纪末，"居住郊区化"成为我们身边的一道风景。

但是我们的"郊区化"有自己的问题：我们迫不及待地"拥抱自然"，挤进了青山绿水的风景，但我们给郊区带来了什么？单一的功能、凌乱的布局、随心所欲的占据、能源的超常消费……一句话，我

郊区化：身边的一道风景

们的"郊区化"既不经济，又缺乏真正的生活气息。

这种以对环境的破坏，以对土地和能源的过度耗费为交换的"郊区化"，难道就是人类追求的居住前景？

而中国庞大的人口、贫瘠的人均资源，注定了美国式的郊区分散居住只能是少数先富起来的人的奢侈，它与理想无关，与你我无关。

6. 真正的生活形态应该是什么？这是人类亘久的追问。

现代人从封闭的写字楼里出来，被汽车载往住所，由电梯搬运到房间，并且用防盗门和防盗网将世界挡在外面。这样的建筑形态简直是帮凶，它使我们离人性、离真正的人类生活越来越远。

交流越来越受到我们的重视。但是，现代人的封闭与自我封闭自有其难言之隐。在这座移民城市，聚集着来自各个地区和不同阶层的人群，如何获取居住的归属感成为新的心灵困扰。在没有找到属于自己的群落之前，很难想象有真正的坦诚交流。

作为发展商，万科有着自己独特的人居理想，万科开发的住宅区，有着自己鲜明的顾客定位，从而吸引着都市里追求生活质素与居住品位的白领汇聚。安家万科城市花园，或许并不一定是什么"事业成功"的标志，但绝对是追求生活品位的象征。

7. 也许，在居住上，人应该向自然学习。

在自然界，越高级、越复杂的生物就越精巧、越集约。同样的，理想的城市也应该通过合适的建筑高度和密度，在提供居住的同时，使人们生活在最为生态化、美好和微缩的环境中。

人是社会的动物。应该说，居住的集聚不仅是为了更有效地利用土地和能源，更是因为有一定密度的聚居更切近人类的行为方式，它给我们提供了一个鼓励和引导人际交往的空间，使居住真正成为邻里之间共享共生的生活关系——"在其中人们不仅仅生活，而且可以社会性地生活，不仅仅能够在自己的空间'独善其身'，而且有公共空间和邻里环境能够'兼济天下'。"

在我看来，将个人的舒适居住和社会的和谐共处统一起来，追求个人、群体和环境的和谐，就是人居的最高理想了。

万科一直在探索一种人与人、人与环境、人与生活的新的尺度和关系。这种追求，首要的在于通过建筑，重建真正的生活形态：鲜活的、丰盈的、强调交流的、富于人文气息……

8. 西方能源危机爆发后，人类越来越意识到保护环境和资源的重要。作为对郊区化的一种反思与纠偏，"新都市主义"应运而生。

1980年，"新都市主义"的闯将丹尼和普鲁特·茨伯格幸运地在佛罗里达州滨海城市（SEASIDE）实现了他们的主张。SEASIDE直观、准确、堪称完美地诠释了新都市主义的精髓，成为这一思潮最有说服力的作品。

就我个人的理解而言，所谓的新都市主义强调"文脉"（文化、地方建筑特色），强调居住区的"大众性"（社区性、邻里感和生活气息），这种主张显示出他们对现实的尊重，以及对人类天性的准确理解。而这，恰恰是容易被建筑师和开发商忽略的。

9. 自景田城市花园推出围合结构之后，深圳地产市场刮起了"围合风"。

但是四季花城的设计却是"围而不合"，即在围合的同时伴生着开放精神：一方面，通过局部的底层架空、东西向的连廊设计，引导空间有序流动；另一方面，即使是在围合的院子里，空间也是敞开的……整体来看，正是一个个单体的小围合，共同组织了一个开放的大社区。

我们期望通过对密度、居住和工作空间的重新规划和定位，通过引入围合与开放这看似背反的空间概念，组建富有秩序和变化的新空间。

什么体现秩序？大规模的聚居，围合的结构，集约的中央空间、严密的路网系统，这些都是秩序。

什么体现变化？多样参差的层高错落有致，丰富的户型适应业主的不同需求，迥然各异的景观使窗外永远有一份宁静清新。

在秩序和变化之间，四季花城寻觅着平衡点。

10. 车与人似乎是一对越来越尖锐的矛盾。

景田城市花园建造半地下车库，在深圳首次实现人车分流。现在，"人车分流"似乎已经成了房地产业一条时髦的规律了。

但是车真的那么令人讨厌吗？现代人的活动半径已经开始以车程来计算，生活与汽车越来越密不可分。如果我们这样依赖于车，那么我们对车的这种排拒姿态在多大程度上是必要的？又在多大程度上合理呢？

在四季花城，我们希望通过户外停车与地下停车相结合，弱化人与车的矛盾，探索"人车共存"的解决之道。

11. 什么是民族性？相信对绝大多数建筑师，这都是一个尴尬的问题。

当所谓的"欧陆风情"越刮越猛，作为发展商，我们不得不面对这个追问：难道我们在中国大地上做的一切，只是为了把欧洲的小镇克隆过来？

一种文明必然要求一定的载体来表达，建筑作为凝固的历史，难辞其责。

所以我欣喜地看到，民族元素在四季花城规划和建筑上的运用：围合结构与传统的四合院的神似；部分的底层架空切合亚热带气候；最具岭南特色的骑楼的巧妙运用，丰富了建筑的内涵。这一切，构建了一个有情趣的、有地方特色的多样化的城市空间。

当然，民族建筑元素的应用并不就意味着民族精神的光大。而且，这种应用往往受到来自现实的种种质疑：以前是来自意识形态，如今来自市场。因为一点点结合和应用而欢呼是幼稚的。

面对现实，心情格外矛盾。

12. 场所感是建筑的精神体现。

强调场所感，就是要把建筑空间、人的活动和人的心理要求统一起来。正如诺伯格·舒尔茨所言，人必须与其居留处的场所精神和谐一致，才能获得心理上的安定感和满足感。

而场所的构建，首先要合理区分相对公共性和私密性的领域。四季花城通过有节奏感的空间过渡，使个人空间——半公共空间——开放性空间和谐地衔接和共存。

场所建立以后，还必须通过一系列象征性、可识别的标志，来确认和强化这种场所感。在四季花城，步行街、广场属于前者；而入口、钟楼属于后者。这些标识和每一幢建筑、每一扇窗户一起，构筑成一个新的、共同的家园。

13. 横贯东西的步行街无疑是四季花城最具神韵的点睛之笔：色彩绚丽的地砖，给步行街定下了优美的基调。步行街尺度宜人，商店、会所、喷泉、街头长椅和风格各异的雕塑点缀其中，形成一处完整的开敞空间序列。

步行街通向大型的四季广场。广场的概念就是敞开与封闭、吸纳与汇聚，塑造一个亲切的、活泼的共享空间。

四季花城中央高耸的塔楼，丰富了这新城的轮廓，使花城的天际线变得富有旋律、充满神韵。当我们从繁忙的公务中归来，远远望见直指蓝天白云的塔楼，一种归属感油然而生。

而周末，长街上三三两两的，都是我们的邻居和朋友，一个点头、一个微笑、三两句寒暄，都使日子更接近生活本来的意义。坐在长椅上，看小孩们天真地追逐嬉戏，看广场上的白鸽觅食、盘旋、惊起……生活，本来不就应该这样吗？

（单小海：中城房网执行秘书）

长官意志：建筑师的厄运和幸运

建筑师这一门职业，由于根子上与艺术家相连，所以其命运有点类似于艺术家。有一个定律：商业社会中成功的艺术家，一定不是一流的，建筑师也是这样。

□ 贺承军

据说，当人均年收入到 1000 美元时，建筑师一定会鸿运当头。这么说，我国的建筑师们黄金时代还未到来。

自 20 世纪 80 年代中国仿照美国等发达国家的经验，将重心转到经济建设上来，建筑业作为国家经济的三大支柱之一受到了前所未有的重视。但 80 年代的中国建筑师经历了一个非常痛苦的时代，对建筑师创造力的最大威胁是"长官意志"。到 90 年代，经济飞跃到一个新的水平，通过体制改革，原来的长官，一部分人变成了商人、企业家，掣肘建筑师的人，依旧是这些换了脸孔的长官。但是，在商海中随波逐流的建筑师，就像吸毒上瘾一样，内心既对商人的意志抱有极度反感，但又不得不事事逢迎，卑躬屈膝。一直到个别的建筑师混出点名堂，成为像模像样的设计界大佬，建筑界才出现了对商人说不的声音。

建筑师这一门职业，由于根子上与艺术家相连，所以其命运有点类似于艺术家。有一个定律：商业社会中成功的艺术家，一定不是一流的，建筑师也是这样。世界上二、三流的建筑师并不多，一流的更少，大多数是平庸的，这似乎也是一般的社会规则。所以，我们一般并不过分拘泥于将这个职业的从业者来分类分层。哪怕是一个平凡的螺丝钉，也要充分发挥其作用。

说句不恭敬的话，鼎鼎大名的美籍华裔建筑师贝聿铭能算一流建筑师，确是个成功范例，但不是顶尖级的伟大人物。他的建筑生涯中，卢浮宫扩建设计是最艰难也最富于戏剧性的。高傲的卢浮宫总建筑师瞧不起东方人，所以极力阻挠贝氏承担此项世人瞩目的伟大工程的设计。由于密特朗总统的意志，力排众议而支持贝聿铭，最终，总统的权力玉成了此项杰出的作品。在这种特殊的情况下，长官意志竟然是建筑师成功的基石。

而在中国，由于长官意志参与而导致的失败设计，几乎比比皆是。最有名的例子，莫过于北京西客站和十里长安街上的一串建筑：妇联大厦、海关大楼等。其外貌之丑陋、比例之失当、造型之平庸，连大学二年级学生也引以为耻的设计，居然经过无数资深建筑师之手，最终由行政长官敲定了。尤可惜的是，北京西客站前几轮方案竞赛中，曾出现过非常优秀的构思，但中国建筑界特有的劣胜优汰法则，将它们排挤掉了。如果不是因为陈希同倒台了，北京西客站存在的设计和施工质量上的严重缺陷，恐怕也无人敢提出来。

一方面，建筑师诅咒那些主宰设计命运的长官意志，另一方面，建筑师心中又常常需要长官意志作主心骨。尤其是几种方案各有千秋时，建筑师们往往将期待定决的目光转向长官。在这种情况下，长官们也乐得个"勉为其难"。中国的建筑师们继承了传统工匠行业的奴性。去年，我参加国家大剧院的国际招标方案专家论坛，有一位大师就温馨地回忆起20世纪50年代在周总理亲自过问下为北京十大建筑作设计的情景。周总理是一个绝代无双的伟人，但是他对建筑设计肯定是个外行，在一个外行领导下搞建筑设计而倍感温馨，我觉得是不可思议的。更何况，周总理亲抓的北京十大建筑，确也如汉相萧何所为，其壮丽足以重威而已，岂有他哉。

中国建筑师对长官是百依百顺的，但对国外同行的设计则充分显示出泱泱大国的霸气，横挑鼻子竖挑眼。去年的国家大剧院方案，国外建筑师的参赛方案中，没有特别优秀的，但也有比较优秀的。但最终的结果是"一个也不能要"，并且，不顾竞赛规则的约定，临时搞出一个平衡方法，即在国内挑四家、国外挑两家再作新的一轮竞赛。国内四家中的两家，就是靠长官说项，平衡进阶的。

相较而言，深圳市开展的几次建筑方案国际招标活动，自始至终遵守公平、公正的竞赛规则，选出来的方案，就很有说服力。但是，也有人说风凉话，深圳有那么多建筑师，为什么要引进那么多国外设计力量，他们把重要的设计任务都抢走了。好在深圳的长官意志是坚定地采取重大项目实行国际招标的路子。这一事例又充分说明建筑界与长官意志的关系，真是斩不断、理还乱的爱恨交加。

（贺承军：清华大学建筑学博士）

零度建筑

> 即使风水之类有合乎科学的成分,但当我们能用更清楚明白的语言去描述的时候,何必再用那种只会吓人而无美感的"左青龙右白虎"咒语呢?!

□ 贺承军

受文学批评理论的影响,人们已经熟悉了"零度写作"。至于谁是运用"零度写作"的模范,似乎除了罗朗·巴特自己的《写作的零度》这本理论阐述著作外,并无它例。

零度建筑,毋宁说是一种排除了象征、比拟与意义的建筑。这当然不可能走到绝对零度。只是,相对于中国人对建筑的理解来说,零度建筑却具有相当的解放作用:解放我们被束缚日久的创造力、审美能力。

倘不怕被认为妄自菲薄的民族文化虚无主义者,我认为国人的建筑审美力实在低得惊人。

兹举一例。爱好旅游的人,免不了奔走于山川形胜、寺观庙坛,然而,无论是地摊上的导游书籍还是导游小姐的介绍中,充斥着精灵古怪、爱情传奇,却没有对于建筑的纯粹构成的正当描述。比如雷峰塔镇压了白蛇精,故事绘声绘色,但塔的形制、层数、色彩等却语焉不详。关于建筑之意义,坊间也只流传着左青龙右白虎、负阴抱阳和天人合一。稍识历史的，知道秦砖汉瓦、苏州园林。近年来，结合民俗风情园的流行，傣家竹楼、湘西吊脚楼进入人们视野；崇尚洋派者，还热衷于柱式、拱顶、嵌窗雉碟之类的欧陆风情。我没有全盘否认以上见解的意思，但是，仅有这些是远远够不上对建筑的理解。

那么，我是不是在提倡一种曲高和寡的建筑本质主义？否也，我只是想从零度建筑的角度，肢解我们已定型的建筑意义框架，并进而扩充关于建筑的语言知识，因而享受到建筑带给我们的更纯正的乐趣与美感。打一个不甚恰当的比喻，建筑倘如一个美人，我们只顾欣赏她的三寸金莲未免太狭窄——甚至太下作了。

零度建筑，首先是一种否定式的发问与理解方式。以下有几种：

皇帝消失之后，建筑已经不必体现皇恩浩荡了，进一步，也不该体现首长意志，即使他是以人民的名义。

科学昌明了，建筑不必纠缠于风水迷信附会之陈词，即使风水之类有合乎科学的成分，但当我们能用更清楚明白的语言去描述的时候，何必再用那种只会吓人而无美感的"左青龙右白虎"咒语呢?！充足的阳光、良好的通风、避免地下水浸蚀、不建在山顶以免山岳轮廓被破坏和雷电袭击等等，均可有理性的语言、精确的数字来将这些事项摆弄清楚。我们甚至知道了各种岩层、土层的地耐力，还去摆什么鸟什子罗盘？

山岳以其高度展现气势，以其造型显示美感，何必一定要像个人形进入我们的记忆？建筑以其功能供人们使用，其构成一是满足使用面积的要求；二是符合城市轮廓的需要；三是地基与建造技术的可能性，何必一定要戴一个民族形式帽子、用钢筋混凝土仿造木梁瓦片？

建筑构形元素，无非是方形、圆形、三角形的组合与变化，何必称北京天坛圆形的祈年殿是体现"天圆地方"，那故宫的方形庑殿顶岂不是"天方地方"自相矛盾？圆的就是圆的、方的就是方的，何必牵强附会。

中国传统建筑是木构体系，建不起太高的楼，适合于在地面上铺开、水平向发展。于是，有人总结说中国建筑傍地走，是体现了"天人合一"，尊重自然。既然"天人合一"，那么建筑尽可能高地向天空发展，人登半空中，天、人岂不是合得更好。何况，中国木建筑易腐，迭代经年，建房用去大量的木材，森林锐减，导致水土流失，黄河之黄也大概与此相关，尊重自然之说子虚乌有。但是，我并不是贬低木构建筑体系，"有亭翼然"的美姿非石构所能代拟，木构自有木构的存在依据。只是一经漫无休止的"意义化"，它就变得没有意义了。

诸如此类，不一而足。

零度建筑，就是要还原到建筑本来的状态。最极端的例子是，当你作一个在风雨中狂奔于旷野的旅人，突然一个草棚——三根树枝交叉作支架、蒿草覆盖，出现于你面前，你躲进这草棚中，风声犹在耳、雨点不上身，你面对的，就是一座真正的建筑，一座零度建筑。

18世纪末有一位对启蒙运动影响甚大的法国长老，陆吉埃尔，提倡自然主义建筑，反对古典主义建筑的装腔作势、洛可可建筑的奢靡淫逸，就曾构拟过这样的建筑原型。

在20世纪，我们也不必悲观地认为人类已不可能理解原型建筑的价值。现代主义建筑运动，提倡开敞的空间、自由平面、自由立面，取消多余无用的装饰线条和附加的意义，就是对原型建筑，也就是零度建筑的重新阐释。

日本也盛行过没有饰面的清水混凝土建筑，确实构成了关于零度建筑的语言系列。可是，中国从没有出现过这种纯粹的混凝土建筑，尽管现在我国绝大部分建筑是用混凝土建造的。我们在表面上贴满瓷砖和马赛克，实在没钱满贴，就让建筑的背面露出水泥而已。我们的混凝土建筑檐口免不了一通黄色或绿色琉璃，作为20世纪人对明清皇帝的献祭。

建筑发展到后现代，流行的噱头、装饰和各种元素的拼贴，离零度建筑是更远了。但是，以钢结构和玻璃形成的大跨度、无空间障碍（当然仍有分隔）的建筑，讲求空间的实用，没有任何多余的装饰、也不需要象征意义的解释，这就是零度建筑。

深圳机场的加建部分，几乎就将附加意义减到了零度，总不至于有人会将那自由伸展的钢结构屋顶，解释为"大鹏展翅"罢。

许安之和他的"后小康住宅"

中国的建筑师聚在一起,大多热衷于谈论那些大型的、标志性的公共建筑,而国外的建筑师则更关注如何为普通人设计更合理、更实用、更人性的住宅和城市环境。

□ 单小海　王永飚

提起现代中国建筑,人们几乎不能不提清华:无论是当年的梁思成、杨廷宝等大师,还是现在的吴良镛、关肇邺等权威,现代中国建筑史上最有影响的人物大多源自清华一脉。

但是,许安之先生说起这些,并不觉得有什么特别值得高兴的。

"中国的建筑缺乏革命,这不能不说是一个遗憾"

"20世纪的中国建筑只有渐进式的演变,没有革命。这不能不说是个遗憾。"身在学院,许安之出语惊人。"而这局面的形成,以清华为代表的'布杂'主流难辞其咎。"

"布杂"是巴黎美术学院(Beaux Arts)的音译,代表着20世纪一个非常重要的建筑流派。要言之,"布杂"的最大特点就是比较注重艺术美感,注重传统性和古典美。也正因为如此,"布杂"对建筑本身的功能和材料相对着力甚少,更谈不上深入研究建筑的科技应用和环保。因此,可以说,"布杂"代表的是一种古典主义的建筑思潮。

在西方，"布杂"传统在很大程度上已经被超越和扬弃。20世纪三十年代，密斯、格罗庇乌斯等一批建筑大师受到希特勒政权的迫害，纷纷流亡到美国。四五十年代，在新的经济生活和时代精神的刺激下，这批现代建筑巨擘在美国掀起了一场影响深远的现代建筑革命。这场革命，与欧洲的现代运动一起，基本奠定了现代主义的建筑方向，美国建筑界实现了从布杂体系向现代建筑的彻底转变，许多新的建筑观念和建筑探索因此得以发生和实现。

但是在大洋此岸的中国，布杂传统却得到了"发扬光大"。许认为，这在很大程度上与所谓的"清华传统"有关。"美国宾夕法尼亚大学建筑系是布杂的重镇，在中国现代建筑史和教育史上举足轻重的梁思成、杨廷宝等都是这个系的毕业生。"

当迷惘的中国现代建筑遇上了布杂，内在的对传统的依恋和认同使得这些年轻的学子非常自然地投向了布杂的怀抱。

饶有趣味的是，梁、杨和美国现代建筑史上承前启后的大师路易斯·康都是宾夕法尼亚大学建筑系的同学。然而他们所持的建筑思想和最后所走的建筑道路却差之千里。"当路易斯·康吸收柯布西埃的建筑思想，最终从布杂体系向现代建筑作了彻底的转向时，杨廷宝与梁思成还在布杂圈子里徘徊不前，找不到现代建筑的大门。"

而梁、杨等人作为现代中国建筑的开山鼻祖，他们的思想取向对整个中国建筑界的影响，可以说怎么评价都不过分。"一条布杂建筑的主线就这样一直承继下来了，"许将之笑称为"阴魂不散"。

其实，许安之算得上正宗的老清华了。这位中国建筑学会的副秘书长，1960年进入清华建筑系学习，直到1968年研究生毕业。近十年的光阴都是在清华园里度过，许对清华的感情不可谓不深。"但是当我有机会走出国门，接触西方的建筑理论和实践，我才发现我们的现代建筑是多么的苍白和落伍……在长达几十年的时间里，由于闭关自守，中国的建筑师们是在远离世界建筑发展主流的环境里默默摸索。当西方建筑不断革新的时候，我们却是死抱着布杂传统不放，始终是在传统和学院的小圈子里打转。"

1986年，许安之抱着给青年学子补课的念头，从加拿大飞回中国，登上了深圳大学建筑系的讲坛。

十三年过去了，回顾这些年来在深圳大学的努力，"要彻底改变布杂在中国根深蒂固的影响，还是心有余而力不足啊。"深圳大学建筑与土木工程学院院长许安之摇摇头，语气里满是遗憾。

"我们的建筑师应该更关注人"

但是许安之和他的同事一直没有停止过努力。一个最有说服力的例子也许是许安之们对住宅设计的热情与敏感。

许安之认为,住宅作为建筑最为坚实的土壤,是最值得建筑设计师去关注的。作为第 20 届世界建筑师大会(北京)的 VIP 代表,中国建筑学会六人代表团成员之一,许安之在这次世界建筑师的盛会上发现了一个颇令人感慨的现象:"中国的建筑师聚在一起,大多热衷于谈论那些大型的、标志性的公共建筑,而国外的建筑师则更关注如何为普通人设计更合理、更实用、更人性的住宅和城市环境。"

"中国建筑师的这种倾向也是布杂的流毒。"许批评说。"唯美的布杂偏爱那种纪念碑式的宏大叙事,像梁思成设计的人民英雄纪念碑、毛主席纪念堂都是典型的布杂。"也许,在那些"不以物累形"的唯美主义者们看来,住宅设计太过形而下,不值得花过多时间和精力去关注。

受此风气影响,当代中国的建筑师们也大都热衷于搞纪念碑式、标志性的建筑。当然,近年来在经济利益的驱动下,越来越多的建筑师也纷纷涉足住宅设计,但真正把住宅设计当作一项有意义、值得为之奋斗的事业的建筑师,尚不多见。

其实,住宅作为与人最密切相关的建筑形态,影响着人群的生活形态和生活方式,意义重大而深远。正如美国的建筑现代派人物瓦莱里奥所言:"住宅是建筑师的最大挑战,它涉及到人们对文化定位的安排。"因而在国外,住宅设计是非常受建筑师重视的,很多大师级的建筑师都以住宅作为自己的代表作。"在印度,最有名的建筑设计师

住宅:**影响着人群的生活形态和生活方式**

柯里亚连 30 m² 的住宅设计都亲自参与，而在中国……"

可以欣慰的是，在许安之的带动下，深圳大学建筑设计研究院活跃在深圳等地的住宅设计方案竞赛中，并取得了不俗的成绩。万科四季花城项目，就是深大建筑设计院和万科地产旗下的万创建筑设计顾问公司，以及奥地利 HENDE – SCHREIECK – CHEN 建筑师事务所合作的心血结晶。

"后小康时代的城市住宅"

在教学和做建筑设计的同时，许安之也在思考和构建自己的住宅设计理念。

"前几年我参观了上海万科城市花园和顺德的碧桂园等项目，看完以后，我冒出一个念头：中国不少城市已经超越了小康水平，我们应该着手研究小康以后的住宅，也就是'后小康住宅'。"

后小康住宅概念的提出，是建立在城市经济发展的基础之上的。"小康标准是小平同志 1986 年提出的，当时的标准是人均 GDP800 美元、人均住房面积 10 m² 以上。而经过十几年来的改革开放，经济比较发达的沿海开放城市目前大多已经进入了'后小康时期'。"

建筑是时代的产物。建筑与时代、与一时一地的经济基础联系非常紧密。当一座城市步入后小康时期，其经济特征、文化特点就必然要求在居住上得到反映。而这个任务，自然就交到了建筑师的肩上。

两年前，在深圳的一次会议上，许安之正式提出了"后小康住宅"的完整概念。"小康之前重面积，小康时期重装修，小康之后重环境。"许说，"对'后小康住宅'，环境标准应该放在第一位。"许解释说，环境标准首先包括健康，其次要求舒适美观。"后小康住宅首先应该是'绿色住宅'，应当注重环保、生态和可持续发展。"

"人、车、物的可达性也是后小康住宅关注的一个重要内容。这是居住以人为本的最好体现……"许安之滔滔不绝，看得出来，"后小康住宅"理念倾注了这位建筑师不少心血。"一句话，绿色、舒适、便捷、信息、安全，户户有花园，家家不设防盗栏杆，这就是我所提出的'后小康住宅'的理想目标。"许安之动情地说。

1996 年，深大建筑学院申请国家自然科学研究基金项目，题目就是"后小康住宅研究"。"1997 年，项目批下来了，标志着国家认可了我的提法。"

如今，许安之将四季花城视为后小康住宅理念的一个绝佳的实践机会："四季花城的开发理念基本具备了后小康住宅的要素：高的绿化率、优美安静的环境、围而不合的设计思想、强调邻里交往的社区概念……这些能够使四季花城避免当前最流行的城市病……四季花城所代表的人居理想，应该是现代中国人居住的方向。"

刘太格：安得广厦千万

> "中国有句古训'有恒产者有恒心'，对新加坡来说，'收买'人民的最好办法就是给他产业，让他成为新加坡的业主。"

□ 单小海

> 刘太格先生：1962年毕业于澳大利亚南威尔士大学，建筑学学士。1965年毕业于美国耶鲁大学，城市规划硕士。1969年进入新加坡建屋发展局，历任设计及研究部主任、首席建筑师、副局长，1979～1989年出任局长。1989～1992年转任城市重建局局长、总规划师。1992年退休后，担任新加坡雅思柏（RSP）设计事务所董事。
>
> 由于刘太格先生在艺术上的造诣，从1996年开始，他还出任新加坡国家艺术理事会主席。

新加坡是一个美丽的国度，这美丽与刘太格先生有关。

从1969到1989年，刘太格先生在新加坡建屋发展局服务了整整二十年。在这二十年间，建屋局完成了超过50万个住宅单位，现在，有86%的新加坡人住在政府开发的组屋里。作为建屋局的老局长，刘太格功不可没。

成为一名建筑师

刘太格是华人，祖籍福建永春。

上个世纪初，刘的祖父从中国移民到马来西亚，为亲戚经营商店和橡胶厂。"由于经济环境不错，祖父可以让儿子到中国，拜在刘海粟先生门下学习绘画。"刘说，"后来父亲又去巴黎呆了6年，一直到30年代经济大萧条才回来。"

"我的母亲来自一个中国满族家庭，我出生时家境已经十分贫寒。不过，至少我是在艺术和文化的氛围下长大的。我也受到母亲的兄长的影响，他也是一位画家和书法家。"

自然地，刘也想成为艺术家。中学毕业时，新加坡并没有像样的大学，于是他打算像父亲一样，回中国深造。但是这个时候国内的政治气氛已经开始有点肃杀了，最后他终于没有成行。

"后来母亲告诉我，澳洲的 UNSW（新南威尔士大学）有一个半工读的建筑学课程，让我考虑一下。为了满足母亲的愿望，我同意了，但提出也要学画画。"

在 UNSW 读书时，刘同时在念东悉尼技术学院的在职绘画课程。"然而到了第四年，我突然意识到建筑才是我要选择的职业，因此我决定专攻建筑。虽然我一直都对绘画和书法抱有很大兴趣，但我没有后悔。"

刘学的是6年的半工读课程，他在课余同时为悉尼的3位建筑师工作。"一位是 JohnNesbitt；一位是 Clement Clancy，他对我很好；另一位是 Milo Dunphy，他对我的思维起了很大影响——我不是一个运动型的人，但我经常参加丛林散步，印象最深刻的一次是跟他跋涉了一星期，到塔斯马尼亚岛的摇篮山去。这些经历使我关注环境，也促使我推动旧建筑物的保留，以及新加坡沼泽地和次级森林的保护。"

此后，刘太格的道路异乎寻常地"幸运"。1962年，刘以一等生的荣誉毕业。之后，他前往美国，攻读城市规划硕士。三年后，这个来自亚洲的小伙子从耶鲁大学毕业，顺利地进入纽约的贝聿铭事务所工作。

有恒产者有恒心

1960年，新加坡从英殖民者手上独立。

由于特殊的地理位置和历史传统，在新加坡，华人、印度人、马来人等各个民族混杂在一起，各有各的信仰，各有各的"祖国"。"华人说，我的老家在中国；马来人更认同马来西亚，印度人想的则是赚了钱回印度去。当时的新加坡，可以说是一盘散沙。"怎样增强新加坡的凝聚力，培育民众新的国家意识？就成为摆在年轻的领导人面前的大题目。

"李光耀很聪明,"刘太格笑着说:"中国有句古训'有恒产者有恒心',对新加坡来说,'收买'人民的最好办法就是给他产业,让他成为新加坡的业主。"

作为这一设想的执行机构,1960年2月1日,新加坡建屋发展局成立。四年以后,新加坡政府宣布了著名的"居者有其屋计划","为所有新加坡人提供策划周详的组屋"。

1969年,在李光耀政府广延人才回国服务的感召下,刘太格回到了年轻的新加坡共和国,在建屋局进行公屋的研究和设计。1979年,刘成为建屋局的最高长官。

建造组屋的最初目的,是为了解决严重的房荒,所以早期组屋定位比较廉价。1977年,在建屋局副局长任上的刘太格,说服他的上司,把组屋的定位从"low"转换成"Public"。

"早期建屋局做的东西就是比私人发展商差,我们的员工出去都不好意思跟别人说我是HDS的。我上任以后,非常执着地,就是要把政府的组屋做成名牌,要给绝大多数的新加坡人提供令他们引以为荣的住屋。"

现在,这些风格各异、品质优良的组屋已经成为新加坡美丽风貌的基本组成,也为新加坡赢得了诸多国际上的赞誉。"很少其他国家的公共住宅能像新加坡一样,被公众和建筑界来讨论的,这使我很骄傲!"

新镇开发与城市重建

刘太格先学建筑,后修规划,所以他特别强调住宅建设要和规划紧密地结合——在东南亚的同行眼里,这已经成为他的一个个人标签了。

当度过最早的"房荒",刘开始提出组屋开发的系统规划概念。"我认为,新加坡的组屋开发应该结合卫星镇的概念来做。当然,卫星镇开发是西方的概念,他们的卫星镇比较小,最多3、4万人。而我们的卫星镇起码要住20万人。"刘说,"要适应新加坡的情况,就要有相当的修改。我们组织了不同的研究小组,社会学的、经济的、技术性的,分别进行专门的研究。"

在刘和他的同事的努力下,新加坡的卫星镇计划得以顺利实施。现在,新加坡有数个25~30万人规模的卫星镇,其完备便利的功能、科学合理的规划,已经成为许多国家学习研究的范例。

由于其卓越成就,1976年,刘太格被授予新加坡国庆日公共管理金质奖章。1985年,刘再获国庆日优越服务奖章。

1989年,新加坡规划部和国家发展部的研究数据中心合并,组成新的城市重建局,刘太格被任命为局长兼总规划师。

建筑的困惑

土洋杂糅的新加坡住宅

这个时候，刘把他在建屋局任内实践的卫星镇开发思路，提升到城市整体规划的高度，来重新检视新加坡的规划。"我们可以利用卫星城镇的开发，来重新结构城市，给旧的城市布局注入新的活力。"

城市重建局的一个大胆的举措，就是在远离市中心的郊区大力发展区域中心。

一直以来，以莱佛士码头和乌节路为中心的南部是新加坡最繁华的老城区，商业密集、人口聚集，给交通、环境和旧城区的保护带来很大压力。"而我的想法是，通过地铁和轻轨，从南部中心向全岛辐射，建立几条'城市走廊'，以减轻中心区的人口压力。"刘解释他的构想："我们特别在地铁远端的站点，结合卫星镇开发，营建区域中心，通过商业和服务设施，来吸引人流向各个方向离散。"

"这样做还有一个好处，"刘补充说："只有这样，我们才能够真正实现对老城区的保护，而不是过度的利用和开发。"

1991年，新加坡赢得了联合国"世界居住环境奖"。

"我仍然担心组屋的建设"

"居者有其屋"的口号，是刘太格为之奋斗了二十年的理想。这二十年里，他为"居者有其屋"的实现倾注了满腔的心血、献出了最宝贵的年华。因此，尽管他离开建屋局已经十年了，但只要一谈起组屋问题，刘太格仍然是抑制不住的激动。

"中国大陆也有所谓的'经济适用房',但是并不能保证给真正需要的人,新加坡的组屋政策是怎样操作的?"

"公屋腐败是很流行的。东南亚不少国家也做了很多廉价的公屋,但是他们不是给穷人,而是给朋友,让他们转卖赚钱。新加坡人不同,我们不让中间人赚钱。"刘显得很激动,"我们从一开始,就制定了一整套严密的申请手续,保障普通公民购买组屋的权利。而且,一旦发现业主有欺诈行为,建屋局有收回组屋的权力。"

"我们做事非常踏实,因为我们的资源很少。我们建设组屋,只有两个标准,一是适合人居住,二是面向那些能够付得起房租的大多数国民。其实,很多问题本身并不复杂,关键是看你有没有决心去贯彻。我觉得,新加坡的组屋政策之所以成功,只是因为我们是真心去考虑为市民解决房荒的问题。"

1992年,刘太格从城市重建局退休。他现在的主要职务,是担任新加坡雅思柏(RSP)的董事,这是新加坡最著名的一家设计事务所,雇员超过500人,工程遍布欧、亚两地。

在商应该言商,但是今天的刘太格,话题仍然离不开政府的公屋政策。毕竟,这是他一生最大的骄傲啊。

"现在新加坡的地价涨得太厉害了。"刘太格摇摇他花白的头,"1969年地价仅占成本的20%,现在有的项目地价已经超过3/4。我很担心,这样下去肯定会冲击组屋的建设。毕竟,新加坡的大多数人,还是要住在政府的公屋里啊……"

现实的建筑

住宅是住人的,是长期的家,不要片面追求标新立异,做太多太花哨的东西。

□ 单小海

建议: **多在规划上下工夫**

单小海:这几天去参观了新加坡东南部的一些住宅,漂亮的立面给我留下了深刻的印象。

刘太格:立面一方面要服从平面,一方面要配合周围的景观。一栋新的房子要提高周围的环境质素,增加一区的市容美感,而不是破坏。

在新加坡,住宅的最大特色还不是建筑单体。实际上,我们花在建筑本身的时间、精力和金钱,远远比不上我们在规划、环境设计、绿化方面下的功夫。建筑设计和规划结合得非常紧密,这才是我们超出一般的地方。

单:您在耶鲁学的是规划,现在还身兼北京、天津、福州、厦门、济南、大连等十几座中国城市的规划顾问。我想听听您对规划的看法。

刘:规划和开发不一样,甚至可以说天生就有矛盾。为什么这么说?规划应该是从大处着眼,从大到小,从远期做到眼前,先保留老城区和自然景观，再考虑开发；而开发是从小处着手，由小到大，从现在做到将来。

从1987年起，我就开始应邀给国内城市做规划顾问，所以对这一点感触尤深。亚洲国家做规划，也跟做开发一样，一小块一小块地做，这样做出来的东西之凌乱、之缺乏秩序，是必然的结果。

规划的道理很简单，但真正做好，不容易。

单：您谈到新加坡的新市镇开发，我们很感兴趣。因为在中国，万科等大的房地产企业都已经从小区开发转向了社区开发甚至是新市镇的开发。我们最近在天津拿了一块地，规划面积超过了 200 万 m^2。

刘：中国实在是太大了！尤其在我们新加坡人眼里（笑）。

开发商一拿就是几十公顷甚至上百公顷土地，这种机会要非常珍惜地利用。我建议你们多在规划上下工夫，不要仅仅是当住宅来设计。

多考虑整体规划，这样才能够和其他的发展商拉开差距。

批评：欧陆风和主题公园

单：我想听听你对中国的当代住宅的评论。

刘：我一直很反感现在流行的所谓"欧陆风"，这是典型的暴发户现象。

中国不少业主总是觉得，所谓"欧陆风"是经济成就和社会成就的体现。这是很遗憾的事。

单："欧陆风"是一个饱受建筑师诟病的话题。老实说，我也不喜欢所谓的"欧陆风"。但是我想，这股风如此盛行，光用发展商的不学无术或者舆论炒作误导来解释，恐怕是很难说得通的。所以我在想，从社会心理的层面，"欧陆风"的盛行，是不是也表达了一部分先富起来的人，对代表先进生活方式的西方住宅风格的向往呢？这起码是一种对美好生活的追求吧。当然，发展商和建筑师负有引导的责任。

刘：从建筑师的角度来看，这里面还有一个建筑尺度的问题。因为欧陆样式的典型是过去18、19世纪的 house，是小房子，而我们今天盖的更多的是集合住宅，比照欧洲的小房子风格来设计高楼大厦，别扭！另外一个，我觉得中国的住宅规划受主题公园的影响太大。当然，我们邻近的泰国、印尼也都有这个问题。我一直很奇怪，为什么要把自己的家做成一个迪斯尼式的主题公园？

单：我也一直对住宅设计的游乐化抱持怀疑态度。因为主题公园是虚假的东西，是一种幻觉。偶尔去玩玩可以，谁能整天泡在迪斯尼乐园？所以我对泛亚易道以设计了多少个迪斯尼为卖点很不以为然——毕竟，乐园和家园是两回事。

刘：住宅是住人的，是长期的家，不要片面追求标新立异，做太多太花哨的东西。

欧陆风——对美好生活的追求？

短期带来新奇刺激的，长远来看都不一定是好事。

我觉得中国的住宅正在走新加坡走过的一些弯路。像跃层呀、错层呀，新加坡也流行过一阵，现在已经没有市场了。因为这种设计把空间分割得很细碎，而且给生活带来了一些无谓的障碍。

以我的经验来看，要说服那些中国的业主是很难的，但我们的的确确走过同样的弯路——现在这样的东西能够尽量少做，将来的浪费就少一些。

建筑观：现代的、本地的、风格

单：据我所知，您作为新加坡一位资深的建筑师，曾经和贝聿铭、丹下健三、黑川纪章等国际级大师合作，设计过不少风格独特的建筑。您能不能给我们介绍一下您的建筑观？

刘：我的观念，建筑首先应该是现代的，其次应该符合本地的气候，符合本地的生活习惯，当然，这二者是紧密相关的。最后才是风格。

单：但是，"现代与传统"一直是一个很难以厘清的话题……

刘：我觉得可以处理得很简单。

最根本的一点，现代的东西，应该是为现代人创造的，符合现代人的审美。这就好像现代的时装，是为新的生活方式和审美要求而创造的。在这一点上，建筑与时装并无不同。

至于现代和传统的关系，我并不是说建筑师要固守着某种所谓的"传统"。其实，（中国）建筑自古以来都有受到外来文化的影响，这一点唐代建筑表现得非常明显。

单：我理解您的意思，传统也在现代之中。是的，有意思的是，唐代也正是中国国力最强盛、心态最开放、对世界文化影响最大的朝代之一。

刘：反过来，19世纪的欧洲建筑，也明显受到中国风格的影响。总之，建筑的发展就是一个不同传统互相学习和互相吸收的过程。

至于我个人，我情愿做一个现代的好的建筑，而不去做一个民族的、勉强的建筑。

单：您刚才说地方特性时，特意提出了气候作为一个重要因素？

刘：气候影响生活方式。比如我去看北京的老四合院，发现南北的胡同很宽，而东西的胡同很窄，觉得很奇怪。后来请教别人才明白，因为北京的纬度比较高，这样设计是为了增加日照，同时也可以挡风沙。你看，北京的气候就带给了老北京这么个独特的东西。

同样的，不同的地方有不同的材料，这些材料影响建筑的外观，影响建筑的形态。20世纪80年代，我坐车从厦门到福州去，在公路两边发现一个非常有意思的现象：厦门的老房子墙面基本上是花岗石的，接下来沿途的房子用石头越来越少，开始是石头加红砖，然后是以红砖为主，加以涂料。到了福州地段，住宅使用的木料越来越多……这是我一段很直观很难忘的体验。

单：关于风格？

刘：风格是一种带模糊性的东西。比如说，什么是真正民族建筑的风格？这个问题已经争论了很久，可能还要争论很久。但是有几点我逐渐开始了解了，我觉得中国建筑有几个基本的东西：

一是轻巧。你看现在的西方建筑也越来越多地使用薄的间墙、玻璃幕墙，是走得越来越东方了。而我们中国的当代建筑却在强调要宏伟、要雄壮。当然，雄伟不等同于重，这考验建筑师的功力。

二是强调协调，阴阳协调。你看传统的中国建筑很少全用直线，很少突出尖角。一般都是刚柔并济，直线和曲线用得非常协调。我们现在做建筑，就要抓住这些协调性。我设计南洋艺术学院时，有个业主看了我的草图，说刘先生这图有中国的阴阳的味道，我很高兴。

中国建筑的符号、比例感和空间感都不一样，难以言传。很多东西是靠建筑师的悟性，以及经验的积累。

最重要的是，我觉得，建筑师不应该是先有审美的要求而去刻意营造某种东西，而应该是根据客观的条件来设计住宅。

（单小海：中城房网执行秘书 2000~2001）

崔恺：市场推动着的建筑师和他的住宅

通过这个运动应该更多的对住宅技术关注。

崔恺设计了现代城。有人说，现代城的热销，不过是开发商把一个80年代旧有的概念炒得世人皆知；还有人说，现代城得天时地利，它的成功恰恰说明北京的住宅类型太过单一。

这种说法，让崔恺感到受伤，作为一个认真的建筑师，崔恺在现代城上的设计匠心良苦。他说，现代城的经历难忘。

6月8日早晨7:00崔恺就要飞往西安，他还有一篇在新住宅运动宣言大会上的发言要写，作为建设部建设院的副院长，繁忙事务工作也等他安排。崔恺没有太多时间讲述1998年里创作现代城的那段经历，但在他的言语中，记者还是听出了一个建筑师有幸遭遇到一个好开发商时的无限感慨。

所以崔恺给了新住宅运动更为积极的肯定。

记：你认为新住宅运动落到实处的操作应该是什么？
崔：新住宅运动的实际操作，包括集体采购，互通信息，这些都会对住宅产业有很大促进，因为当零散的地产商很难得到建材、设备厂家的支持，如果是由一个大企业集团来做这事，可能就会使东西尽可能完美，又在价格上符合市场的需求。

建设部在住宅产业化方面也宣传了好几年了，但实际上靠科研部门、靠厂家自己都做不下去，因为东西得要有人买。有需求才有人生产有人研究，所以从需求来带动生产、研究。

这也牵扯到标准的问题。就是有一个预置系统，全国每年这么大建筑住宅量，要求每个施工队都盖好房子也不可能，要保证它的基本品质就要有标准化的东西。如果有了中城房网搞的大投入、大开发，这标准很有可能就在市场上确立了。

现在住宅产业化在做一个例子是长沙远大，做集合式卫生间，整体浴室，做得不成功。这是日本人用来盖鸽子窝，或者用在轮船上临时的东西，不太适合住宅，在市场上不太好。

但住宅产业是带有这个概念的，就是把手工劳动变成大工业生产，标准生产。这种生产你到美国可以看到，大的超级市场里，房子里的每个部件都有，拿回家，自己组装。统一的由厂家来做，每个细部的质量都可以保证。而现在是从大厂到街头小店都在做，把品质做得很差，大厂的贵，小厂的便宜、灵活，所以都用小厂的，品质就降低了。现在就希望大厂生产的品质又好，设计多样化，价格还便宜，这样只能是大量订购。

记：我们现有住宅的格局遭到了很多建筑师的批评，你认为形成此种症结的原因何在，有什么解决方式？

崔：我们国家在执行住宅建筑规划标准的时候比欧洲人要机械得多。我们的住宅要求每户都要朝南、朝阳，这带来什么东西呢？城市所有房子都要向南的时候，你可以想这城市就像一个大兵营一样。可是你看法国人的房子，这房子看到对面的住户一点都不新奇，就是窗户朝南朝北朝东朝西的都有，它世世代代就是这么住的。所以这种方位的制约对我们住宅的设计是非常头疼的事。

我曾经拿欧洲城市和深圳对比过，什么是好的城市设计，欧洲的城市要说千篇一律比我们还厉害，高度都差不多，然而你能从教堂的顶上看到那是街道，那是广场一清二楚。可是深圳，你站在高层看，看着那是街道，可走着走着就没有了，它融进了大都会高楼丛林里了。那路是怎么进去的，不知道，因为所有房子的间距差不多。因为50m之间，可以是绿化带，可以是路，可以是任何东西，这种空间就没概念了。所以你对这城市完全失去了概念，乱作一团。我们片面地在任何地方强调朝阳，楼与楼之间拉开距离。

你可以想想故宫，想想北京的胡同，街道上的墙、胡同里的墙都是连续的。我们现在没有这些东西。我觉得光从形式上讨论我们是不是要夺回故都北京,是个很浅薄的层面。我们失去的是空间,我们对这个城市的感觉没有了,而这个是怎么弄的呢?是因为我们有这么多为老百姓定好的规矩。这规矩等于是计划经济的产物,大家都是一个单位的,凭什么你住向阳房子,我住阴面?可是市场经济仍然出现这个问题。这就要靠价位来调整。我们可以设想一下,假如这房子是合檐式的——周边式的,或者行列式的,我们损失了什么得到了什么。行列式的显然没有空间,环境营造上就带来很多限制,或者说它可能没有特点,显然这楼的品质就会降低,它的价钱就会下降。可是如果加了东西向的楼,把环境笼络起来,把空间围合起来,那么东西向的房子价格适当降低一点,南北向的房子价格抬高一点,事实上在价格和土地利用上都是非常丰富,城市的界面就会非常好。我们还可以修补这个城市,比如在一些房子周边加上某些片断,修补这种断裂感,这是很好的事,就是在不开发新区的情况下,把土地很好地利用起来。

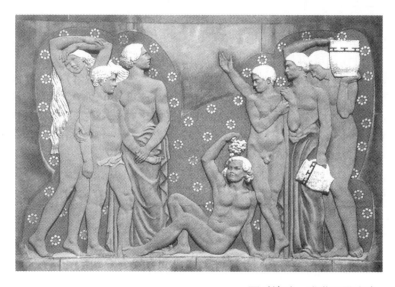

面对墙壁,感觉不再冰冷

刚才说是从价格来调节,还有一种是时间概念。东西向的房子年轻人住一点问题都没有,因为他们并不在家,周末到外头玩去了,到了老了,需要阳光,可以搬到郊区,把房子让给青年人住。这跟计划经济不一样的地方就在于,他可以出售自己的房子。将来城里应该住越来越多的年轻人,为什么呢?因为城里住效率高,所以他对于其他的消费标准可以适当的放低一点。

但现在是非常模式化。你的房子没有朝南的,就扣多少分,你的房子就不符合国家的住房标准。如果再这么下去,我们的城市只能是彻底被破坏掉。现在城市中心的办公功能越来越集中，住宅都赶到郊区，形成这个问题的原因有一个就是地价，买地、拆迁的成本非常高，盖一般住宅造价收不回来，在这种情况下政府如果不干预，都盖昂贵的房子，将来城市交通的压力会越来越大。很多功能集中的市中心，恰恰遍布着的最多最老的街道，这些问题很棘手。

记：新住宅运动中，建筑师能主动地做些什么？

崔：从新的居住概念来讲，建筑师应该来研究普通人的生活习惯，关注地域差别、居住文化，然后给住宅作特定的定位，通过研究再发展特有的住宅类型，做到以人为本。

另外，要把对人生活质量的引导向更积极更健康的方向发展，而不是浮躁地做一些文化上的错位的风潮——欧式建筑。这个可以通过大的房地商做出一些示范性的住宅，起到引导市场的效果。

第三个非常重要的层面，通过这个运动应该更多的对住宅技术关注。发展商有采购的要求，厂家生产，但是谁来研究呢？显然应该是专业人士，从外在的形式到真正内在的品质。对老百姓来说，就是屋子是不是漏水，是否节能，材料是否是绿色健康的。

一个作品成功与否不单单是有建筑师，肯定得有发展商，而且他还占很大的成份，如果他接受不了你的概念他是没有胆量去做的。所以新住宅运动不应该仅仅是发展商的事，而是与住宅所有有关的人、行业积极参加的社会的大行动。这行动在开始的时候可能被人怀疑，当真正干成几件好事时，它对社会的影响会非常大。我们希望这是个比较长久的运动，而不是短期的炒作。

（《三联生活周刊》友情供稿）

张永和：住宅的漫游之城

> 现在考虑不考虑生态，已经不是一个前卫的问题，而是基本的问题。

2000年6月10日，张永和将带着他的竹住宅前往威尼斯，参加四年一次的建筑艺术双年展。那些用阳光板夹种的竹子，以墙的面貌出现在普通家居中，这是张永和探索的一个新型住宅实验——环保生态屋。

4月，张永和在"新住宅运动"深圳预备会上，唱了点不协和音，他强调家不仅仅是住宅，还应该是社区，是所处的城市。他的关于城市的漫游性，打破小区的壁垒、让街道伸入小区，建立剖面住宅的想法，得到了一些人的认同。

6月7日，张永和在他刚刚成立的北大建筑研究中心接受记者采访，就住宅、新住宅运动和未来住宅做进一步论述。

实验住宅小区

记者：您怎么看由地产商们倡导的这次新住宅运动？

张永和：这事有点乱。中国是主流比较明确的社会，不太强调个体，今天市场经济发达了，成功的标志就是赚钱，聪明人都在找最好的行当赚钱。今天中国的精英不是建筑师、艺术家，如果有艺术家，我相信也是艺术资本家，建筑师也是建筑经济师。所以，今天由开发商开头，绝对是很自然的事。

我希望参与的人都有事情做。我是建筑师，我做的事情就比较实，搞实验住宅，研究中国人现在生活方式的转变和产生，包括家庭结构。中国特别容易出前卫住宅，因为什么都没有。而且中国的情况特别复杂，有香港、深圳、上海、北京这样的大城市，还有中等城市和小城市，住宅建设应该成为一个系列的东西。这不能太急功近利。比较理想的来说，还应该有政府参与。

记：搞实验住宅小区，您认为是新住宅运动最可能迈出的第一步？

张：现在在德国、荷兰等都有一个公共住宅，它有两个特点，一是它面对中低层消费群体，造价也不昂贵；再一点它让青年建筑师来竞赛，一箭双雕。

这东西国内要能搞就太棒了！现在是市场带动实践，实践带动学院，整拧。应该是学术先研究，再进行小规模实验，然后再推广到市场。柏林有一个建筑师克雷姆，他就带头组织这事，大概就叫住宅博览会，从战后开始吧，多少年了，就是不断地请人不断地做，所以现在柏林的公用住宅很多都是这个结果。我希望新住宅运动也会这样，这比较实。

建筑师其实是一个特别被动的行业，如果建筑师不是对自己的职业特别执着的话，在中国这种情况下做不了什么事。真正一个物质的新住宅当然最后得是建筑师做，但建筑永远牵扯到大资本，必然得有人出钱，有人来做市场推销。我是希望开发商能从两方面来支持建筑师，一是推动实验住宅，二是推销。这次他们做了一个很重要的组织工作。

搞实验住宅小区对推动中国建筑也特别重要。现在建筑也很被动，种种原因，建筑师不是把建筑作为目的，而是作为手段，全国的目的都统一在赢利上。如果有一批好建筑的话，最起码会刺激一批在学校里的学生吧。

记：你为什么会搞起像竹住宅这样的生态环保屋的实验？它是不是未来住宅的概念？

张：我们以前只是考虑空间的东西，没觉得生态问题这么严重，后来发现越来越严重。现在考虑不考虑生态，已经不是一个前卫的问题，而是基本的问题。竹住宅使用的是环保材料，材料有两种，一种是可以再次利用的，比如金属、木屑；一种就是可处理的。再有，住宅里有植物。我们总说家园，园是庭院，家是住宅。有了园子，大家就会觉得跟大都市的嘈杂、拥挤拉开了距离，作为居所，静是很重要的生活品质，所以我想做园子；但一般城市居住密度都比较高，没有条件，我就把园子造在高层、多层的上头、里头，竹住宅就是在做这个研究。这也跟我自己的心态有关，人不能光是关在一个像防毒面具一样的笼子里，应该跟天地树木发生关系。可现在的楼房，有个阳台还给封起来了。

未来住宅一定是建立在环保生活方式的设计上，比如垃圾分类，用惯了分类垃圾箱的人，跑到中国来就不知道怎么倒垃圾。好的建筑是将生活安排更趋合理，比如少用机器，让温度、湿度形成自然通风状态，最后才是用电脑来安排。

记：这样的实验住宅市场接受得了吧？地产商呢？

张：实验住宅能不能推向市场，就跟现在车展上的概念车是一回事。这会有两个可能，一个是迟早推出去，人们的认识跟上来。你把宣传做好，在市场经济里，这想法常常不是说从消费者中来的，而是靠地产商、建筑师引导出来的。本来人家没这种需要，结果没它还不行了。另一方面，这东西可能会跟市场有一定距离，但老百姓看得见摸得着。上市场的时候，往回找疵点，看看大家的反应，然后再改进，再创造。

我认为，成熟的艺术家都不应该以前卫为目的。我们搞竹住宅，甲方不理解我们要干什么，"怎么能把破竹子种到我们房子上？"我们就得一次一次地说。最近广州的一个汽车站同意我们把竹子种上去了，整个屋顶都是竹子，竹子就像市政管网式的。说服对方应该不会特难，因为只要是你特别认真思考的结果，它出来都会是一个跟人家不一样的东西。可是人跟人的交流到了一定程度，人就不接受了，再说也没用了，怎么办？就扛着。有时你扛过去了，他还转过来了。

经济、实用和美观

记：您认为我们目前的住宅存在什么问题？

张：中国的建筑教育是从巴黎美术学院延续来的，有一套共用的审美标准，谈比例、尺度，谈情调、味道，事实上我们对建筑的认识根本没这一块，就是建造。房子是物质的，不管什么材料，用什么方法，它里面有一定的规律，有概念思维的理论，这是观察城市、房子的方法，最终好看不好看是看产品，最重要的是用。至于比例问题，对我们来说是荒谬的。

现在建筑院校里的学生，是学画特别漂亮的画，画建筑的形象，可建筑不是画画，不只是为了好看。当然永远都有好看、难看的问题。经济、实用、美观三点，不能说既不经济、又不实用，光涂脂抹粉的有什么用？

其实所谓未来就是现在。现在的人，住房既要享受还要显示身份，这就出现了所谓的欧陆风——把建筑作为显示自己的东西，这正好跟未来住宅背道而驰。因为欧式建筑有它当时的居住环境、生活方式，而且材料也不同，有它一定的工艺支持。现在盖这种粗制滥造的西洋古典建筑，就不仅是概念的问题，而是质量的问题。

现在市场上的许多建筑，没有从真正的问题去想——即盖出来怎么住，就花一些表面功夫。房子被当做布景，用房子的人没有得到他想得到的东西。事实上风格并不是老百姓消费建筑的一个关键问题。中国的建筑面临的真正问题是质量，质量不好，才要用装修去弥补。差的建筑要花三份钱，一份是土建，一份是弥补，还有一份是装修。要是花一份半钱给它盖得好点，还省下一份半钱呢。

对于百姓的住家来说，有一个问题——原来可能不是问题——空间割得太碎，现在好多人还没有意识到这个空间太浪费，可能这也跟通过房屋来显示自己的成功的成分多于居住的需要有关系。所以房子的灵活性挺重要，就是能把房子打通，我有钱在房里打网球都行。

在城里漫游

记：开发商们都力图在大环境里创造一个小环境来吸引住户，为什么您却反对小区建设？

张：住宅问题我觉得最核心的一点是城市。这对人的生活质量特别重要，对于一个人来说，不管你有钱没钱，你到底是只生活在你的房子或你特别封闭的公寓里，还是生活在城市里？现在中国就比较强调我有钱我买别墅，可是你买了一个很大的豪宅，出去就塞车就空气污染，生活一下就大打折扣。

实际城市化程度高的城市，恰恰住宅不见得很大，因为待客出去等等很方便。我说这话可能有欧洲中心论的嫌疑，但欧洲的城市具有可漫游性。他们的生活质量，一方面像日本，有24小时便利店，每200m有一个，就是说你出了门，步行200m就应该有一家店；还有一种是我出了门，一定是很有目的，是享受城市。

我对这个特别有感触。以前我们家是住八面槽，晚上吃完饭，我父母溜达着就到了王府井，碰巧也买点东西。但现在我们住的这城市，目标和享受城市的关系颠倒了。

我为什么不用溜达用漫游这个词就是想本来人应该是在城市里漫游，漫游不了，只好到网上漫游。所以开发商、建筑师一起要做的工作，就要让人们重新回到城市。我觉得北京特别滑稽，我曾在特别美国化的城市休斯顿呆过，北京现在越来越像休斯顿。这可能有点夸张啊，像月球上的城市，出门就进一辆带空调的车，想走最快的高速公路到另一点，去干什么呢，无外乎就是购物、吃饭……就是说，你从家到餐馆，追求的只是速度。

北京正在往这个方向走，一出门就是三环四环，也不可能有什么风景。不是说城市大了就不能漫步,上海就很大。北京有些十几年形成的商业街区,一整治就全给拆了;白颐路、工体外的,我觉得这些景观并不矛盾。这里面有个本质的问题,就是密度。密度的一个基本概念就是能不能步行。80年代有一个建筑师,卢森堡人,后现代主义的思想方法,有怀旧的一面,他讲的有一些我比较认同。他说什么是好的商业街宽度,会比较从容?你逛街是悠闲的,又不是打仗。这宽度就是你走在步行街中间,两边的橱窗都能看得见。现在我们的白颐路就像一条大河,以前我父母住路东,还常到路西去走走,现在永远不去了。这等于街道两边的意义永远没有了,就像河一样。

消散了,肃立的人群,坍蹋了,雄伟的神殿,人类精神的余音,仍旧绵延不绝

  密度是个很重要的概念。在北京,我不知道是不是密度太高了?起码密度可能组织得不对。比如说,盖高楼,好像会有很大的观赏性绿地,可是实用价值并不大。

  我对北京中关村有一种担忧。中关村要想成为硅谷就不太现实。在美国城市有自己的模式,它是由大郊区发展起来的,就有点像咱们现在说的别墅区,但它有商业、有会计室、有办公,绿化特别好,一定要有小汽车,干一件事跑出去好远,密度特别低,无法步行。中关村怎么可能是那样?密度已经挺高了,这种高密度倒实际上有可能不那么依赖汽车,应该大力发展公交、轻轨、地铁、自行车,甚至滑板、轱辘鞋等等绿色交通工具。由于网络的发展,人们拿上个笔记本电脑,一个手提电脑,随便到咖啡馆里一坐,就可以办公。

  北京现在就有两个榜样,好了就像东京——可它真说不上好,建筑质量不高,但生活质量高,毕竟有一个建立在高密度之上的便利性,坏得麻烦就成雅典。它完全跟北京是一个特点,我有博物馆、卫城我留着,这之间的城市肌理破坏了全不管。

我们认为一个住宅社区是城市的延续而不是割裂的,首先就应该是社区怎么借助城市的很多设施,反来也一样,而现在完全是独立。这就是所谓关门小区,可是人除了有安全感之外,他住在北京还是深圳整个就没意义了。而且被各个大院、小区割裂之后的中间地带,就成了剩余地带,不仅是景观的问题,也不安全。

有个上海的开发商对此也很感兴趣。他说盖一个小区要建配套的功能设施,开发另一个小区又得弄一套,成本上就浪费,这里面有管理的问题,是不是也有方法问题?

各阶层混杂得看怎么混,绝对的分绝对的合可能也不现实,我提的剖面住宅是针对北京现在住宅就是住宅,商业、办公分开。从使用上说,一层是商业,二三层是办公,上面是住宅,这种垂直剖面也是个完整的小区概念,不同的空间跟城市发生的关系有一个逻辑。

(《三联生活周刊》友情供稿)

新住宅运动：中国建筑新的地平

  在中国，在整个亚洲建筑的历史上，建筑师并不是一个非常有创造性的角色，所以中国在50年代之后，没有建筑师这个称呼，而叫工程师。

□ 张永和 方振宁

  非常建筑工作室主持、建筑家张永和，和东京的艺术家、批评家方振宁，就"新住宅运动"的构想，以及其他涉及到城市规划、现代建筑、艺术教育等范围广泛的问题，进行了一次国际电话对谈。

民间—空间—建造

  张永和（以下简称张）：在西方，建筑和艺术都有两种类型，一种是有理论、有系统的学院派，另外一种是民间的东西。而在中国，建筑一直处于民间状态，可以说，中国是在没有建筑师这个职业的情况下产生建筑的。

  梁思成他们那一代留学回来之后，建立建筑史学，是把中国建筑理论化了。他的理论化做了两方面的工作，一方面是把中国建筑的形式按照传统的西方美学整理出来了，也谈比例、也谈尺度、也谈立面，实际上这些观念原来中国都是没有的，这个一直到今天都是有影响的。可是同时梁思成还研究中国建筑的建造，它就已经不再是一个技术性的问题了。梁对建筑的一个很重要的理解是：建筑本身有自己的语言，中国的建筑有中国的语言，这个基础是建造，而不是一个纯视觉的。其实，即使是许多视觉的东西，也有一个非常本体的建造问题。

　　方振宁（以下简称方）：我们对西方古典建筑中比例和平衡等关系有很深的印象，但是却没有人去研究中国古代建筑中与西方完全不同的比例美学。其实好的建筑都是遵循一种神的比例关系，归根结底是一种数的比例关系。这些在中国近代和现代建筑中好象都看不到了，这个传统突然都消失了。

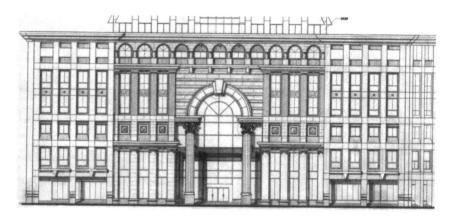

比例关系归根结底是数的比例关系

　　张：是的，建筑变成了一个孤立的审美。这个审美基本上是把建筑作为一张画，一个很平面的认识。这可能要归咎于最近二十年，中国迫不及待地向西方开放，造成许多思潮混乱的状态。

　　这是一个方面，可是归根到底我觉得，就是梁思成的工作本来就缺了一大项，就是"空间"。他当时画的图特别有意思，一张图纸上铺满了立面图，只在一个小角落上画一丁点的一个平面图，为什么呢？他感兴趣的仅仅是建筑的一个形象。但是实际上他并不关心的平面，倒是暗示了一种空间的质量。

　　然后现在连建造也没有了，如果说建造在梁思成那儿还有，在那之后怎么就没有了？

　　我自己有一个解释，可能也说不通，或许只是一个方面。实际上中国一直对匠人是看不起的嘛，如果画画得不好就说人家"匠气"，匠气是贬意词。所以实际上现在的中国建筑师一上来就是放到大学里，他的背景实际上是知识层很高的，但与建造是脱离的。

　　以前没有建筑师，知识分子是处在一个提供想法的地位。比如文征明，他可能把很多好的想法转给木匠、泥瓦匠，实际上是他们把物质转化实施出来。而后来建筑师在知识分子和工匠之间选择了知识分子。当然，我也怀疑今天的建筑师是否很"知识"。

建筑师的微妙角色

方：我常常对中国古代绘画非常感兴趣，对其中的茅屋、庭院、楼阁与人的关系，特别是游玩的空间，以及那些供人向远方眺望的屋上空间感兴趣。刚才你说这些时，我想，是不是在古代就有一种分工，文人出创意，而匠人只是完成文人的创意？是不是可以理解为，当时朝廷中的知识人对空间的理解和追求主宰了当时那个朝代的建筑形式，而匠人为实现这些空间付出了毕生的精力？特别是看那些墓葬的建造，就可以看出古人对空间的高度追求。他们这种分工可能是根据秩序来决定的，其实古代中国的建筑是服从一种统治，也是一种追求秩序的结果，所有的人都是站在被规定好的秩序中。

张：有一个很有意思的问题，中国在一九一几年才有建筑师，等于说没有建筑师照样盖房子，盖了几千年的房子。这是一个很好的例子，说明建筑师实际上是一个中间人，他是沟通业主和盖房子的人之间的关系，是一个非常微妙的角色。这个角色在中国，在整个亚洲建筑的历史上，并不是一个非常有创造性的角色，所以中国在50年代之后，没有建筑师这个称呼，而叫工程师。

方：这种制度是一种限制。在现代西方，建筑师既有创意，又对新材料、新技术有创新和驾驭的能力，既有前卫的艺术思想，然后又将新的技术融于艺术之中。

而在中国，像刚才所说的那种分工延续了很长时间。比如我们一直把建筑专业划在工学领域，而很少与艺术挂钩，结果培养出来的都是像你所说的工程师，这种影响一直到今天。

张：当然我刚才讲的有些自我矛盾，即建筑师选择了做艺术家，做知识分子，结果他既没有做艺术家，又没有成为知识分子，实际上是在一个很尴尬的位置上进行工作。

我认为这样带来了一个问题的两个方面，使中国建筑到今天产生了一个特殊的面貌，即两个极端：一个是发展到所谓标准设计，一张图纸来回套用，根本没有设计。他把建筑师工作的意义给瓦解了。另一个问题是今天极端地强调建筑个性，强调建筑师（或者加上业主）的一种自我表现。

朦胧的新生活方式

方：中国这个社会已经完全改变，比如有许多个人手中拥有很多资金，当物质丰富到一定程度，有点文化修养的人开始寻找个性建筑，想居住在有文化气氛和质量的空间中。所以就出现有人寻找能够按照自己的趣味和要求进行设计的建筑家，这就是中国建筑界发生的变化。

张：我们现在的工作与新兴中产/资产阶级的关系并不限于设计他们自己用的个人住宅。例如在重庆，我们正在为一家生物制药试验室做设计（现已在施工），因为是个人投资，就带有很强的这种色彩。业主实际上希望在过程中完成的不仅仅是一种商务活动，也要把他们对建筑的兴趣放在其中——因为这一对夫妇本身就是搞美术设计的。这在以前的中国是不可思议的。

方：我觉得这是一个非常好的机会，这让我想起这三、四十年代的捷克，那时捷克有一批年轻的建筑家受到西欧艺术思潮的影响，开始设计具有立体主义风格的建筑。由于他们不是主流建筑家，而能够接受他们新思想的业主只是一些知识分子和医生，这些人除了拥有资金之外，最重要的是有趣味要求，包括室内和家具设计都要求与建筑是协调的。现在这些房子已经成为捷克现代主义建筑的重要作品，是不是中国现在也在出现类似的情况呢？

张：就当前中国而言，资本主义的发展还是太突然了。尽管它造就了极聪明的一代人，但他们在文化上是文盲。

建筑实际上是很含蓄的东西。当然我们平时在工作时也不要求业主对建筑有比较专业的兴趣，但是实际上业主对建筑要求用两次，首先是发展经济的工具，然后又要求建筑变成展示自己成功的一个窗口。这是新的市场经济中出现的一种现象。

"新住宅运动"的背景

方：如果是在这样一种让人无法乐观的情况下，那么"新住宅运动"的提出是出自什么样的背景呢？

张：给我的印象是，"新住宅运动"的提出，实际上是源于一个比较原始的冲动，包括我在内（我参加过"新住宅运动"在深圳召开的预备会议），觉得前几年包括商业住宅在内，处于一个从无到有的过程，所以谈不上比较，然后现在盖到一定时间，就觉得应该对住宅有一种新的要求。

方：那是不是要提高空间的质量？

张：它还不是这个问题。以前销售这些房子时，没有考虑过居住和文化之间发生关系的问题。现在想的是更广泛一层的含意，即与文化发生关系，实际上是把"住"设想成一个很朦胧的新的生活方式。

方：我觉得这个想法不错嘛！

张：对，"新住宅运动"本身的模糊性并不是问题，尽管它模糊，但还是很有意思。从建筑师狭隘的角度来看，是希望能带出一个东西来，实际上我觉得这方面做得最好的就是柏林的试验住宅。

方：当我听说中国的"新住宅运动"时，马上想到1927年德国工作联盟，在施图加特举办的"现代住宅实验场"展览。那是战后发起的一场新住宅运动。那些"白色房子（Weissenhofsiedlung）"对二十世纪的现代住宅有相当大的影响，给现代生活带来新的居住样式。这个当时只是临时性的住宅展览，被保存下来的建筑成为现代建筑的模特儿，每年大约有两万人从世界各地陆续到那里参观。

张：柏林的实验住宅可以说是把施图加特的"现代住宅的实验场"放大了几十倍。

我觉得这个"新住宅运动"的提出很有意思。它实际上不是文化人带头，也不是建筑师带头，而是由一些发展商倡导。当然我也觉得中国的建筑师没有能力带这个头，这也是中国社会目前特有的现象。

建筑师带着问题进去

张：回到"新住宅运动"这个话题，我就想建筑师怎么进去，我觉得这一点很重要，建筑师一定要带着自己的问题进去。

比如说梁思成没解决的问题是空间，那么是不是进一步考虑一下中国住宅的空间。还有一个问题，就是对现时性的把握。在一个房子的整个设计过程中，如果建筑师没有把握今天的可能性的话，那么不管是人的使用方面还是形式的发展方面，我觉得首先不会出现好的建筑，也不会出现中国的建筑。

连入口回廊照壁都做得如此精致、细腻，更无论建筑了。
所谓成功的民族风格，这就是一种

我又想到第三个问题,如果我们现在无法定义和判断什么是一个中国城市的特点,那么也就无法定义中国的建筑。可以说,中国的城市处在一个没有传统的状态,或者说有,我把它叫做内向城市,然而仍然没有一个很明确的当代的城市状态。

在一个城市极为混乱的状态下,可不可能出现一个很清楚的针对这种大的环境,属于城市肌理的中国当代建筑?

如果建筑师要拿出答案来,先要把这些问题提好才行。

从整个运动的层面来说,还需要让社会学家和一些对社会科学进行研究的人进来做一个工作,即来讨论研究真的有哪些中国本土的生活方式和生存状态。我甚至觉得这个比建筑的工作更有意义。

方:其实建筑家在设计和真正建造建筑时,周围生活的变化一定会给他带来冲击,迫使他改变自己的生活方式吧。他不能无视周围发生的一切,因为完成一个建筑需要花很多时间,在还没有完成这个过程时,社会已经发生了很大的变化。所以一位建筑家在完成一件作品之后,只要他对生活有所感受,那么他的下一个作品一定是有许多变化。

建筑家是通过作品与社会进行对话,和表明自己的主张。所以我觉得"新住宅运动",是中国从贫困中站起来,然后变得富有,富有之后开始要求有质量的文化,无论是文化建筑也好,商业建筑也好,所有这些都是在一个特定的社会状态中自然生成的东西。

张:我想"新住宅运动"不是一个答案,而是通过它来研究现在的生活方式,更多地指向可能性。

方:我也觉得是应该进行实验住宅展示,不管它成功与否,而是为未来住宅提供模特,如果成功,新的样式就会进入生活。

(经张永和先生授权,单小海在方振宁先生记录的基础上整理成此文,错讹之处由本人负责。)

住 与 思

在很长的时间里,我们的城市有宿舍而无住宅,有街道而无社区,有居民而无市民。正因为中国人把住宅视为一种"宏伟叙事"来建构,所以,从他们对于住宅的一生的奋斗中,似乎很难找到一种轻松的闲适,宅居成了生命中无法承受又必须承受的重量。

- 信誉机制与政府管制
- 居住的"零度意识"
- 重建新的公共性
- 新住宅运动:城市十字路口的烛光
- 里弄和公寓里的新邻里
- "新住宅"与发展商的双重角色
- "新住宅运动"与网络何干?
- 我们曾经忽视了什么?
- 我们没有改变什么
- 新住宅运动,我们共同的主张
- 新住宅运动:多维视野中的演进方向

信誉机制与政府管制

> 所谓品牌，就是不欺骗别人的一种承诺；所谓信誉，就是牺牲短期利益，换取长远利益。这就需要有足够的耐心，今天少赚一点，明天少赚一点，但累计起来可以赚得很多。

□ 张维迎

首先请大家回答一个问题：为什么你买电视机的时候考虑品牌，而买土豆就不考虑？

两年前，有位从国外回来的朋友问我："现在买房怎么样？"我说你现在不要买，因为现在房地产市场骗子太多，30%是大骗，30%是中骗，30%是无意识的小骗，只有10%是诚实的，但是你不知道这10%在什么地方。

那什么时候可以买？我说要等，等到所有卖出房子的人都在为各种欺骗行为、质量问题打官司，最后打出一个健全的房地产市场，那时候才能买房。

最容易骗人的行业

房地产市场是最容易欺骗的市场。因为广大消费者的知识是有限的，卖房人知道的多得多，这在经济学上叫"信息不对称"。

在房地产开发的每一步，提供的信息都可以有虚假成分。看看展览的规划图,绿化面积所占的比例基本上都比实际所占的比例大。还有用料、用工、尺寸等等,都有很大的骗人余地。

很多人认为,中国房地产行业之所以"骗子"太多,是因为市场准入的"门槛"太低。"门槛"低本身没有关系,进入之后的竞争才有意思。像房地产这样容易骗人的行业,什么样的企业才能最终在市场上占稳脚跟?

这就需要有品牌,有良好信誉。所谓品牌,就是不欺骗别人的一种承诺;所谓信誉,就是牺牲短期利益,换取长远利益。这就需要有足够的耐心,今天少赚一点,明天少赚一点,但累计起来可以赚得很多。

目前的中国房地产商,追求短期利益的多,追求长远利益的比较少。能否建立信誉,是关系到未来中国房地产市场能否健康发展的最核心问题。

所以,"新住宅运动"的实质应该是建立信誉、建立品牌的运动,而不是其他的运动。

信誉与产权何干?

为什么现在中国的房地产商很难建立信誉机制?有两大原因,一个是产权制度,另一个是政府的监管。

孟子说:"无恒产者无恒心"。没有恒产的人是没有积极性讲究信誉的,因为他没有耐心。

首先是房屋的所有权。我国过去房子是公有的,买房的人对质量并不是很关心。房地产开发商没有必要建立信誉,只要搞定房产处处长就可以了。现在房地产商面对的是房子的消费者,卖出去多少房子就要搞定多少个人,这就非常困难。

信誉的丰碑竖起来难,
毁起来容易

房地产商本身是私有还是国有也非常重要。国有房地产商的老板有一个很大的特点,他的屁股是不稳的。能否坐这个位子与房子卖得好坏、树立的信誉好坏没有很大的关系,因此,在长远利益没有保障的时候,他可能更多地追求短期利益,于是欺骗就成了自然而然的事情。

仅仅开发商并不能完全解决房地产市场的声誉问题,还有设计单位和施工单位。如果设计单位、施工单位也是国有的,所面临的也是同样的问题。

越管越糊涂

你们也许会问,现在房地产企业以非国有的居多,为什么还在骗,还是没有积极性?很大程度上与环境、与政府的干预有关。

一个人要有建立信誉的积极性,就要对未来有一个相对稳定的预期。中国目前的环境非常不稳定,政府各种各样的干预使投资者对未来没有把握，所以更追求短期利益。

在这里我想特别强调一点，很多政府部门有一种理论，认为参与者多了，鱼龙混杂，自然牵涉到清理的问题。谁来清理？靠政府是最容易想到的方法。政府部门发放各种各样的许可证，进行资格审查、质量评级，发明林林总总的约束手段。结果，政府对市场的监管远远超过了市场本身所需要的程度。

例如企业定级，为什么一定要由政府评定？像穆迪，就不是政府机构，但为什么全世界都信任他？因为穆迪本身就很注重信誉，如果他胡乱定级，以后谁找他？如果我们依靠市场本身的"择优汰劣"力量，自然就清理了劣质企业。政府一插手，房地产企业每天想的就不是盖好房子，而是想着怎样和政府搞好关系。

在很多方面，政府的规则过于模糊，使大部分的权益转到了执行规则的当事人手中。房地产商和其他商界的人一样，要花大量的时间与政府处理关系。大量的成本支出不在于税费，不在于土地出让价，而在于与政府的处理关系当中的花费。这样的花费越多，行为越不合法就越着急要赚钱，就越希望去骗人。

自己管自己

仅仅依靠政府管理只能是恶性循环，但中国现在还没有像穆迪这样的评级企业，无法对房地产企业进行标准的信誉衡量，符合市场规律的监管和约束机制还很缺乏。所以我们提倡行业自律。

中城房网就应该带有行业自律性。要成为联盟的会员，就要有一定的承诺。有承诺，就可以净化房地产市场。我相信有一部分企业是希望做好的，但消费者辨不清楚哪个好哪个坏。这就需要有一些优秀的企业领头制订一些规则，对行业内部实行自我约束。

比如，加入中城房网的企业，大家可以连环担保不出现欺骗行为，消费者就敢买你的房子。新的成员进入时，大家可以进行严格的考虑，一旦进入后就相当于获得ISO认证。

如果一些大的房地产商建立起良好的信誉机制，大家就会投到他的门下，就像麦当劳那样。这就是品牌。当然，麦当劳并没有因为人家买了牌子就放手了，他还有一系列严格的检查管理制度，保证质量，保证以后还可以卖下去。房地产也一样。

私人买房，挑的一定是信誉，而不是贪便宜，这在源头上已经促使房地产商建立信誉机制。人们想买货真价实的放心房，房地产公司的良好信誉才有价值。积累了好的声誉以后，房子价格自然有一个"声誉溢价"。同样的房子，万科的就可能比其他的要贵，而且还得抢。这就是信誉的作用。

（张维迎：北京大学光华管理学院副院长）

居住的"零度意识"

城市居住"既要有对隐私、欲望和激情的宽容,也应该有形式优美的建筑与人性的环境"

□ 张志扬

因特殊的缘分,这篇笔谈"新住宅运动"的邀约是一定得应承的。

读了今年354、355、356三期《万科》周刊,知道"'新住宅运动'希望为未来社会留下一点有价值的东西:有形的住宅和无形的关于居住的精神与思考"。

这句话的意思大概是"新的住宅"要体现能跨越到未来的"居住精神"。对今天的我们而言,什么是未来的"居住精神"?

"市民社会"、"公共论坛"——"市民社会试图对国家与社会极度紧张的关系做出检讨、批判和调整,以求透过对市民社会的重塑和捍卫来重构国家与社会间应有的良性关系";"形式乌托邦"——在抵制"意识形态乌托邦"的前提下,城市居住"既要有对隐私、欲望和激情的宽容,也应该有形式优美的建筑与人性的环境";"诗意栖居"及其"本体论意义"——"城市美化"、"心理认同"、"技术生态"、"环境管理";等等。

这些非常好的想法大体分属于"居住政治学"、"建筑本体论"和

"建筑模式语言",我都插不上嘴。我想说的,仅仅是它们可能会面对的"零度状态"(以都市住宅为限)。

什么是"零度状态"或"零度意识"

如果撇开等级制的分配不公,一般情况下,住宅可看作个人的"能在"方式。我是穷人,我只能住"茅棚"。我是皇帝,我就要住"宫殿"(逆定理不成立)。今天的房地产行业,只能走"中庸之道",而且多少要讲究"现代人"的正常水准。有正常才能鉴别超前,有超前才能更新正常。

一个正常的现代个人的"能在",决不单纯表现为财力,有些暴发户的住宅方式简直是最糟糕的污染。就像今天在有些风景区、文物保护区的"开发"一样,"开发"即破坏。我说的"能在",应是"新住宅运动"所要彰显的"住宅精神",尤其是其中的"零度意识"——有它不一定行,没有它一定不行。

在现代都市中,个人的"住宅"也可看作一个单元的"系统加环境"。"系统"指室内,包括装修布局的个人品味与色调;"环境"指户外小环境与大环境,小环境包括自己的花园或住宅小区营造的宁静氛围,大环境是住宅所在的具体都市位置。环境构成系统收放自如的"过滤带"。对个人而言,室内系统加小环境是最贴身的,似可看作个人的私人空间及其保护性延伸。相对都市而言,住宅或住宅小区,

应看作"都市村落"——因为它能拉开都市工作的距离、形成反差以贴近或还原个人的"自然"。回到这里来，是回到不受他人眼光评价的自我，是休憩，是退守心灵的喘息，不管是借助亲情、借助音乐、借助自然的灵感，还是借助同上帝私下的秘密……总之，它纯然是个人的事情。德国教育学家鲍勒诺夫按海德格尔的存在哲学把住宅叫做"生活空间"坐标系中进出的"零点"。事实上，每个"住宅"都是每个人的"生活零点"——进而开拓，退而守成。

看守私人性和自然性

这个"生活零点"中主要看守的是"私人性"和"自然性"。"自然性"除了指自然环境，不论大小，在住宅周围总要有一块自由的土地与绿色；除了指所谓自然的人化或人的自然化的一类亲和性；还指非技术、非功利、非目的的心情对应物或转换物。即便后者是人工的，也应以不落痕迹为上乘，有时也可用反常规、反习惯的特异形式表现出来。这是因为，现代都市人在工作、消费、娱乐、交往、信息传媒的网络中像个训练有素的"棋子"，被无形之手按规则调动作公众表演。虽然不能把这种状况完全按"异化论"作否定的理解，但也应该意识到其中有太多的被迫性和虚假性。它有一个现象可以测定，那就是紧张压抑症。要么你太适应它而强横机巧，要么你太不适应它而退缩消沉，要么你圆滑成市侩，要么把平淡当真，能守住真诚而一路顺风的是难得的幸运儿了。

中国人没有"宗教生活"，又不能照古典传统"吾日三省吾身"的慎独或现代传统"表忠心在灵魂深处爆发革命"，他拿什么平复心灵的

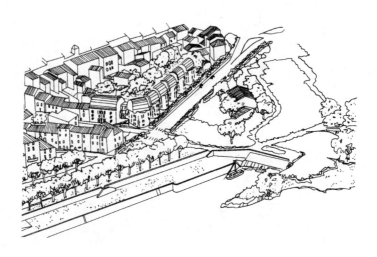

住宅或住宅小区应看作是"都市村落"

扭曲与紧张？亲情与自然（心内外两属自然）。于是，"住宅"及其小环境几乎成为现代中国人的"生活宗教"。

然而，现代都市的"公寓式"住宅，拥挤而孤立，不仅生活上局促，尤其心灵上局促，以至委琐与怨恨成为都市性格摆脱不掉的阴影。例如，我们习以为常的"防盗网"竟然成为都市住宅的"一道风景"，它特别投合"安全第一"的心理，恐怕对于"自由第一"的人就不可想像。

有人设想把"住宅小区"变成"社区文化"单位，作为"市民社会"的构成因素。上可屏蔽或阻挡国家专制，下可联络或整合孤立个人。这种想法对欧美人或许难得合适，对中国人就怕合适过度。

从古代的"井田制"到现代的"保甲制"，加上"村社"、"宗祠"、"居委会"、"户籍制"，中国从未间断过居住上的"连坐制度"，它对中国人要么"板结"，要么"沙化"的"国民性"有不可推卸的责任。

现代的社区文化或市民文化，是以独立而自由的个人为前提的。在这个意义上，如果"住宅小区"是现在和不远将来的发展趋势，我看最好不要给"住宅小区"涂上"共同体"的政治色彩，而只以保护个人的"私人性"与"自然性"为主导设计精神，然后再及其他。

（张志扬：海南大学哲学教授）

重建新的公共性

> 人们一味沉溺于物质生活与享受中,沉溺于个人琐碎而细微的幸福中,沉溺于所谓"消极自由",从而回避公共生活、集体参与,以致庞大的官僚机构及制度自形坐大,日益膨胀,等人们醒悟过来时,面对这庞然大物已无能为力。

□ 李少君

在"新住宅运动"论坛上,发言最引人注目的当算《读书》杂志的主编、社会学家黄平先生及万科集团的董事长王石先生。

黄平做了一个很形象的比喻,他将"新住宅运动"比喻为一股漩涡,他希望这股漩涡的结果不是将大多数人抛出去,而是将更多的人不断地卷进来。他的发言,立刻将其立意与那些倡导住宅典雅化、贵族化,讲究"皇家气派"强调"王者享受"的论调截然区分开来了。王石先生此后的发言,也定调于"面向新经济,关注普通人",充分说明中国房地产界是有许多清醒睿智之士的。

黄平先生和王石先生的发言尤其能引起我的共鸣,我在海南这个中国最大的房地产泡沫经济发生地生活了十多年,对此颇有体会。当初,海南的房地产一味追求"豪华享受"、"至尊风范",似乎中国人都在一夜之间暴富起来了,住宅建设极尽奢侈、高级,欧陆风格、西班牙风情等等等等,结果大潮回落,海口如今到处闲置着"烂尾楼"、"空心楼"。当然,这些楼今天有另外的用处,那就是让不少进城打工的民工在此安营扎寨，觅得一栖身之所，不致流落街头。

而与此形成鲜明对比的是，这些年来，海口的微利房、安居工程仍然热销不衰。这真是莫大讽刺，一方面，几十万上百万平米的住宅空置，任凭风吹雨打，一方面，普通百姓对住宅的需求从不减退，微利房、安居工程供不应求。

不过，在这篇文章中我想谈的主要还不是这个问题，我想谈的是在社会中重建新的公共性的问题，具体到房地产业，应当是在社区中倡导一种共同价值与信仰的问题。

生活的意义究竟在哪里？

我注意到《万科》周刊此前已探讨过这个问题，比如我尊敬的墨哲兰先生就认为：中国人其实不太缺少公共生活、集体生活，相反中国人倒是缺乏对个人"隐私"的保护。所以他主张在社区生活中应注重对个人隐私的尊重，不应动辄提倡公共性、社群生活。尤其要警惕以公共的名义侵犯个人的隐私。对墨哲兰先生的担忧，我很能理解，但我认为，在今天，倡导一种新的公共性已刻不容缓。

不错，曾几何时，中国的社会生活对个人性、私生活有过严重践踏，但这并不等于说，我们就要永远拒斥公共性、社群参与感与集体生活。

近二十年来，由于中国社会发生的巨大变化，传统的价值、道德伦理观已发生了根本性颠覆。在这种经济生活占据了全部社会生活主导地位的潮流中，在中国，也发生了如查尔斯·泰勒所称的"原子个人主义"，即人们一味沉溺于物质生活与享受中，沉溺于个人琐碎而细微的幸福中，沉溺于所谓"消极自由"，从而回避公共生活、集体参与，以致庞大的官僚机构及制度自形坐大，日益膨胀，等人们醒悟过来时，面对这庞然大物已无能为力。

这就是泰勒所提醒我们东西方正日益共同面对的现实境况。当年卡夫卡已深刻体会这一点，我想，今天人们已更深切地感受到了这一无可奈何的处境。

所以，查尔斯·泰勒号召人们团结起来，积极参与，借助已有的途径来扩大民主的范围，来改变这一切，重建新的公共性。

那么，新的公共性应当有哪一些呢？我想泰勒的分析已揭示了部分内容。泰勒说人们已将经济生活等同于全部生活，而这是存在很大的问题的。

在这里，请允许我谈一个最近的情况。作家韩少功先生在回到马桥隐居了一段时间后，日前返回海口，告诉了我们当前农村的一些真实情况。韩先生说：比起他下乡的时候，农民的生活当然已有所改善，但也出现不少问题。尤其近些年来，农民的生活水平实际有所下降。当然，一般的吃饭不成问题，因为他们可以自己种植。但生活的绝对成本增加了，比如子女的教育费，还有医疗费用，农民已负担不起，所以，有些农民家里虽然电器一应俱全（因为这是农村相互评价的一个标准），但实际毫无用途，一是电费太高，用不起，二则生活中这些电器并无实际用途，比如冰箱里没有什么东西可放。

其实，生活在都市中的人，也强烈地感受到在钱包可能稍微鼓了一点的同时，也出现了众多方面的衰退，比如亲情、友情日益冷漠，环境污染导致生活质量下降……等等等等，这些原本几千年以来为人们所珍惜的东西，已逐渐荡然无存。

那么，生活的意义究竟在哪里呢？

现在不少人"有钱就是娘"，至于今朝有酒今朝醉，潇洒走一回，过把瘾就死，可谓比比皆是。人们真的认为有钱就是一切吗？而且更根本的问题是，实际上人们的绝对生活水准还下降了，贫困人口增加了，贫穷感更加强烈了。

说句老实话，我不想看到危机加剧之后的最终结果是共同毁灭，那么从今天起，我们就应对以基本的人性为准则，倡导一种新的公共性，珍视人类几千年来共同珍视的那些传统。

我知道，可能会有人说我危言耸听。但我正好又看到了广东江门发生烟花厂爆炸事件，又是几十名年轻的兄弟姐妹葬身火海之中。不错，成千上万的人坐火车、搭汽车，要去异地寻找"美好的生活"，这种权利谁也不能漠视。但问题在于，被关在笼子般的厂房里，每天都可能面临危险，这样的生活能被称为"美好的生活"吗？

社区的公共性建设

具体到社区的公共性建设问题，我还没有太多的见解，我只就我所体会过的一些东西谈点体会。

比如我所在的小区，老人特别多，我注意到老人们很容易地相互熟识，聚集到一起来。我认为，如果小区能给老人们提供健康的集体生活，如果整个社会都能够给老人们提供健康的文化娱乐，那么，法轮功信徒中就不会有那么多老年人了。

我所在的那个小区这一点做得非常好，有老年人合唱团、有舞会，有棋牌运动室。因此，我从不用担心我的长辈无处可去。

说到这里，我还额外说一件事，据说，现在社会上流行一句话："养出一个好儿子，等于帮爹妈存了十几万块钱。"这意思是一个好儿子，读小学、读中学、读大学，都不用父母操心，而且学有所成，实际上是帮父母赚了钱，因为如果儿子不中用，父母不仅要掏出十几万的学费（累计起来），可能还要操一辈子心，仍然没有好结果。

家庭的和谐快乐，远非金钱可计算的。而这种幸福，也正在为人们所漠视。

（李少君：海口《天涯》杂志副主编）

新住宅运动：城市十字路口的烛光

在很长的时间里，我们的城市有宿舍而无住宅，有街道而无社区，有居民而无市民。

□ 杨东平

几个月前，当我第一次听到"新住宅"时，就不禁为之怦然心动。这个给人以无限想像的词语，竟然令人有一种沙漠绿洲般的新感受。同样令人惊讶的是，发起这一运动的并不是知识分子，而是一批国内最著名的民营房地产发展商和作为民间组织的"中城房网"。尽管这一运动的文化内涵仍待建树，从理论变为实践的路途更为遥远，但它仍然令人欣慰。

它昭示了一种觉醒，标志了一个可能是具有重要意义的起点。

商业化狂潮中人文理想的苏醒，为十字路口的城市燃起了一支理想主义的烛光。

在上海举行的这个论坛，也使我们想起源自上海的工商业传统，近代以来企业家集团对城市现代化、社会现代化的特殊贡献。没有这一阶层的实际参与，许多新文化、新理念的鲜花往往是难以结果的。来自企业家阶层的社会参与和文化追求，多少呼应了学界十分关注的"市民社会"重建的话题，无疑是值得高度重视的。

"新住宅"的概念从一开始就超越了单纯工程技术的层面，被视为是一场"文化创新"运动。

的确，在由家及国、齐家治国的中国文化传统中，住宅的意义远远超过了居所的实际功能，而参与了伦理价值、生活方式和社会秩序的构建。住宅联结为邻里，街坊发展为社区，社区构筑着城市及其文化。当美国城市建筑学家刘易斯·芒福德称"城市是文化的容器"时，同样赋予了建筑和住宅特殊的文化功能。

城市浮华与断裂

世纪之交，的确需要认真地反思我国城市建设面临的困境和严峻挑战。在持续近二十年的高速经济增长和城市化浪潮中，我们享受了空前的繁荣，也亲历了巨大的断裂和失落。

前所未有的建设规模、失去重心的超高速、转型期的混乱无序和急功近利、长官意志和不受制约的商业化等等，使城市变得越来越趋同，也变得越来越喧嚣和浮华。随处可见的败迹和病态，宣告着规划的失败和建筑家的缺席。

这部分地可归因于我国现代城市的建设，比较缺乏民居建设的传统，无论三十年代在南京实施的《首都计划》，还是五十年代以来北京的建设，其成就主要体现在标志性公共建筑上。对建筑的民族风格的追求则崎岖坎坷。当我们尚未及梳理和总结这一探索，又面临世界一体化的强大压力。

与此同时，城市生态环境的严重恶化，北方城市水资源的普遍匮乏和荒漠化的侵袭，凸显了"大城市的生与死"这样的话题，成为城市建设的一个基本制约。自然，挑战还来自高科技时代和网络技术。

在迅速改变的世界图景和社会生活中，中国的"新住宅"将如何出新，人们有许多期待和向往，并形成了一些基本共识：它应当以人为本，是人性化和个性化的；应当体现技术文明的成果，是舒适的、方便的、智能的；应当融合绿色文明，是崇尚自然、重视性灵的、艺术的和美的……

也许，重要的是对其进一步阐释和具体化。

我心目中的新住宅

我心目中的新住宅，首先是人性化的。现代化的目的不是使人更为机械化，而是使人更为人性化。新住宅应当能满足不断变化的生活的实际需要，具有一种长远有效的适应性，它的最高理想是"个性化"的住宅，虽然我们并不确切地知道它的模样。

在建筑学本体的意义上，林徽因曾提出"实用、坚固、美观"的理想。就当下的住宅而言，我认为人性化的建筑，比较重要的价值是

新住宅——人类的精神家园

实用的、经济的和有文化的。

强调建筑的实用性似乎是多余的。然而,在中国这一"理性精神"并未真正深入,因而仍然是个需要再三强调的概念。当许多建筑使人"诸多不便"时,城市中的"无功能建筑"也在大量出现(例如北京西客站的一个大亭子耗资 8000 万,山东某个县级市的广场之大,堪与天安门广场媲美)。许多家居的房型适用性仍然较差;有的家庭中那种大而无当、毫无"人气"的大厅也值得反思。

面向多数人的住宅同时应当是经济的，这正是市场经济所应体现的民主性。从为少数人服务，到为多数人服务，将是中国房地产业一个划时代的转变。

而美观的住宅，它的视觉体现应当是有文化的。那种瓷砖贴面、蓝玻璃的"豪宅"、假冒的宫殿，以及把家庭装修成酒吧包间或宾馆客房的时尚——建筑中恶俗和平庸的"流行文化"应予更新和提升。

新住宅应当是沉稳的，而非张牙舞爪、搔首弄姿；新住宅应是典雅的，而非轻浮嚣张、虚假乖张；新住宅应呈殷实之相，而非炫耀卖弄、奢侈豪华；同时，新住宅应当是与周围的环境充分协调和相容的，如张永和的设计。

城市内涵，我们的追求

城市社会的真正内涵，是市民的交往空间、共同文化、政治生活的形成和扩大。"市民文化"成为城市社会的一个重要指标。

在很长的时间里，我们的城市有宿舍而无住宅，有街道而无社区，有居民而无市民。

在市民社会重建过程中，人居环境的设计，应将市民文化、公共空间的构筑作为一种主动的追求——我们建造的不仅是一片楼盘，而且是一个有活力的、有机的社区。

关注社会公正，重视公众参与，是现代城市建设的基本理想。市场化、商业化环境中的住宅建设，必然意味着市民——消费者主体地位的建立，从而打破官本位或者专家决定论的专断。

所谓的人文关怀、人性化、人本化等等，不仅体现在物业管理、售后服务之中，而且应当体现在住宅设计、建筑的过程之中。

地球村里，我们的家园

在经济全球化、一体化背景下，西方建筑文化的强势挤压，使我们保持民族风格的努力更为艰难，甚至是否需要追求民族风格也成为问题。我相信，在地球村和网络时代，民族化仍然是一种正当的理想——归根结底，我们要营造的，是"中国人的文化家园"，而不是"麦当劳"化的"世界公园"。

早在60年前，梁思成曾沉痛地言说"一个东方老国的城市，在建筑上，如果完全失掉自己的艺术特征，在文化表现及观瞻方面都是大可痛心的。因这事实明显的代表着我们的文化衰落，至于消灭的现象。"

追求民族化并非是要复古。梁思成明言中国古典的"宫殿式"建筑已不合于近代科学及艺术的理想，但他指出，"世界各国在最新法结构原则下造成所谓'国际式'建筑；但每个国家民族仍有不同的表现。

英、美、苏、法、比、北欧或日本都曾造成他们本国特殊作风,适宜于他们个别的环境及意趣。"

"我们的建筑师在这方面所需要的是参考我们自己艺术藏库中的遗宝。我们应该研究汉阙,南北朝的石刻,唐宋的经幢,明清的牌楼,以及零星碑亭、畔池、影壁、石桥、华表的部署及雕刻,加以聪明的应用。"对于当下愈演愈烈的"欧陆风情",这当是清凉的一剂。

诸如"宁可食无肉,不可居无竹"之类的意蕴,不是也可以"聪明地应用"于新住宅的吗?

我们梦想,我们期待

此外,需要特别重视城市"文化生态"的保持和营造。城市作为一个多种文化交流融合的异质社会,文化的多样性是其基本特征和城市活力的主要来源。城市建筑、住宅建筑应当有利于对这一文化生态的营造和保持。

正如陈志华教授所言,"即使我们能和东北虎亲密地一起散步,如果散步在一个没有历史记忆的环境里,我们也已经失去了生态环境的和谐"。

这一关键在于彻底摈弃在"左"的年代形成、持续至今的那种破旧立新、大破大立、大拆大建的思路。新住宅必须告别"建设性破坏"的老路。何况,新的潮流已经出现。

建筑师和规划专家的研究认为,二战以来在现代主义理论指导下以大规模改建为特征的"城市更新"运动,在西方几乎没有成功的先例。近年来,国内外已经出现了许多新的探索,如"社区发展"规划、渐进式规划、公共选择规划、历史街区修复、小规模改建、住户自建等,对新住宅建设当有理论和实际借鉴的价值。

我们有理由梦想,有理由期待中国的发展商有所作为。因为我们对未来的信心,就是对我们自己的信心。

(杨东平:社会学家,著有《城市季风》等专著)

里弄和公寓里的新邻里

> 不同收入阶层的人开始相互疏离，富人们彬彬有礼住在一起，穷人聚居区到处可见废弃的空地和关门闭户的商店，堆满垃圾的大街小巷没有救命稻草。

□ 舒可文

大杂院里纠缠不清的邻里联系是没有选择的，独立封闭的单元房里邻里不相往来也是没有选择的。而没有选择的生活不是人性的生活，是什么瓦解了邻里的联系？建筑如何能给你一个出门的理由？

浪漫的邻里

在与城市生活组织形式有关的各种联系中，邻里是最简单、最基本的联系形式，它简单到没有任何组织形式，因为它是在居住模式中自然生长出来的与情感有关的联系。当诗人阿坚向新朋友介绍他的小时候的邻居时说："我们是发小儿"，传达的是一种简单而丰富的人际状态。说它简单是因为建立起这种联系的基本原因仅仅是他们居住在同一个相对独立的空间范围内；说它丰富是指在一个简单的起点上可以发展出各种各样的交往内容，可以一起打架一起游戏，一起谈理想，并且可以发展出长期交往深度。

其实阿坚的发小儿们并不是生长在典型的"邻里"模式中。"邻里"在作为怀旧对象时，很容易被加入幻想成分，一说就说到四合院、胡同，其实，1949年后，新的社会制度带来了一次大的移民浪潮，由各个国家机关建设的宿舍大院在很大的范围内改变了原来自然生长的邻里关系，形成了城市中的大院模式。阿坚就是在这种机关大院里生长的一代。这种大院生活在电影《阳光灿烂的日子》里有直观的表达。

清华大学建筑系的林鹤也是生长在类似的大院里，她住的是那种由四五层的单元楼大院构成的一个院子。一套单元里有三四个房间，住三四家人，这当然取决于职务的级别。资历深一点，就一家住完整的一套。在这样的单元里，一个厨房，一个厕所，每家在厨房里放一个炉子。她说，虽然邻里们都在一个单位工作，但作为邻居并没有太多的交往，因为那时的意识形态导向是强调同志式的关系。另一个原因是在这个大院里居住的主要是技术人员。特定的身份才能住在国家宿舍里，对比当地人的你来我往，他们越发地不串门，表明这种身份的清高，倒是住在同一套单元里的孩子们接触多一些，在楼梯口放一张小桌子，几个孩子围在一起做作业，或在院里跳皮筋。邻里本身具有的简单、原始的含义在现代化的进程中渐渐被瓦解。只是在大院里"同一单位"这一事实在邻里之间染上了一层互相有关的色彩。在老人和孩子之中，这层色彩是非常温暖的。

近10年的旧城改造，尤其是停止福利分房制度以来，短时间内有一个相当大的人群改变了原有的居住模式，邻里间既离了胡同里相熟相知的那种知根知底的感觉，也脱离了与同事关系的纠缠和认同。

美国芝加哥学派的社会学家在对邻里解体的研究中提到，瓦解邻里间的稳定性和亲密性的原因中有多种力量。交通和通讯手段的发达，使人们的注意力可以分散得很广，人们甚至可以生活在若干不同的社会环境里，关心各种利益目标。人口的流动性也使得邻里关系难以建立。

由现代化导致的对传统生活的改变不仅仅是物质上的，现代思想对个人利益的强调还导致对传统人际交往的不同理解和对生活质量的不同要求，在这种趋势中，贫嘴张大民的幸福生活里低头不见抬头见的邻里距离就构成对现代个人生活的干扰。现代社会的普遍理念是自由主义和个人主义，个人生活和个人权利具有优先地位。正如穆勒所说的："对于自己的身心，个人乃是最高主权者。"而个人自由，按照伯林的著名说法，总应该是"消极的自由"，而不是"积极的自由"，在这样的理念下生活的人，在一定范围内可以不受别人干涉地做自己喜欢的事情，但也并非不要别人理他，只是相对于现代生活的需要或要求而言，在许多时候，理他往往变成烦他。"不被干扰"是至关重要的生活前提，因此现代社会首先要求保证个人权利的消极自由，然后在消极自由所允许的条件下再考虑那些更积极的事情。所以，要说现代人不再喜欢邻里关系，不再喜欢社群生活，似乎也有些武断，重要的是如何平衡不受干涉的个人生活与能够增加情感的群体生活之间的关系。

独立封闭的单元房从它的物质意向上看显然是非常符合个人主义倾向的，它首先提供了它方便有效的生活设施，同时也提供了一个私秘空间。一切生活细节都可以在这一空间得到满足。加上电视又补充了娱乐内容，空调让人在酷暑里不必出外乘凉，电话使朋友好像就在耳边，网络又虚拟了一种交往渠道，这一切都使得人们不再有太多出门的理由。

在一个个独立封闭的私人空间里，邻里的疏离使社群的多层结构少了一项最方便的构成途径，在日益加快的生活变化带来的压力下，邻里关系成了一个带有浪漫情调的怀旧对象，许多人慢慢地重新发现了邻里关系和其他社群关系对生活的意义，但是，"你高兴了就去敲邻居的门？人家会觉得你讨厌。并且可能根本不认识你。"住在名流花园的陈女士说，她在这里住了3年，很少与邻居碰面。比邻若天涯。

给你一个出门的理由

建筑师张永和在1999年上海艺术双年展上的作品探讨了一个上海里弄间新的关系模式，创造一个出门的理由。他设计了一个交叉的两家共有的空间。朝阳通风的实用效果在这里不可能两家分得很清。这个作品获得了"联合国教科文组织艺术推动奖"。他说他所以获得这个奖并不是因为他的作品本身，连他自己对这个也不甚满意，而是因为它的社会性，以及它与上海的关系，与现实生活的关系。

当问到他为什么在邻里之间一定要建立某种程度的联系时，他的理由是，原来大杂院的邻里关系是没有选择的，而没有选择的生活就不是人性的生活。

创造多种风格和户型的选择已经成为开发商和建筑师们不言而喻的思路，邻里间人际交往空间也渐渐成为探讨的话题。

北京现代城最初在楼群中设置中心花园的模式是最常规的，但是他们后来认为这种花园要照料的范围太大，反而不起什么作用，人只是从这里匆匆而过。它没有提供人在这里驻足的理由，也就没有提供交往的机会。补救的办法是后来请艺术家艾未未在这里设计了一套有意思的东西。

现代城的总经理潘石屹对好房子的定义是，要适应社会需求的变化。在他看来，纠缠不清的街坊乡亲是农业文明人的关系，科长处长局长的金字塔结构是工业文明人的关系，而正在形成的网络文化带来的变化不能忽视，在这种文化中标准会更多样，人的关系松散而自由度大，但无论如何网上的交往不可能替代面对面的交往。他说，一部

《编辑部的故事》可以写到生活的所有方面,而现在办公室结构也开始发生变化。SOHO现代城就专为在家办公的人服务,对于这样工作的人而言,邻里的交往就可能显得重要。原来SOHO现代城是设计为办公楼的。在改为住宅楼后,他们在处理一部分没有采光条件的空间时,做了一个积极的转换,把它作为一个公共活动空间,就变成了每四间一个小院落。

深圳的建筑师汤桦在昆明设计的一个项目,也带入了空中院落的概念。他说考虑这个设计时,就希望能打破单元房的模式。在他看来这种100m高的住宅楼尤其缺乏空间的灵动,导致人的活动轨迹的呆板。为了创造空间的通透感,他设计的院落是跃式的,每4户共享一个院落,但直接享用的只有两家,另外两家是在上一层从高处看,同时在他们自己楼层的另一个方面有他们直接享用的院落,他们的上面又有两家从高处共享这个空间。

汤桦认为,刻意去恢复原来的建筑形式是不合时宜的,任何建筑必须放在当代考虑才有意义。当代的生活方式和对牧歌式旧时生活的想像怎样协调才是有意义的工作。他在昆明的设计着意的是院落的另一个素质,就是它的空间要比楼房更有通透感。他设计的这个跃式相交叉的空中院落,隐约中有胡同里一个个相连的四合院的趣味。即使你不去直接使用交往的功能,至少它给了你一个院落的感觉,居住在同一个院落里的人会有明显的不同于其他院落的邻里感觉。

我们和谁住在一起

30多年前,清华大学将教授和校工安排在一个楼层居住。"教授们不愿意与人走动,工人们则喜欢光着膀子大呼小叫地打牌打老婆,"尹稚说,"这种实验将价值观和生活方式上的冲突在日常生活中迅速地表面化。"40年代毕业于美国普林斯顿的清华大学张守仪教授后来在论文中强烈呼吁,在中国实现"同质人口聚居",因为不同阶层的人从生活状态到生活观念都差别迥异。

现在同质人口聚居已经逐步成为现实,房产商们正越来越多地按照这种趋势为自己的项目寻找定位。住宅区的遍地改造改变了城市居民的居住布局:大量的城市拆迁户发现他们没有机会再搬回原住地,如果他们没有足够的钱购买那里拔地而起的高尚住宅。不同收入阶层的人开始相互疏离,富人们彬彬有礼住在一起,穷人聚居区到处可见废弃的空地和关门闭户的商店,堆满垃圾的大街小巷没有救命稻草。

用收入的区别选择社区和邻居的做法在这个商业社会是自然而然的。人们兴建更美好的居住区,作为显示财富、成就或身份的一种手段,每一个白领人士都愿意居住在一个舒心、放心而有信心的环境里。但负责与国外同行进行人居交流的建设部官员童悦仲告诉记者,美国住房部明确地希望,他们与中国在北京、上海合作的两个住宅项目能够成为不同阶层的共同居住社区。

这种有违商业规律的做法其实在美国早已有之。2年前,美国住房和城市发展部就选择了芝加哥作为试点,他们和市政当局决心将方圆超过 $1km^2$ 的加布里尼-格林公共住宅区重新改造,那里林立的23栋7～19层的高层建筑居住了7300名失业者,几乎都是非洲裔美国人,没有一块玻璃的窗户和走廊像监狱一样被铁条封闭。这座城市本来已经对加布里尼-格林麻木不仁了,直到1992年,藏在那里一栋楼10层无人居住的公寓里的枪手,开枪打死了一名牵着母亲的手去上学的年仅7岁的小男孩,市民才再一次受到震惊,孩子们把小男孩遭枪杀的那片高楼中的开阔地称作"刑场"。

加布里尼-格林公共住宅区让这座培育了密斯、沙里文、赖特等建筑大师的城市感到羞辱,三四十年前,住房计划修建的这些高层住宅就是由密斯、梅厄斯等大牌所设计的。官方希望利用这次机会将加布里尼-格林变为多用途社区,居民收入各异社会各阶层互相交往,与芝加哥其他地区有机结合在一起,清洁的和陶冶情操的环境使最落魄者也能精神振奋。计划中的社区面积比原来扩大了6倍,包括大约2600个住房单元。

"参加工作和取得成就的好处之一就是能够移居到更好的社区去。"尹稚也承认,"同质聚居"的现象几乎是所有商业社会所共有的,但他坚持认为,在所有国家,居住问题都是由房产商、个人和政府共同谋求解决的。"美国最近出版的《新政府运动》一书所列举的20个住房项目中,有18个是由非赢利性社会发展商做的,另外两个由政府和房产商共同开发。美国的教授说这些都是从中国学来的,而现在我们的很多人提出要将居住的前途运交给开发商。"尹稚说,"在住宅这样的问题上,政府的手是要起作用的。"

中国正在房地产商们的推动下完善着关于居住的期望,无论从居住的质量上还是在激发对环境的自觉性方面。然而,住宅和居住的影响力如此之大,以至于去年国际建筑师协会第20次大会通过的《北京宪章》问道:"在城市住区影响我们的同时,我们又怎样应对城市住区问题?"

"至少,在商业社会满足获取最大财富的同时,以维护社会公平而不是利润为己任的政府,需要认真考虑那些正在流行的做法在社会学意义上有没有好处。"尹稚说。

(《三联生活周刊》友情供稿)

"新住宅"与发展商的双重角色

把"新住宅"的构想放在一个更大的视野中考虑,把它和一种新的城市想像联系起来设计,或许更容易得到新的结果。

□ 李 陀

由房地产商出面发起一个"新住宅运动",这很有意思。

这件事本身就很有象征性,它使得在城市发展中被掩盖的一些问题开始显现出来,例如房地产商在现代城市发展中的角色问题。一般来说,房地产商同其他行业的商人并无不同,虽然做的是房地产,追求最大利润则完全一致。

但房地产这个行业毕竟与其他行业有所不同,它对人类今天一个主要的文明形式——城市有莫大的影响,因为房地产商的每一个举动都和城市的发展紧紧缠绕在一起,与这一文明的荣辱盛衰有着直接的关系。

这就涉及房地产开发商的另一重角色:不论他们自觉不自觉,房地产发展商还是城市文明的计划者和组织者,也因此不能不是现代人社会生活的计划者和组织者。可惜的是,房地产商这双重社会角色常常被人忽略,也被他们自己忽略。

这种忽略当然不是偶然的。

首先是这种双重性之间的紧张并不总是有机会被体现出来，它不能不受制于政府、资本、市场这些大的环境的制约。更多的情况下，房地产商只扮演商人这一种角色，至于他们对社会组织和社会生活的干预和组织，往往是局部的、被动的、不自觉的。

但即使如此，房地产商在城市发展中的重要作用绝不可低估，在什么样的条件下或是创造什么样的条件，他们的另一重角色，即城市社会组织者的角色能得到恰当的发挥，并最大限度地有利于城市的健康发展，有利于大多数人的日常生活，这始终是城市化面临的重大理论问题。

我以为，在讨论"新住宅运动"时，这个问题也是难以回避的。

城市生活的另一种可能

例如我们今天思考或是规划城市建设的时候，往往有一个前提性的设想，即假设在现代化的过程中，任何一个国家最终都会不可避免地走向汽车社会，所谓现代社会和汽车社会几乎是同义的，换句话说，我们已经不能想像一个并不建立在汽车社会的现代城市生活。

中国目前正在进行一场人类历史上空前绝后的城市化运动，在这一运动完成的时候，或许将有 10 亿左右的人口在数千个大大小小的城市中生活，这对中国究竟是福还是祸？还真是难说。想一想现在世界上最富有的国家美国人口总数才两亿几千万，我们不能不提出这样的疑问：以中国的土地和能源，在中国建设一个汽车社会是否现实？还有，更重要的是：是否合理？

可这个问题目前不但没有得到充分的讨论，甚至还没有被尖锐地提出。

这带来一个严重的问题：目前在中国，无论领导者，还是发展商，在改造旧城的时候，或在建设新城的时候，其规划，其实施，其想像，无不是以汽车社会做蓝图。

这个"蓝图"的存在也许还没有被很多人意识到，实际上，它是现在普遍流行的现代化就是美国化这一观念的某种衍生物，美国的汽车社会作为一种模式已经被人们无条件地认同。

可是，就以美国而论，它还有纽约和洛杉矶这两种不同类型的城市。后者是汽车社会的一个极端，无论公务生活还是日常生活，离开汽车寸步难行。而前者则不然，恰恰是由于汽车并没有成为这个城市生存的绝对条件，所以这个城市的城市生活更生动，热闹，有人气，更有人情味。纽约的格林威治村的住宅区所以闻名于世界，被那么多人羡慕和向往，就是一个生动的例子，说明城市生活并不是一定以人人拥有汽车为前提，说明城市生活还有另一种可能。

联系到我们现在正在讨论的住宅问题，我以为更要注意城市以何种模式建设和发展的问题，也就是说，住宅的建设不能只就住宅说住宅，不能把住宅问题和大的城市发展问题分开来讨论。

在这里,房地产商的双重角色应该得到充分的重视:房地产商不仅是在盖房子给人住,不只是通过建造住宅赚钱,在很大程度上当然要受种种条件的限制,他们还在影响城市的类型,城市和人的关系,影响城市人究竟过一种什么样的生活。

房地产正在渗入越来越多的文化因子

"新住宅运动"这个提法很响亮,其中的"新"字更是非常引人注目,那么"新住宅运动"究竟新在那里?这一定会引起很多讨论,但我想,把"新住宅"的构想放在一个更大的视野中考虑,把它和一种新的城市想像联系起来设计,或许更容易得到新的结果。

不然,"新住宅"只是在提高特定的某种类型的住宅的质量上着眼,例如住宅智能化,其"新"恐怕也有限。

(李陀:作家、著名文艺批评家,现居北京)

"新住宅运动"与网络何干？

从代表网络精神的新经济企业身上，房地产等传统企业能够汲取新的灵感；而从优秀的传统企业身上，新经济企业同样能够获得企业经营和管理的启迪。

□ 单小海

五月，正是北方漫天舞絮的春天，我再一次来到京城，为我们的"新住宅运动"寻找更多的同路人。

这一次，我要拜访的是网络企业。

"新住宅运动"是由"中城房网"发起的一次住宅观念和实践的创造性运动。经过半年的酝酿，业已取得了建筑界、知识界以及公众媒体的基本认同，大家正为此忙乎着，准备于六月中旬在上海召开"新住宅运动"大会，正式向社会推出这一运动。

但是我们始终觉得缺了点什么。在信息时代，网络已经和正在发挥越来越重要的影响。住宅虽然是典型的传统产业，但是因为它和每一个个体密切相关，所以更需要认真面对和思考网络带来的冲击。基于这一考虑，我们希望网络企业能够在"新住宅运动"中扮演积极的角色。

网络企业的参与，当然包括通过网站这种新兴的媒介，对"新住宅运动"进行种种形式的宣传和推介。但更为重要的是，我们期望通过共同参与"新住宅运动",传统行业和新经济企业之间能够进行更好的交流,从而能够相互学习、相互激荡、相互促进。我们相信,从代表网络精神的新经济企业身上,房地产等传统企业能够汲取新的灵感;而从优秀的传统企业身上,新经济企业同样能够获得企业经营和管理的启迪。

5月9日上午,我和某网站的老总聊天,一谈起IT技术,他立马两眼放光、眉飞色舞,但是当话题转向IT产业之外,他的目光就开始变得游移、暗淡。至于什么"新住宅运动",他反复冒出的一个疑问是:"这和我们的网站有什么关系?"

这正是网站们的盲点所在。

到目前为止,中国的网站仍然是年轻人的事业。而从知识结构上看,这些年轻人更多的属于技术兴奋型。可以断言,人员结构上的偏重,将制约网站企业的进一步发展。当然,不少网络企业也在努力转型,比如新浪、网易这些领跑者,正在积极地引进成熟的职业经理团队,但整体而言,中国的网络企业要摆脱这种种局限仍然十分艰难。

许多人都已经意识到,网络企业的出路,在于走向与传统产业的结合。但是这种结合,应该是真正的网络精神与传统企业稳健经营优势的良性互动,而不能仅仅将之庸俗化,将之指认为一堆堆所谓的"交易机会"。其实,在我看来,IT技术只是"术"、业务经营也只是"用"的层面,而网络的开放、平等、互动的精神,才是真正的"道"。可惜的是,在现实中,这种真正的网络精神被有意无意地遮蔽了。

我们相信,如果"新""旧"经济企业都能够跳出眼前利益的框框,在更宽泛的层面上,更多地沟通、交流、碰撞,一定能够给双方都带来有益的启示,以及更多更长远的商业机会,并从宏观上促进新旧经济的融合和共同发展。

要做到这一点,网络企业需要大气魄,需要磨砺对别的领域的洞察和敏感,而不要老盯着手头的一点广告收益——这么说也许有点苛求,但是要在明天的竞争中胜出,网络企业就必须不断超越现有的局限。

希望即将召开的"新住宅运动"大会,能够成为一个有意义的起点。

我们曾经忽视了什么？

> 虽然今天在我们这里提"诗意地栖居"未免有些"浪漫"，但没有浪漫的理想，就创造不出理想的现实。

□ 叶廷芳

改革开放以来，我国的住宅建筑无论速度还是规模都堪称空前。但就总体而言，也还是在为生存需要出发的，弊端很多。

且不说房屋的面积和结构怎样刻板划一，施工质量怎么低劣，隔音性能怎么糟糕，内部空间怎么局促，怎样无视住宅的私密功能，怎样忽视外部共享空间等等，仅从居民日常使用最频繁的一些设施来说：全套住宅只有一个房间可放电视机；每个房间只有一个电插座；厨房、厕所、小门厅或过道连一个插座都没有！阳台空空如也，连一个钩子或钉子也没有！卫生间放不下一个浴缸，厨房里进去两个人就得摩肩擦踵；电路没有扩容预留管道，等等等等。

如果这些建筑物只是应付燃眉之急，三五年后扒平那也罢了。然而，这些庞然大物都是抗震设防烈度为 8 度的坚固的钢筋混泥土产物，没有三、五十年是淘汰不了的。这对我们的建筑师的智力也是一种糟蹋，使他们失去了任何想像的余地，把怎么也不许突破的那一点点建筑面积切割完了事。

应该说，近几年有了一些改观，但基本观念和思路并没有大突破。

这些建筑之所以毛病多多，根本原因是它缺乏一个灵魂，这个灵魂就是人文关怀。

人文关怀的具体要求

我们的时代是科学技术突飞猛进的时代，也是人文主义进一步深化的时代。

后现代思潮的兴起，鲜明地反映了这一时代特征。作为思潮中的一个部分的后现代建筑，也正是基于这一观念，对一个世纪以来的现代建筑进行了深刻的反省。反省的结果，大声疾呼要寻回被现代建筑疏远或抛弃了的温馨家园。具体来说，就是要重视建筑中的人情因素，并且提出以"诗意地栖居"取代"居住的机器"的口号。"以人为本"成为当今国际上城市规划中住宅建筑一个最响亮的声音。

我同情后现代建筑思潮，赞同它提出的上述主张。虽然今天在我们这里提"诗意地栖居"未免有些"浪漫"，但没有浪漫的理想，就创造不出理想的现实。当下多家房地产公司联合发起"新住宅运动"，就是为实现这一理想而迈出的第一步。

那么，我所主张的住宅建筑中的灵魂，即人文关怀包括哪些具体内容呢？

平民意识　这是后现代文化思潮的一个重要思想。平民就是老百姓，包括工人、农民、知识分子以及一切不享有政治、经济和文化特权的人。我们的房子主要提供给他们居住，应当充分尊重他们的需要。

参与意识　按照后现代"接受美学"的观点，一个作品必须能吸引接受者积极参与，共同完成。在这点上，摇滚乐体现得最充分。建筑也是一件作品，它的成功与否，最终需要用户来鉴定。建筑师应给用户留有余地，让他们有根据自己的需要进行改造的可能。

多元意识　这是针对过去的刻板划一而发的。人的兴趣、爱好、需要和可能是多种多样的，住宅设计无论功能上还是美学上，都应该有多种样式，让居民有充分选择的余地。

交流意识　现代人彼此间交流的机会已经越来越少，建筑师和房地产开发商有义务多给消费者创造一些共享的活动空间，以便于彼此交流。

私密意识　这要求设计的时候费点心思，至少墙壁隔音性能要好，夫妻说悄悄话不能让隔壁听见；进大门不能一览无余，也不能所有卧室的门都朝厅里开；不要一打开窗户就看见对面在换衣服或听见人们在吵架，房屋间距不能太近。

尊老意识　随着我国老龄人口日益增多，住宅设计必须考虑到老年人的行动特点，尽量避免地面设计的高低不平；浴缸必须有扶把，扶把必须牢固等等。这些需要细致观察和调查。最近有几位老建筑师在报上谈自己的切身体验，其中一位感慨地说：我设计了一辈子房子，最后才发现，唯独没有为自己的老年考虑过……。发人深省。

助残意识　　我国目前有 6 千万残疾人，这是个很大的社会问题。因此住宅设计必须有助残意识。如地面要平整，厕所门不能小于 75cm，否则轮椅进不去；浴缸、便桶都应为必要时安装扶手架预制设施等等。至于大楼门口更不用说了，必须有坡道，而且不能太陡。

创新意识　　建筑是技术和艺术的结合。从技术方面讲，新的建筑理论和建筑材料层出不穷，必须及时掌握这种新的动向；从艺术方面讲，人的审美意识是不断变迁的，必须随时捕捉新的审美讯息，不然，你的设计就会被接受者即消费者所淘汰。

超前意识　　一幢房子盖成，至少要使用几十年甚至更长时期，因此住宅建筑必须考虑将来的发展水平，至少要为将来的改造埋设伏线，使之有潜力可挖。这需要参考发达国家的现状和经验。

环保意识　　现在有些开发商，热衷于在一些风景名胜、文化景区开发，不惜以摧毁或破坏文物为代价，使我们失去了很多有历史文化价值的精神家园，这是不可取的。

质量意识　　一幢房子如质量不过关，人们没有安全感，或者常为防漏、防渗操心，为下水道堵塞发愁，那还有什么诗意可言！

寄希望于民间

过去对民间房地产开发商有误解，以为他们只关心赚钱。最近新住宅运动的出现，给我极大的震动，从倡导者们发表的一些言论看，有一部分开发商很有眼光，不但富有开拓精神和敬业精神，而且富有哲学观念和人文情怀。

这些民间房地产开发商表现了我国住房改革的异军突起。他们是突破长期停滞、板结的旧体制的生力军，是中国住房改革由官本位向民本位过渡，从而真正走向市场化的有力推动者。

他们的努力，使我看到了中国改革运动的活力之所在，希望之所在。

（叶廷芳：社科院外国文学所研究员）

我们没有改变什么

> 正因为中国人把住宅视为一种"宏伟叙事"来建构，所以，从他们对于住宅的一生的奋斗中，似乎很难找到一种轻松的闲适，宅居成了生命中无法承受又必须承受的重量。

□ 尹昌龙

无论我们给"文化"一词作什么样的界定，但只要承认这样一个基本假设——只要是人类行为，就必然具有文化性——那么，我们就会在那些冷冰冰的物质形态背后，看到藏蕴其中的人类梦想、激情、虚荣甚至庸俗。

正是凭着这一设定，我们进入了一种叫做"住宅文化"的表述中。通过这一表述，我们将发现那些被带入到物质的住宅中的某种集体性观念和记忆。

这是一种人化的过程，而柯布在《走向新建筑》一书中，对"住家"的论述堪称经典，他说："住家是人类所界定出来的范围，围绕着我们，将我们与有害的自然现象隔离，赋予我们人为的环境，使我们成为人类。"

"庄严的栖居"

当前欧美学界宁愿用 Housing 来指称"住宅"，其用意就在于作出一种区分。House 偏重于建筑和物质的含义，而 Housing 则强调一种行为或过程，即人的特性。

由宅及人的思考路向，在中国早已有之："宅者，人之本。人因宅而立，宅因人得存。人宅相扶，感通天地。"没有这个基本假设，也就没有《黄帝宅经》的煌煌宏论。

尽管东西方学界都承认在人宅关系前提下导入对住宅文化的把握，必须看到，同样是住宅，各自的背后却延续一个不同的传统。一种被抽象化了的"人性"，在各自的住宅体系中展示出如此丰富又如此差异的理念。

如果我们承认"物以类聚、人以群分"，那么，文化也就带有一种类性或群性，或者说，民族性。相应地，在住宅文化中，我们除了一般性地发现人性之外，更发现民族性。正是这种民族性使住宅与住宅相区别，并以人的类群为单位，形成了一个最基本的分类。

之所以要进行上述的前提推论，其目的就在于发现一种在城市化或全球化背景下，中国住宅文化或住宅观念难被遮掩的民族印记。虽然都是摩天大楼、高层公寓、私家别墅，但就在它们的背后或它们的内部，一种以民族为单位的集体心理依然在顽固地寻找着它们的表现形式。

每个民族都会在它的集体行为中留下"共识"，但是因为各自的传统，在其对表达方式的选择上，又各有侧重点和兴奋点。所谓"吃在中国，住在俄罗斯，穿在法国，玩在美国"的说法，似乎中国人把心思全花在吃上面了。

其实，就用心的程度而言，中国人在"住"而不是在"吃"上面投入了或寄托了大部分的精力。对于这个民族来说，"住哪儿"和"如何住"，往往是尊严、权力、地位和身份的最有代表性的表达。

与"住"相比，"吃"似乎只是"雕虫小技"，一时所为，而"住"则是一辈子的事业，是"壮夫"的追求。正因为中国人把住宅视为一种"宏伟叙事"来建构，所以，从他们对于住宅的一生的奋斗中，似乎很难找到一种轻松的闲适，而一朝立起大厦，则所谓"诗意的栖居"倒不妨直言为"庄严的栖居"，宅居成了生命中无法承受又必须承受的重量。

想想墨子的话："食必常饱，然后求美；衣必常暖，然后求丽；居必常安，然后求乐"。"居"的问题已经被上升到为人生大问题的高度，成了快乐和幸福的必要的原则了。

当然，正因为"居"的问题被附加了如此沉重的念想，所谓"乐"常常就变成了"苦"，谓"苦中作乐"是也。如果再想想阿房宫下的累累白骨，想想耗尽民脂民膏的朱门，真不知道乐从何来。当然，这么说可能是另一个问题了。

"自己的宅屋"

对住屋的那种近乎拜教式的迷恋，早已贯穿在这个民族的民间追求中，而"自己的宅屋"（不一定就是豪宅）也成了寻常百姓梦寐以求的一种信仰。

70年代末80年代初，一个写农民生活的高手——高晓声，在他的一篇名作《李顺大造屋》中，写了一个叫李顺大的农民，如何在"造屋"的梦想中耗费了一辈子的心血，世易时移而痴心不改。如果要问李顺大，生活中最重要的是什么，他会毫不犹豫地回答："房子"。

在他的答复中，回荡着的几乎是8亿农民共同的心声。看到那些先富起来的农民兄弟，在自家的宅基地上，手拿皱巴巴的图纸，与乡村建筑师们自豪地比划时，就觉得无论有钱还是没钱，李顺大式的追求完全没有改变，而只有在规划和建设自己的房子时，我们才发现类似翻了身的农民指点江山的豪气。

当然，对房子的追求还不仅仅是农民兄弟，想到那些"无私地"展露在房产科长家门口的一张张笑脸，以及堆在屋里灿烂的礼物，就可以知道，工人老大哥们房子追求一点也不轻松。而对于那些生活在"单位"中的人们来说，房子成了他们最需要分享的公共财产，而权力的顶峰就是那只操纵着分房计划的大手。

一个正在消失的时代

西方人只要打好一个背包，驾着车就到另一个城市去生活了，而在中国，房子将一个人的脊背甚至整个生活几乎压成了一条曲线。同样是房子，竟然有如此不同的重量。

当然，我们尽可以从中找到生活水平和经济实力方面的差异，但联系到民族或历史的因素，就发现其背后潜藏的深长的文化原由。

"安土重迁"这个词最生动也最深刻地说明了这个生活在亚热带季风气候下的河流两岸的民族，它是如此顽固地将农耕文明含化成了传统。这种农耕文明把人与大地的关系演绎在它的文化图式中，而宅居不妨视为人与大地的关系的象征物。

大地对人类温暖的呵护，不仅体现在广袤的田野和它的馈赠上，也体现在那些大小不一的宅基上。它们阻挡了来自西伯利亚寒冷的北风，或来自热带海洋灼人的气浪。

正因为"构本为巢"而带来的安全、温暖与尊严，宅居才可能被抽象为一种价值，或内在为一种象征。

当然，我们尽可以说我们已经在逐步告别处于日落时分的农耕文明，随之而来，那些被附加在宅居上的价值也在慢慢地损消。那些流浪在都市里、出入于出租屋中的操着外省口音的年轻人，已经扩大成了群落,而他们以其对土地和老宅的告别,说明了一个"安土重迁"的时代正在消失。

但是,观念的革命绝不是在一夜之间就能完成的,特别是当住宅文化已经成为一个民族传统的重要组成部分时,它的变迁常常是缓慢的。而当我们理解了"文化总是滞后的"这一论断之后,就会发现,住宅对于中国人的心理重量似乎并没有减轻多少。就说那些流浪于都市的外省青年吧,那些时不时泛起的不切实际的"思乡病",以及深藏内心的买房置地、安居乐业的梦想,就已经说明居住文化依然代表了一种价值,它作为安定和幸福的象征,这一点并没有多少改变。

就说那些已经先富起来并安定下来的人们,从他们对宅居的不懈追求中,同样可以看见这种住宅文化的影子。象江浙农村那些越盖越奢华的"豪宅",沿海发达城市那些贴金挂银的"华庭",其实是对宅居拜物教式的迷恋的现代表达。

报告文学作家麦天枢在对这些"豪宅"和"华庭"的奢华深表震惊之后,曾经感慨中国只能出地主而出不了资本家。他要提醒人们的,正是一种以宅居为象征的文化和传统。

尽管我们仿佛已经"全球化"甚至"西方化"了,但吃麦当劳或看进口大片,并不就能改变一切。其实,文化就象海面之下的冰山,它的迁移是缓慢的,在浮动的表象背后,我们改变的东西往往并不多。譬如说,说到房子我们会照例睁大了眼睛。

(尹昌龙:北京大学文学博士)

新住宅运动,我们共同的主张

> 作为市民社会的具体实践,新住宅运动延伸出许多关于空间的新思考,它涉及行为科学,甚至关系到更为广泛的哲学伦理、社会心理范畴。

□ 王永飚/整理

"明天我们将住在哪里?"早在几年前,就有房地产商提出这样的疑问。现在,这个问题再次向前推进了一大步——"什么样的住宅才能满足明天的需求?"

3月13日,1999年末成立的中城房网集结深圳,再次将人们共同关心的这些问题,提纲挈领地提出了一个崭新的主题,这就是"新住宅运动"。

缘起:一次彻底反思

新住宅运动的背景,是住房实物分配结束之后出现的失衡与冲突,一边是由于城市化加速、科技进步带来新技术、新材料的应用、观念更新呈现出新的住宅需求,一边是我国住宅产业仍然处在落后的前工业化水平,资源浪费严重,质量问题层出不穷。

受文化殖民主义影响,我国城市住宅建筑发展先天不足:城市化以惊人的速度发展,但缺乏有效控制,混乱不堪;住宅建筑创造性和想像力匮乏，欧风劲吹，缺乏个性和本土特点。因此，目前的大部分住宅，不完全是我们生活本身的表达。

这次由万科、中国海外等发展商发起，由吴观张、罗小未、何弢、许安之、崔恺、张永和等一流建筑师，贺承军、王明贤、刘晓纯等建筑评论家共同参与的变革行动，寻求的就是这样一个反映新经济时代精神的精确表达。

政府：城市规划有待重视

而之前，首先要对住宅建设现状作彻底的反思。

政府在住宅问题上，主导作用毋庸赘言。住宅作为"大环境"下的"小环境"，对城市规划的依赖也显而易见。

当下，我国城市规划有千篇一律的趋势。各大城市强调经济发展的同时，城市建设却乏善可陈，城市规划明显滞后。

以南方某滨海城市为例，城市规划不但没有充分利用滨海城市特色（没有充分利用海岸线对房地产市场造成的损失，可以准确进行同比估计，奇怪的是，竟然无人反对），也没有充分利用南方高低起伏的丘陵地貌做点文章。但这样的城市竟然被公认规划良好，我国的城市规划水平可见一斑。

政府对城市规划重要性的认识，与开发商开发售楼过程的切身体会，与建筑师对城市景观的呼吁，与市民对生活素质的期望，显然存在一定差距。

这跟政府的重视程度有关。

在国外，哈佛市政学院公共管理专业的第一课，就是城市规划。即使是国内，政府对城市规划重视程度的不同，城市环境也千差万别。

以东北某市为例，在政府重视下，城市面貌大大改善。有意思的是，同为重视，不同两位市长任内的城市规划效果也有区别。差别在于，前者不够专业，而后者则是建筑行业的专家。

看来，在城市规划中，不仅政府重视不可或缺，提高决策专业性也相当必要。

开发商：住宅小区的理性反思

住宅小区的规划，可以溯至19世纪30年代佩里的"邻里单位"理论，当时在欧美一度颇为流行。后来在此基础上作了进一步发展，形成了小区规划理论。

我国"住宅小区"的出现，不过是近几年的事。由于我国绝大多数城市都强调经济发展，城市规划考虑有欠周全，环境破坏严重。开发商在住宅开发过程中，往往希望通过营造小区相对独立的家居环境吸引买家。

与人们愿望背道而驰的是,现在相当多的小区已经成了城市的"土围子"。自成一体,戒备森严,贫富分化标志明显。在建筑师眼中,城市被封闭的小区实际瓜分了,成了"两边有房间的黑过道"。一家法国建筑杂志因此把我们称为"无质量的城市"。

开发商在营造内部小环境的同时,应当如何整合城市大环境?如何在保证内部私密与安全的同时,兼顾外部空间的开放与交流?这是个问题。

"新住宅运动"对住宅小区的反思,反映了发展商营造"城市家园"的自觉。他们意识到,住宅小区作为城市空间的一部分,只有在城市"大环境"下,人们营造的"小巢"才有存在的意义。

如果一味注重住宅小区本身,而不从整个城市的角度来考虑,那么,住宅小区就会带有一定的破坏性,住宅开发就有可能走入误区。

建筑师:市场是唯一标准

当前,我国的建筑师处于尴尬的角色,不但经常遭受国外建筑师的批评,在国内也因为远离市场,而被当作学院派供奉在大学校园里。

建筑师的缺席和被动,对住宅开发推进,对建筑师本身,都是巨大的损失。因此此时提出"尊重建筑师的设计,尊重建筑师的创造性"具有特别的意义,而我国一流建筑师对新住宅运动的积极参与,反映

新住宅,关注社会各阶层不同的生活方式

了一种自省的精神。

对建筑师来说，一张图纸造几百万平方米房子的时代已经过去了。

住房政策的改革，从发展商到建筑师，都必须从市场需求考虑问题。在"新住宅运动"的旗帜下，建筑师们未来将更多地关注住宅，关注市场需求，关注社会各阶层不同的生活方式。

可以预见，在建筑师精神的主导下，住宅设计将日趋多元化，将更多地表现本土化特点，从根本上对住宅建筑的文化殖民主义进行反拨。

网络时代：市民社会的空间实践

一种新的生活方式正在侵入我们的生活。新的科技产生了，新的规则不时引起冲突，新的企业带来了截然不同的赚钱方式，新的"人类"则在网上谈起了恋爱。

其中最重要的，是人类社会交往方式的改变。人类共享空间在虚拟社区中被无限延展，传统伦理观念受到前所未有的冲击。现代家庭权力行为模式的变化，直接影响到了住宅设计对空间资源的再分配。

在开放经济的冲击下，我国社会构成也发生了变化，市民社会初具雏形。白领对自由、民主、格调天生的追逐，使它渴望一个个性表达的空间；而公众参与与互动对新住宅运动同样必要，而且它恰恰提供了这样一个发挥的空间，因此，新住宅运动是这一民间要求的具体表达。

作为市民社会的具体实践，新住宅运动延伸出许多关于空间的新思考，它涉及行为科学，甚至关系到更为广泛的哲学伦理、社会心理范畴。因此，新住宅运动又是一次文化创新运动。

一个民间的公共论坛

新住宅运动作为一种社会生活模式的引导，它首先是一次行动，而不只是一个口号，或者一种风格。

著名建筑师崔恺甚至认为，这在中国建筑史，甚至文化史上都将是一个非常重要的事件。

作为面向所有人的空间表达，作为人们个性张扬的自由场所，它同时是一个开放的公共空间。因此，新住宅运动类似于一个民间的公共论坛。它期待每个人都发出自己独特的声音，表达对现代生活需求的个人意见，无论政府，还是发展商，无论建筑师，还是个人。它不是固定的，而是现代生活层面不断生成的可持续概念。

新住宅运动，是我们这个时代共同的主张。

（王永飚：《万科》周刊主编）

新住宅运动：多维视野中的演进方向

> 新住宅运动关注的是普通人，应该建立在对普通人生活的充分尊重的基础上。过于人工化的、舞台布景一般的城市空间是不适合于居住的。

□ 贺承军

中国房地产业已发展到需要理论创新的时候了。

以中城房网成员为代表，率先提出了居住领域的文化创新问题。"新住宅运动"是一场内容繁多、涉及广阔领域的文化创新，试图以"文化"来囊括诸多问题。中国经济与城市的发展，也使这些问题变得非常有现实意义。

在我看来，通过对以下几方面理论脉络的梳理，也许能够帮助我们对"新住宅运动"有更深入的同情和理解。

生活方式的变迁

房地产开发首先要考虑市场的消费对象。在房型设计中，充分设想了户型人口构成、空间行为与使用方式的差异。核心家庭、数代同堂、有无保姆、家电配置、网络配置、交通条件等等因素，在住宅设计占有相当位置。这些因素联系起来，就构成了生活方式的一系列模式。

同时，住宅设计也引导着生活方式的变化。例如设置宽频上网，居住者在网络中生存的机会肯定会被充分利用。而在网络中成长的新一代，可能会对多元价值、民主与民意的尊重，有更深的理解。网络文化在居住中的作用，有待更进一步的研究与实践。

私人汽车的发展，对居住行为的影响相当大。郊野居住有赖于私人汽车与公共交通两方面的完善。而汽车的速度与效率可能融入人们的心灵与人格构成，并进而促发消费观念的变迁。汽车与居住乃至与城市的关系，在我国尚未有深入的研究，在新住宅运动中，我们希望组织有关专家进行探讨。

空间行为与社区

在中国传统居住模式中，四合院、民居村落、行政建制大院、住宅小区等是几种较突出的类型。四合院被认为是中国文化中最具典型性的模型，行政建制大院在新的经济条件下必将迅速瓦解，民居村落则依地域不同有不同的所指，住宅小区是依附于传统计划体制的一种正在面临全面更新的居住方式。

在新住宅运动中，社区将逐步得到深化发展。可以说，至今为止，我们对社区的理解是不完整的。目前以物业管理为主导的社区，仍未能组织积极的社区公共交往，物业公司往往是依附于房地产开发公司，不停地在居民群体中作"秀"。社区居民也未能理解居民的继续投入是社区有活力的必要保障。

新住宅运动：多维视野中的观察

深圳已开始了以社区管理取代城市"街道办"的尝试。社区事务管理处，将代理原来由政府强制的许多权力，并进而演化出非强制性的社会公共事务，塑造平等开放的社区人际关系，提高居民的自我意识水平。

通过塑造新型交往空间，直接刺激人与人之间新型社会、政治、经济关系，是新住宅运动要努力实现的目标。

"市民社会"理念

"市民社会"是全世界包括发达国家在内都在试图探讨的课题。在发达国家，繁复的国家科层统制，造成了对市民社会的压制，使人与人之间的关系日益疏远。过分讲求效率的国家权力，必然导致枯燥、没有生机的市民生活。

而在我国，市民阶层还是非常虚弱。加强市民社会的力量，有助于克服专制传统的全面渗透，重塑有活力的中国市民社会。市民社会形成有效的契约、机制是促进中国健康、长远的现代化进程的重要内容。

优雅的居住环境与城市美化运动

我国民间传统的建筑美学主要侧重于造园术与风水系统，作为现代意义的建筑审美乃来自于梁思成先生那一代人以西方古典美学原则草草构成的中国建筑比例、尺度、和谐理论。与现代中国人生活形态直接相关的建筑审美学说并没有成熟的规范。这些年房地产开发流行的欧陆风、澳洲风也只是表层的借用。

城市中居住空间环境是否和谐优雅，很大程度影响着城市的整体景观质量。

大量住宅是作为城市总体面貌中绵延的背景，而少数住宅甚至可能成为某些地段的标志性建筑。住宅建筑的性格应该是温馨宜人的，住宅区的公共空间和各种公共设施，是城市市政广场、市民广场和公园、街道的延伸，它的细部是居住者更易于感官接触的，因而可能给城市居民以比公共建筑更深刻更牢固的印象和感受。

不同阶层、不同性格的人在城市中有不同的领域感。大多数人的最强烈的领域是在自家室内及其相近的住宅区公共活动场所；城市领袖人物视整个城市为自己的家园，因而整个城市类似于他们活动的舞台。

新住宅运动关注的是普通人，因而在住宅设计和社区建设中，一定要认真研究普通人的生理、心理需求，致力于形成普通人领域感的空间与环境，必须改变那种把城市当各种戏剧舞台的做法。城市美化运动应该建立在对普通人生活的充分尊重的基础上。过于人工化的、舞台布景一般的城市空间是不适合于居住的。

建筑师的主体地位

我国建筑界囿于自己的圈子已年深日久。从 50 年代学科调整，建筑学归于工科，更加深了建筑学与艺术、人文学科的隔膜。大量的行政长官喜欢在建筑领域表现自己的见解与抱负，强化了建筑界知识面窄、视野狭隘的局面。新住宅运动一方面提倡扩展建筑界之整体视野，另一方面致力于促进建筑师行业分化。

目前我国建筑界与国际交往日益繁多，从设计理念、手段和对各种技术把握以及行业管理体制诸方面已有了长足的进步。我相信，随着国内设计水准的提高，国内设计界精英参加国际竞争的能力愈来愈强，并且国内设计管理体制也在逐渐与国际接轨，必将出现一批受到广泛尊重的建筑师和建筑师事务所，促进建筑师的主体作用的凸现。

工业设计与韵味

我国工业设计之落后，正是在与人身体直接相关的诸多部件中显现出来。门把手、阳台栏杆、马赛克、抽水马桶，这些日常生活部件由于其粗劣的品质，往往给我们日常生活带来不便甚至忧郁。对于更深入的一些问题，例如建筑的节能、环境保护设施等，我们迄今为止的作为实在有限。

新住宅运动将促进在这些领域的系统的改进，在日常生活的工业产品上追求典雅韵味。在我们的传统手工产品中是存在着令人感动的韵味的，而粗糙起步的现代化与工业化使我们的工业变得缺乏人性关怀，没有形成如"德国制造"、"日本制造"、"意大利制造"那样的现代工艺与传统韵味结合的民族工艺特征，因而一切制造均显得疏离于生活之外，没有技术美学的灵魂。

新住宅运动提到了"包豪斯"这一有价值的参照体系。包豪斯提倡手工艺与机器生产的结合，建筑设计与工业设计及其他艺术实践相结合，建筑教育与社会生产相结合，这些做法取得了良好的成效。

正是在这个意义上，新住宅运动强调工艺与社会生产的关系，建筑师与艺术、人文学科的融合，而不仅是要求建筑师布置大片绿地形成"绿色居住"。新住宅运动希望拥抱绿色，同时追求在即使没有绿色的环境中，也能看到优雅的工艺。

韵味是新马克思主义社会批判注重的审美情结，确实，在工业化的日常生活中，韵味是使我们灵魂安定、人际关系和谐的重要因素。正是没有韵味，使粗劣的生活环境失去了存在的基础。

即使在我国目前一些绿化覆盖率较高的城市或城市中的区域，我们仍然感到那些做作的花坛、绿地、水体、雕塑缺乏动人的质素，乃是因为工业设计中韵味的缺席。在大连、在浦东、在深圳的华侨城，当我们想放声为之歌唱时，却发现心灵的底蕴不足，喉咙枯涩，乃是没有得到韵味的滋补，这些乍看起来不错的地方，仍然掩饰不了粗陋与鄙俗。

去过欧洲和美国的一些开发商与城市长官们有时不免感慨，为什么我们即使运用了很高档的材料，建成的环境却甚至不如人家普通材质组合的效果好？如果有这种思考，说明他们的心灵捕捉到了韵味的一些踪迹，有了追求的效果目标。

居住的启蒙与适应

中国现代化进程的启蒙程序没有很顺利地开展，"五四"新文化运动被抗日救亡中断，80年代文化启蒙又节外生枝。中国需不需要启蒙？对这个问题应该是人言言殊。科学精神的缺乏、公正与公开性的缺乏、法律意识的缺乏、民主的缺乏，却是有目共睹的。新住宅运动难道还能启动这些宏观层面的启蒙程序？当然不能。但是，我们可以在微观的层面来作有效的推动。

新住宅运动应该驱除于传统风水系统中的偏执与盲目,尽管这些说法并不比宗教学说更神秘与武断,但是宗教已压缩到纯粹精神领域,而风水学说仍在日常生活实践的审美领域起着不良作用。新住宅运动倡导科学精神和自我意识的建立,对风水学说的摈弃并不意味着对地方环境与文化的否定。

在社区生活中,公共活动面临许多创新,其内涵远远不是"群众娱乐活动"的当代版。社区电子商务、物业管理、邻里空间、老人与孩童活动、选举与论坛、游戏与精神等等是构成社会大结构的基础单元,因此,社区文化的创造与社会意识形态的重构密切相关。

当代中国学界的新左派与自由主义之争,反映在居住文化中就涉及启蒙与适应问题。

新的居住文明的精神氛围同样必须以多元、开放、民主化与重视地方传统为前提,并且充分利用新技术、新思想的成就来建立新的游戏体系。

新住宅运动应该保持对于大众文化的批判意识,并致力于大众文化的新的尝试。网络给人拓展视界的同时,也将会导致邻里关系的疏远与隔膜。

所以,健康运动、亲近自然是新住宅中身体与精神平衡的必要保障,新住宅运动的理论研究中,必须要有居住与大众文化这一重要课题。

我们梦想,居住的亲切、和谐与自由

新居住与民族性

首先，我认为还是应该免谈民族性而大谈地方性。

民族性往往要推出一种统制性的精神，并由一个集中的权威去宣讲。一个国家出现惟一一种权威声音是不可取的，因为这种九九归一的结果是只有最高权威代表最伟大的民族性。中国建筑界与文化界关于民族性的讨论是非常糟糕的，这种糟糕的结果从张承志的"哲合忍耶"教派精神的张扬可以反证出来。

所以，我们的居住文化应该重视地方性，而不是泛泛的民族性。在一些地方民族性与地方性是融合的，但在一些地方不是。谈地方性，意味着对地理、气候、风俗与居住传统的尊重与发掘，这些更客观的事物比主观的民族性少些强制，多些亲切、和谐与自由。

消费文化

谈消费文化有一个前提，而在某种意义，我们必须昧着良心说话。所谓昧着良心，即坚持一种对于社会低收入阶层的居住与生活中痛苦现状的漠视。

尚好，有哈耶克和波普尔的"演进社会"作为漠视的理论根据，即社会分工、等级构成是不以人的良心为转移的，或者，我们可以歪打正着，通过消费主义文化说不定可以促进贫困阶层也加入消费文化大合唱中来。仿邓小平所言："让一部分人先消费起来"。

生产是结构性的，集权可能可以使之更有效，而消费是耗散式的，多元化、自由化、诱导性是其特征。房地产业的发展充分体现出了这些特征。在这种意义中，我们出于莫名其妙的正义感对于豪宅的指责是没有道理的。当然新住宅运动宣言中有"大众关怀"，但实践层面面对的仍只是大众中的小众。而中国的农民，现在可能尚未进入市场经济、商业化时代的消费大众行列。

消费文化的另一个特点是可以通过某些技术与理念加以引导。这一点上建筑师和房地产是大有可为的。

对于新住宅运动而言，"业主个人委托"住宅设计将会成为一种时尚，其中也意味着建筑师的探索的有效场所。当然，国家土地政策和其他配套政策必须出台，否则，我们永远只能困于批量生产的阶段。

潘石屹在北京郊区请建筑师张永和设计了一幢别墅，这是目前中国真正意义上的别墅，预示着新住宅运动的诸种途径中的一种。还有一些文化界知名人士在北京郊区租买并改造农民住房，惜无土地与房产合法凭证，只能说是一种居住方式的萌芽。

消费社区和消费心理需要研究，也需要引导。消费者和设计者、开发商是在相互交流中走向成熟的。离开市场的设计与开发只能是盲目武断，自然也不可能产生效益。但也不能认为市场上流行的东西就一定是好的，因为消费群体也可能整体地盲视。

技术与意识形态

  注重提高住宅产业的技术含量，是政府近年来大力提倡的。然而建立于技术幻想之上的技术进步本身并不带有人类居住幸福的必然承诺。中国人的概念中粗疏地把居住当作自然而然的事，殊不知居住空间确实应该当作一架机器来理解。

  我们自然地排放着生活废气、废水，这种自然状态严重地损害着生态环境。自然状态还使我们忽视了技术运用上的选择性。比如汽车与交通政策、节能、环保、技术、建筑材料的研究等等，我们基本上缺乏对技术与能源消耗、城市荷载的整体考虑。这些问题是世界性问题，中国城市化过程也应该对此进行深入的研究。

  往深一层说，中国人传统上对于"奇技淫术"固不感兴趣，在当代的现代化进程则对生产与技术相关的意识形态仍漠不关心。新住宅运动则意图在技术与意识形态上唤起全社会的关注，使中国人的居住从自然状态进入自为状态，这也就是可持续发展、绿色居住的总纲。基于忧患而不是浪漫，可持续发展的技术与意识形态才可能达成。

  以上，是我个人对于"新住宅运动"的理解或者期待，同时也是表达我个人作为知识分子的基本立场：推动和探索一场大有深意的居住运动，促进我国房地产业和设计行业的健康发展，而绝不是为了少数几家房地产公司而大张旗鼓。

  新住宅运动应该是开放的、多元的，新住宅运动之门向所有人敞开。

倾听市场的声音

有学者说过："市场是一条理性的河流。"但是，在房地产发展存在种种问题的现阶段，这条河流的航标还有待确定。

- 从微观层面看现在地价的高低
- 家园：梦想与现实之间
- 盖茨一思考，"大康"就发笑
- 北京房地产市场：一条没有航标的河流
- 四城记
- 新经济与城市化及再城市化
- 聆听来自市场的声音

从微观层面看现在地价的高低

土地开发与城市功能整治是一个整体的概念,不能孤立地看。

□ 王 石

1996年10月,我参加中央电视台经济半小时节目王红蕾小姐主持的以住宅市场为话题的座谈会,同时被邀请的还有著名社会学家陆学艺研究员、中房集团孟小苏总经理等专家和学者。当时的舆论导向是,要想启动住宅市场、刺激购买力,政府应让利、银行需降息,而开发商的主要方法是降低房价。而与会的学者专家讨论的结果则认为,在住宅的成本构成中土地价格占的比例很大,房价居高不下的原因是土地价格太高。我个人的观点也很明确:住宅积压不是需求不足,而是有效供给不足;房价居高不下的主要原因不是房价过高,而是产品结构不合理。节目录好后未获通过,因为与舆论导向不一致。一个月后,还是我们这些人又被邀请来座谈,但我的观点依旧。最后这个节目还是播了。

两类住宅市场不能混为一谈

作为住宅市场来讲,大致分为两大类:一类是政府为开发主体的福利房、微利房，另一类是像万科这类发展商开发的中高档住宅。前者占市场的主要份额，后者不超过整个市场的30%。从日本、香港等国家和地区的特点看，发展商开发的中高档住宅只占住宅总量的20%～35%，六成以上属于由政府开发的"公屋"。作为社会主义国家要优先考虑"居者有其屋"，其实在资本主义国家也如此，只是提法不一样。

微利房应该更多地以租的形式而非卖的形式出现在市场上，日本、香港也是如此。我国在从计划经济向市场经济转化的过程中，对微利房反而采取了出售的方式，结果造成在国外要排队抽签才能得到的福利性住宅，在我国却有大量积压，说明我们现行的微利房政策存在问题。由于大家经常把两个市场混为一谈，所谓房价过高往往不知是指哪个市场。

现在的地价不是高而是低了

很多人认为现在的地价高了，我看并不是高了，而是低了。当然我所指的是中高档住宅市场。理由是：

一、经过宏观调控，全国的地价已普遍进行了下调。以深圳为例，土地出让价格从1992年到1997年已下降了44%。

二、万科基本上是拿的二手地甚至三手地，采取投标或与别人合作建房的方式开发项目。因为土地为国家所有，一手由国家直接卖，所以二手用地不但包括一手的成本，还包括一手的利润。近几年来，万科在全国12个城市进行开发的土地成本平均约下降了35%。比如我们在上海的项目，1992年的拿地成本是750元/m^2，现在谈判的价格是500元/m^2。所以，无论从总体看，还是从个案看，土地的价格是在下降的。

三、我们的土地很多都是在宏观调控后拿的，如果说土地价格高了，卖房子就会没有利润空间了。但万科的所有地产项目还在赢利，且利润率在20%以上。

所以对于中高档商品房市场的启动来说，土地价格不是主要矛盾。

乱收费多也有其合理的一面

现在的主要矛盾不是土地价格高，而是低了——低了比高了更可怕。因为土地价格低的原因是各地政府都在开放，竞争的手段就是鼓励房地产投资、争资金，吸引资金的办法就是地价便宜，甚至低于成本。而土地本身是有成本的，完整的地价不仅应包括开发成本，还应包括把其间的利润用来贴补微利房的让利部分；现在之所以对微利房采取只卖不租的政策，是因为政府急于回笼资金。如果地价不符合成本，土地应有的价值就实现不了，乱收费就是少不了的。比如，一块地种庄稼是一个概念，搞住宅也是一个概念，但为住宅搞配套是赔本的。所以各地乱收费多，也有其合理的一面。

深圳的地价相对较高，但按深圳的地价体系来说也不高，因为所有的费用都包括在内了，虽然高了些，可也就收这么多了。万科1996年把投资重点转回深圳，就是发现成本好控制，不像有些城市，今天收这种费，明天收那种费，成本无法控制。所以我们在上海谈判地价时就很有意思，对方出价500元/m^2，我们却要求每平方米多给200元，因为我们要求对方保证我们的一些条件。

高地价应成为政府的财政来源

我同意一位学者的观点，土地开发与城市功能整治是一个整体的概念，不能孤立地看。国家正由第一、第二产业向第三产业过渡，而我国的土地归国家所有，在产业转化或退二进三的过程中，土地转让收入应成为各地政府或城市的重要财政来源之一。否则，这个城市就可能破产。目前上海、广州、北京、深圳等城市已基本做到这一点。中国房地产市场不健康的症结，并不在地价高而是地价低。

在房地产市场中占较高份额的微利房市场仅靠住宅公积金是远远不够的，必须由政府对其进行补贴，而政府的补贴就需要通过抬高地价来获得。据有关部门披露，深圳的土地实际成本是600元/m^2，对于鼓励性产业如高科技产业也有200元/m^2，而在深圳拿一手地的价格是1200~1300元/m^2，拿二三手地的平均价格是2100~2300元/m^2。这样，既使政府转让土地有利润，又能保证发展商开发土地还有利润空间，两全其美，各得其所。

住宅产业要真正成为国民经济新的增长点，应该从以下几个方面着手：

一、政府的土地管理部门和规划部门应合并为一个部门，否则，土地的规划价值体现不出来，这点对于正在从第一二产业向第三产业转化的老城市尤为重要；

二、住宅市场中的微利房市场和中高档商品房市场之间应是互补的关系；

三、要尽快建立上述各方面的有关政策法规；

四、要有意识地培育一批大型的发展商，使其与政府规划部门一起最大限度地实现土地的价值。

家园：梦想与现实之间

在高楼林立的城区社区，家园只能是潜藏于人们内心的一个梦想。

□ 林少洲

如果说，两三年前提起到郊区去买一套房子还是稀奇古怪的想法的话，在今天的北京，这已经成为越来越多的人们的实际行动了。地处京城东北郊顺义境内的北京万科城市花园，自1994年至今已经开发了近20万m^2的住宅，销售单价已经达到每平方米5280元，而销售率高达97%，房子基本上都是还没完工就销售完毕，目前该小区已经有1000多户居民入住。地处北京南郊大兴境内的兴涛社区每平方米售价4000余元，自今年推向市场以来，也深受买房人青睐，在最近的几次房展会上都有不俗的成绩。这一北一南两个住宅销售热点，反映了某种住宅郊区化的潮流和趋势。

郊区化的潮流

住宅郊区化作为一种国际潮流，主要起源于二次世界大战结束后的美国。在战后全力振兴经济的背景下，美国政府通过政策性贷款及税收优惠等办法鼓励人们到郊区买房，形成了大规模住宅郊区化的浪潮。这股浪潮持续多年，并带动了购物中心、娱乐中心甚至制造业郊区化的过程，导致大量城市人口外迁，使美国的一些大城市出现都市"空心化"的现象。这股浪潮随后扩展到英国、德国、瑞士、挪威等欧洲国家，成为浩浩荡荡的大趋势。工作在市中心，居住在郊区，既拥有都市的繁华和便利，又尽享阳光、空气、鲜花、草地等大自然的恩赐，这种两全其美的生活模式，成为整整一代欧美青年的理想追求。

住宅郊区化的出现，当然需要有一定的前提条件，这个条件就是公路交通的发达和私人汽车拥有率的提高。据统计，美国自 1921～1956 年，在公路建设上便投入了 5000 亿美元的巨资；从 1956～1976 年，美国联邦政府和各个州政府花在筑造公路上的费用又达 2800 亿美元。这些巨额的投资造就了一个贯通全国、沟通城乡的四通八达的公路网，并带动了汽车产业的迅速发展。由于地价低廉而在郊区大量兴起的仓储式的购物中心和其他商业、娱乐设施，也有力地配合了住宅郊区化的进程。

实际上，随着经济的增长和城市的发展，住宅郊区化的进程在国内包括北京在内的大城市中一直处于持续过程中。北京最典型的例子就是亚运村的兴起和发展。从一片乡野发展成今天充满现代化、国际化色彩的多功能综合社区，亚运村的形成只经历了短短几年的时间。上海的虹桥和浦东、广州的天河、深圳的福田，都有类似的过程。这种郊区化进程为城市的发展注入了生机和活力，保持了城市旺盛的生命力。

从理论上说，住宅郊区化作为人类进入后工业社会之后城市化发展过程中出现的重要现象，有着深刻的社会心理基础。工业文明的出现，使人类由分散的农村聚集到了城市，迅速创造出巨大的物质财富，但工业文明在其迅速发展的过程中，也使人们付出了疏离自然、环境污染等巨大代价。在信息社会来临之后，满载工业文明成果（比如汽车、家用电器、电脑、现代能源）的都市人群又开始了从都市到乡村的回归之旅，希望在大自然的怀抱中抚平过度都市化和工业化的创伤。这种回归自然的集体心态可以从很多带有怀旧色彩的文学作品中一窥全貌。

备受青睐的郊区住宅

由于经济水平、城市管理等原因，北京、上海等大城市与欧美国家比较发达的大城市相比尚有一定的差距，但随着城市化进程的延续，北京、上海在城市人口规模、人口密集程度方面已经达到相当的高度，并出现了比较严重的交通拥挤、住房紧张、地价昂贵、污染严重、环境恶化等"城市病"。以北京为例，原本一直以拥有良好道路交通条件自豪的北京人，近年来已开始出现越来越严重的大面积交通堵塞现象，走向新住宅——明天我们住在哪里？

郊区住宅，在山水之间自由呼吸

交通运行效率大大下降；由于原有规划的缺陷，大量车辆无处停放，占用道路和公共场所的现象日趋严重；北京的人均居住面积虽然高于上海，但总体水平依然偏低，改善居住条件的压力依然巨大；由于建筑物和居住人口的密度过高，旧城改造的费用昂贵，使得北京成为世界上少数房价最高的城市之一。

更令人担忧的是日益严重的城市污染和环境恶化问题。工业污染、燃煤污染和汽车尾气污染，使城市终日笼罩在烟雾之中。四到五级的空气质量和200以上的空气污染指数正一天天地损害着都市人的健康。街头上出现戴口罩上街的外国人，外资企业开始向外籍驻京员工发放健康补贴，这类与污染和空气质量有关的例子已渐渐多起来了。所有这一切，都成为驱使都市人群尽快逃离市区的理由。每到周末，通往郊区的公路上便挤满了郊游的车子，在喧嚣、拥挤、污染严重的都市度过五个紧张、繁忙的日子之后，都市人都急不可待地要到郊区来呼吸新鲜空气，享受阳光、绿意，放松心灵。

这种状况，无疑使得以环境优美为特征的郊区精品住宅备受青睐。由于地价较低，郊区住宅往往具有较低的容积率，紧接地气、回归自然的低层建筑加上开发商精心营造的园林景观，使得具有别墅式环境的郊区精品住宅与其周边广阔的田园风光一起构成了都市人极其向往的居住环境。

从根本上说，房地产顾名思义，既有房又有地，房子本身的价值随着居住时间的延长事实上一直在贬值，房屋升值的内在原因是土地的升值。所以买房人表面上买的是房，实际上主要买的是地。由于容积率的不同，郊区住宅和城区住宅的房地配比相差甚大。一般而言，郊区住宅的容积率大多在1:1左右，而城区住宅的容积率往往在1:2至1:4之间。也就是说，在郊区一平方米的土地上盖了一平方米的房子，在城区一平方米的土地上则要盖二到四个平方米的房子。一般人理解中的市中心土地寸土寸金的概念，实际与土地的功能是有关系的：当市中心土地被用于商业和办公用途时，其土地价值容易体现出来。而当用于居住用途时，由于环境质量有限，其土地价值并不具有明显优势。这一点已被很多发达国家的实践证明。

从另一个影响居住质量的因素——人口密度来看，在每套房屋的单位面积一样的前提下，由于容积率的差异，城区社区的人口密度往往是郊区住宅的二到四倍。所以，一旦入住率高了之后，在郊区社区还能保持环境的宽松和安静，而在城区社区中往往已经人满为患、拥挤不堪了。

家园的梦想与现实

对住宅的一种充满感情色彩的提法叫"家园"。所谓"家园"，就是家和园（home and garden）的并称。在低层小楼加上私家花园的郊区社区，家园是一种实实在在的生活；在高楼林立的城区社区，家园只能是潜藏于人们内心的一个梦想。

一般人对郊区住宅的居住环境往往都比较向往，但同时又担心住在郊区在购物、娱乐、子女上学等方面会有诸多不便。这种看法正在被现实迅速改变。一般来说，随着社会经济条件的变化，都市人的生活消费模式已有了很大的变化，特别是家庭经济条件好的小康人家，已经基本上摆脱了传统的消费模式，开车到仓储式超市采购一周以上的食品和日用品，到会员制的俱乐部健身娱乐，把孩子送到寄宿制的私立学校上学……新的生活方式已然形成。以购物为例，目前北京比较好的仓储式超市，大都处在四环路附近，从郊区驱车走高速和快速干道到这里，往往比从城里走出来还要方便。另外有眼光和具备专业水准的郊区住宅开发商，往往也在住宅区内配套了贴近住户需求的学校、俱乐部和商店等设施，比如万科城市花园功能齐全的乡村俱乐部和兴涛小区与名校合办的学校。这些设施不但满足了住户就近消费的需求，而且往往因为针对性强、概念超前，从而具有较高的品质，比较适应人们新型的消费观念。

郊区化与城市的发展

有意思的是，近期国家通过加大基础设施建设以带动经济增长的政策，正成为郊区住宅最大的利好。

据报载，北京市政府计划投入200亿元基建投资修通10条路，其中除东四环之外均为城区通往郊区的公路（含高速公路），这无疑为郊区住宅带来了福音。有了高速公路和快速干道，城乡之间的距离在时间上被大大地缩短，交通变得极为便利，郊区住宅在距离上的弱点在很大程度上就得到了克服。反过来说，郊区道路进一步改善之后，将有力地带动郊区住宅以及家庭小汽车行业的发展。基础设施、住宅和汽车三大产业产生良性的连动效应，其对经济增长的意义实在不可小视！政府如能因势利导，有意识地引导这一趋势，在公路建设、轻轨铁路建设的基础上，加大道路沿线水、电、煤等市政基础设施的建设，同时通过外迁或新建的方式加强郊区文化卫生教育等公共设施（如图书馆、博物馆、医院、学校）的建设，必然能够起到疏散城区过密人口、合理调整城市布局、改善城市生态环境，同时带动城市发展和经济增长的多重作用。近期北京市政府对回龙观地区的开发可以说是有了一个良好的开端。

一个城市的发展，关键取决于这个城市中的人群。城市要长久保持优势，就必须创造出一个有利于城市人群生存和发展的环境。在这方面，新加坡的做法值得我们借鉴。弹丸之地的新加坡，国土狭小，资源贫乏，而能出现目前人均GDP世界排名前几位的经济奇迹，很重要的一点，就是新加坡政府在吸引人才上不懈的努力。为了吸引全世界的跨国企业到新加坡投资并留住精英人才，新加坡政府在创造良好的居住生活环境方面下足了功夫并取得良好的效果,成为举世闻名的花园国度。北京目前虽然还没有出现多少因居住环境问题而导致人才流失、投资流失的现象,但这个问题如果得不到重视,相信在不远的将来,在人类越来越重视环保和生活质量的大潮中,将会演变成一个对城市前景有至关重要影响的问题。目前选择郊区住宅的人群中,有相当比例的人有过在海外留学、工作的经历,较多接受西方发达国家居住模式和居住观念的影响,这种强调居住环境的新型居住观念,相信随着对外开放程度和经济生活水平的提高,在城市人群中会有不断蔓延的趋势。

我们有理由相信,郊区住宅正处在一个不断升温的过程中.

（林少洲：原万科北京公司总经理,现为厚土机构主席）

盖茨一思考，"大康"就发笑

网络时代的到来，对房地产业的影响也是巨大的。

□ 潘石屹

捷克著名作家米兰·昆德拉在他的小说《生命中不能承受之轻》获得耶路撒冷文学奖的时候，做了一个答谢讲话"人们一思索，上帝就发笑"。就是说人们别装模作样地思考了，你愈思考，"真理离你越远，人与人之间思想距离就越远"，连上帝也觉得这是很可笑的事情。现在美国流传着一句话，是模仿"人们一思索，上帝就发笑"的，叫做"盖茨一思考，'大康'就发笑"。当然，这是留学生翻译过来的。网络中有个". com"，英文读起来是"dot com"，汉语译音就是"大康"。八十年代邓小平提出来奔"小康"，和"小康"对应就是"大康"，所以现在这个". com"就叫"大康"。比尔·盖茨已经是上一代的计算机英雄了，他强调的是计算机的硬件、软件，实际上我们下个社会是网络的社会。他落伍了！成了网络一代嘲笑的对象。21世纪用两个简单的字来概括就是：网络。下个世纪就是"大康"世纪。

我在嘉里中心办公，看见大厦里的一些公司给员工发一身衣服，背面写的是"www．×××．com"，觉得很好笑。这个"大康"世界不是我们那么简单的理解。一提到网络就是 Internet 网，就是"新浪网"，就是"搜狐"，实际上不是这个概念。这样的理解是非常肤浅的。现在的狭义电脑网络概念，从美国的"亚马逊书店"一开始就炒得特别热，所有的股票市盈率都是几百倍、几千倍。专家们看到这个市盈率的时候说了一句话："再不能用技术的目光去分析了，要用艺术的目光去分析曲线。"这很有意思！我不知道怎样用艺术的目光去看曲线，但我觉得在未来的几年时间里目前上市的也好，没上市的也好，网络公司99％都会被淘汰掉，只有极个别的网络公司生存下来。未来的高科技公司的成长，第一阶段都是草创阶段，90％的都破产了；只有10％的公司才可能吸引到国际的风险投资，然后又有90％的公司被淘汰下去了，只有10％的才能上市。在上市的过程中，自己不断地创新，才能够生存下来。我们谈未来的社会是网络社会，跟目前股市行情中的泡沫网络是不一样的。再过两年、三年，我们的社会真正进入网络社会，现在股票市盈率上百倍的公司可能都已经倒闭了。

"网络"本质上是社会的组织结构。在农业、工业文明的时候，社会是金字塔式的组织结构。自下而上，底层和顶层的人地位悬殊，人和人是不平等的。下面的人被上面的人统治，下面的人一定要听上面人的话。可到了网络社会，人们是平等的。信息不再是稀缺资源。对信息多寡的掌握，不再是地位和权力的象征。在计划经济社会有些人可以看内参，有些人可以看《参考消息》，这些都是地位和权力的体现。划分了地位和等级，也就划分了占有信息量的多少。网络社会不再是金字塔式的组织结构，而是网点和网点之间的联系，是网络式的组织结构。人们对信息的掌握是平等的，占有信息量也是一样的。网点和网点之间的联系降低了成本，提高了整个社会的效率。当年林彪摔死在温都尔汗，消息层层传达，层层统一口径，两三个月后老百姓才知道。计划经济时代，公社书记都认为自己比农民会种田，结果农民们都吃不饱饭。实行联产承包责任制后，公社书记们不管了，农民们不仅吃饱了饭，还有余粮，去年朱总理还指示要拨专款修建粮库。社会组织结构变化了，能量被释放出来，推动了整个社会的进步，网络社会意味着社会更平等、更民主。"网络"不是我们今天的电脑网络，但电脑技术和通讯技术是未来网络社会的基础。Sun 公司 CEO 斯考特·迈克尼利先生说"网络之美在于它对于所有的人都是开放的。每个人都可以站在别人的肩膀上……"。

网络时代的到来，对房地产业的影响也是巨大的。大约是四个方面：第一个就是房地产的产品模糊化了。工厂不像工厂，办公室不像办公室，家不像家，家里面可以办公，办公室也可以成为信息工厂。

第二个就是标签发生变化。原来的标签都是金融区、贸易区，像北京西城区的"金融一条街"，海南的"金融贸易区"，纽约的"华尔街"这样一些标签。到了信息时代，房地产发展商闻到了这个社会的网络味道，贴的标签都是"硅谷"，北京现在的"中关村"，香港的"数码港"，马来西亚的"多媒体走廊"。第三就是个性化。工业化年代，进行机械化、标准化大生产，产品都是一样的。房子都是一室一厅、两室一厅、三室一厅。局长住三室一厅，处长就只能住两室一厅。在信息化时代，设计工作中电脑代替了画图板，扩大了创造思维空间。我到美国看一些富人住的一种房子，叫"LOFT"。其实就是用大仓库、大厂房改装的房子。这是个性张扬的年代，人们追求不一样的生活，一个房子跟另一个房子是完全不一样的。第四个变化就是整个城市被拉平了。前两天我做中关村开发的专家委员就探讨一个问题：中关村这个区域到底怎么开发？传统的规划师还是主张建高楼大厦。我看到一个从美国回来的建筑学博士俞孔坚做了一个方案。看完后整个感觉就是我儿子的一堆积木玩具，被他拿起来，从北大南门倒过去，非常自由成长……在网络社会，城市不再局限在一个小范围，它可以不断地向四周扩展。

　　进入网络时代，整个社会发生了根本变化。有些变化是我们今天还不能预见到的。但可以肯定，下个世纪是不一样的世纪。用最近一期《计算机世界》里一篇文章标题来说，就是"'.com'点亮世界"。

（潘石屹：北京中鸿天公司总经理）

北京房地产市场：
一条没有航标的河流

"市场是一条理性的河流"。但是，在1998年的北京，这条河流的航标还有待确立。

□ 王 远

不断尝试不断实践是市场的核心，对于北京房地产市场而言，有些问题已水落石出，更多的则需要在摸索中验证，在实践中发展。

经济适用房

经济适用房是近两年北京房地产市场热点中的热点，它是国家经济体制改革的必然结果，对北京房地产市场而言，是直接影响市场发展的重要举措。

经济适用房是住房改革的重要组成部分。福利分房取消后，住房交易全面走向市场，在需求方面主要采用货币补贴政策，相应的，供给方面则通过经济适用房解决低收入与高房价之间的矛盾。

取消福利分房等房改政策正式出台前，体制内单位搭乘购房末班车已造成了商品住宅的抢购高峰。到1998年底，二、三环内或距离城区较近的中档住宅（4000—8000元/m^2，现楼）基本销售完毕。在抢购潮中一批由于成本问题、位置问题、设计问题、推广问题等各种问题积压的大量商品房被奇迹般地救活，一批原本决策失误的项目成了房改的重要受益者。

取消福利分房政策宣布不久，严禁政府机关和直属单位集中购买商品房的政策随后出台。原来占北京房地产市场购买量70%的集团购买去向何方？购买高峰过后会不会进入低谷？个人购房会不会大量流向享受政策优惠的经济适用房？而所谓的经济适用房到底限什么价？产品素质与商品房如何区别？购买对象怎么界定？这些问题成了众多开发商和投资者的心病。

1998年底，千呼万唤的经济适用房终于在媒体公开亮相，一露面就占据了几乎所有报纸的房地产版面。十大经济适用房规划地点选定，98年推出约200万m^2。紧接着，第一个经政府部门认定的大型经济适用房项目"回龙观小区"公开认购，总建筑面积850万m^2，限价每平方米2600元。

住宅郊区化

"住宅郊区化"的主张由来已久。

几年前，在人气毫不兴旺、周边配套并不完善、高速公路尚未修建、距市区十公里以上的条件下，顺义的北京万科城市花园和亚北的王府公寓等项目取得了较好的市场销售成绩。当然，这只是个别开发商主动或被动的尝试，与主流市场相比，供给规模比较小，影响力也不大。

住宅郊区化真正开始备受关注是在经济适用房政策出台以后。面对住宅需求的不断扩张，一方面，市区土地供给日见稀缺、旧城改造成本高昂、政府规划上诸多限制，使多数开发商望城兴叹，只有掉头在近郊寻找突破口；另一方面，盘子如此之大的经济适用房，销售价格受到政府直接限制，因此，也把注意力投向城市边缘与郊区的衔接地段。

经济适用房给郊区物业带来了新的机会和新的竞争。郊区物业面临的首要问题是交通问题，"时间距离"是郊区物业针对城区提出的重要概念，这一概念巧妙地将空间问题转换成时间问题，提高了郊区物业的可接受度。同时，随着住宅郊区化的发展，从小区的内部班车到规划中的轻轨列车，郊区物业的公共交通也在不断改善中。

在今天的北京，住宅郊区化方兴未艾，大有从个别开发商的市场细分和市场占有，逐渐成为市场主流之势。

至于住宅郊区化所带来的城市空心问题，多向度都市文化的衰落问题，住区功能单一造成的社会问题和文化问题等虽然早已成为西方国家的痛点，并正在不断尝试改善，但对于人口如此膨胀、交通不堪重负的北京市区而言，这些只是遥远的忧虑。毕竟，如何解决"有"

"无"问题才是燃眉之急。

附加值从何而来？

随着市场的成熟，商品住宅依靠土地成本差异获得价格优势的情况越来越少。同时，住宅的户型设计、绿化、物业管理等原来产生竞争优势的要素也渐趋平衡。附加价值从何而来？什么能真正产生差异化，从而获得市场的认可和取得较高的收益？这些都成为开发商的新课题。

随着知识经济时代、网络时代、信息时代概念的提出，智能住宅作为新的居住概念开始浮出水面。有中国硅谷之称的中关村一带，集中推出以"网络居家"、"智能公寓"为核心概念的住宅项目，就是对住宅如何适应新生活方式的探索。

但必须指出的是，北京目前房地产市场上关于"智能"的种种努力，例如两条电话线入户、制作小区独立的局域网、设有中央管理控制系统等等，都显得苍白和零碎，并且没有能够和住宅本身的素质很好地结合。

环保住宅也是住宅市场中的热点，由于环保与住宅自身价值的关联程度不高，大多数项目仅将其作为建设形象的辅助因素考虑。事实上，由于建筑材料、施工手段等技术限制，在今天，工业化大批量建造的住宅在环保方面不可能走得太远。建筑环保是一个长期的综合的问题，只有通过环保的市场需求转换为产品需求和技术需求，从而推动环保技术的发展，这才是环保住宅得以发展的基础。

项目形象是带来较高边际效益的因素之一。"欧洲风格"对于许多住宅项目建立形象起到汗马功劳，这在北京是带有普遍性的现象。所谓的欧洲风格通常以三段式的立面、下沉式的广场、带山花的大门、罗马柱头装饰等作为标志，这些符号对销售的助益，与欧美发达的经济背景，以及其所象征的强势的文化品位和生活形态密切相关。

应该引起注意的是，泛滥的欧陆风正在使北京的城市面目变得平庸和暧昧。建筑作为百年大计，往往代表着一座城市的文化背景，与之相比，商业上的附加价值有时并不代表绝对真理。

开发商：如何唱好主角？

北京房改政策正式出台后，政府显然已将市场的空间让位给经济利益团体，直接通过具体指令来协调市场发展的情况将越来越少。因而我们可以说，开发商已成为引领住宅产品素质革新、技术革新从而带来产业进步的核心力量，虽然，这种引领未必是主动和自觉的。

消费者与开发商之间的张力促成了建筑商品的最终产生：消费者通过市场显示其要求，制约开发商；开发商通过设计师寻求解决之道。

另一方面，开发商依靠设计师创造市场效果，通过市场引导消费者接纳设计思想，从而接纳产品，发生购买行为。建造什么样的建筑？居住理念如何发展？开发商站在消费者、设计者和其他相关社会因素的中心。

所有的技术革新最终都将依靠开发商诉诸实现，如果没有开发商采用，技术将不可能转换成效益。依靠政府强制普及的情况在今天的市场已很难发生。技术与开发商如何结合？如何互动？是有待解决的新问题。在北京，为了增强竞争能力，不被市场所淘汰，有些开发商已开始尝试与科技行业建立有效的沟通渠道，包括成立共同的发展机构。

社区文化的建设，人群居住地点的重新划分，人与人之间在生活区中关系的界定，都与居住空间的规划设计、物业管理、居住对象的构成等密不可分，而这些的规划、设计、实施及最终实现者都是开发商。

有学者说过："市场是一条理性的河流"。但是，在 1998 年的北京，在房地产发展的现阶段，很显然，对开发商而言，这条河流的航标还有待确立。

（王远：万科地产营销策划人员）

四城记

追求环境、生态、科技为主题的"第三代产品",将会是今后住宅的主导性产品。

□ 茅 巍

北京、上海、广州、深圳一致被认为是目前国内投资环境最好的四个城市,同时也是国内经济增长水平最快的前四位城市。作为这几个城市的重要产业,房地产的情况如何呢?

面积房型各有所好

"一方水土养一方人",同样,房地产作为与人的居住生活最紧密的产业,其地域性特征显而易见。于居家而言,最常见的也是住宅市场一个永久性的居住模式"二房二厅"和"三房二厅"仍是目前国内生产量最大的两种户型。但无论是二居室还是三居室,北方与南方对面积的理解差异非常大。

从我们考察的结果看,越往北其居室面积则越大。深圳和广州一般二房二厅面积 70~85 m^2,三房二厅 90~110 m^2 居多,而上海二房二厅一般在 80~100 m^2,三房二厅 100~130 m^2,而北京二房二厅面积一般在 90~110 m^2 之间,三房二厅在 130~160 m^2 之间,这种对户型面积的理解除了消费水平的影响之外，消费习惯恐怕是很重要的因素。

在香港，二房二厅可以做到 48 m^2，三房二厅仅 60 m^2。有关人士认为是由于香港的房价过高造成的，但让人费解的是北京的房价比深圳至少高出 10% 左右，但北京房子面积普遍做得很大。位于中关村附近，三环之外四环之内的一个项目"水木清华园"，获奖户型为三房二厅 150 m^2 ~ 170 m^2，平均售价 8000 元/m^2，平均每户房款超过 100 万，且为毛坯房，竟然是 99 年很畅销的楼盘。

这使我们对北京人的生活方式瞠目结舌。北京这种大户型单位司空见惯，大概与北京人喜欢讲排场、好客的个性有关。

深圳、广州居民的务实心态较成熟，一般家庭不太接待外来客人，如果要访客，许多都到酒楼去谈话。而北方似乎喜欢这种大客厅的优越感，喜欢朋友聚会，在深圳，客厅的开间通常在 4m 左右，而在北京，4.8m 和 5.2m 的开间屡见不鲜。

从北京人的收入水平看，即便多数工薪阶层购不起房，但买大房的心态还是一致的。据调查，北京目前最受欢迎的户型是 90 ~ 120 m^2 的单位，小于 60 m^2 的单位仍受冷落，这恐怕跟许多人想一步到位置业有关。

同样，上海的小户型似乎也不受欢迎。曾有地产公司尝试做 60 m^2 左右户型的公寓楼，也以失败告终。

但在深圳，小型公寓却找到许多支持者。98 年深圳小户型非常走俏，如锦文阁、汇展阁、名仕阁、旭飞花园等小户型单位成为市场的黑马，这主要得益于深圳是座移民城市。深圳的主力人口是暂住人口，暂住与户籍人口的比例为 3∶1，相当多的暂住人员靠租房解决居住问题，因而一个供款不多的栖身公寓，也是一种理想的选择。这种特定的消费层培养出了这种特定的居住模式。

另外，外销题材在这几个城市的表现也不一样。北京、上海的外销对象比较复杂，包括港、台、日、韩、欧洲、北美等形形色色的外籍人士。这些人多半长期生活在国内，要求的居住规格较高。而广州和深圳的外销对象多为香港的工薪阶层，他们到国内置业以暂住者居多，有些是投资的，有些是度假的，因而对居住素质的要求并不太高，户型面积要求也不大。

"居住郊区化"在这几个城市的表现也不尽相同。北京、上海只有有钱人才考虑到较偏远的地方购买别墅和高级公寓，平民百姓多为解决第一居室在苦苦奋斗。但似乎相当多的广州人对郊区购房抱有浓厚兴趣。广州日前流行"1+1"置业模式，即市区和郊区各有一套房，五天在市区、二天在郊区的"5+2"生活模式。在深圳也有一些，但气氛尚不浓，这主要是深穗两地的地理环境还不尽相同。广州人目前考虑郊区置业除了郊区的楼价低之外，广州市的空气污染严重，许多人希望周末能到郊区呼吸新鲜空气。但深圳市区本身生活素质就较高，而周边的宝安、龙岗等地由于工厂较多，并且有二线关口制约，所以目前这种生活模式尚不普遍。

设计规划各有侧重

深圳、广州地处北回归线以南，属亚热带气候，温差变化小，因而房子的设计与北京、上海都有所不同。

深圳 90 年代中期以前，住宅设计较注重朝向，多层住宅多行列式布局。但从 96 年开始，以"万科城市花园"为代表，开创了围合式住宅规划的先河，住宅设计理念发生了变化。住宅的朝向似乎不成为规划中的难题，反倒景观越来越成为设计中的重要因素。深圳气候条件由于日照充足，不同于北方存在北房照不到太阳的问题；使人较烦恼的西晒问题，也随着生活水平的提高通过空调等设备予以解决。因而深圳出现了为求景观效果，面朝西的湖景花园、向东的天安高尔夫花园、朝北的国都高尔夫花园等。

而在广州珠江南侧，一批沿江物业为追求珠江的观景效果，如中海锦苑、汇美景台等都是面朝北。深穗两地的蝶形住宅多半不是为了追求户户朝南，而是为了户户有景。

而北京、上海由于气候的原因，对朝向的要求比较高。尤其是北京，冬天时间较长，为考虑日照效果，在设计上一般要求户户朝南，并且出于取暖需要，许多住宅的阳台都用玻璃密封起来。像万科星园就是设计成蝶形结构，为的是每户都有朝南的房间，但由于蝶形住宅的实用率较低，也使得一些人对蝶形设计有看法。

因此，近年来多用于多层住宅的板式结构设计，也大量的用在高层住宅，像陆家嘴花园、万邦都市花园、达安花园等，板式住宅可以设计成每层两户或四户，这样在朝向和通风方面都较优越。

总之，朝向问题越到北方越重视，从万科在深圳和上海的两个项目相比较就可以看出其中的差异，深圳万科四季花城是围合成一个个小方阵，延续了景田万科城市花园的模式，但像上海万科城市花园三期优诗美地，就设计成行列式的组团，对朝向的重视程度明显不同。

此外，国际级的设计公司陆续登陆中国，以环境、生态、科技为主题的"第三代产品"在各大城市均有所体现。深圳自 97 年中期就引进了香港的王董设计事务所、新加坡的雅科本和澳大利亚的柏涛等设计师，而在北京、上海近几年分别有加拿大的 B + H、美国的泛亚易道、JBM 等建筑与环境设计师。

此外，智能化设计也是近几年住宅的一个卖点。随着城市网民数量的增多，发展商也迎合买家的需要建立起家庭办公自动化设施、全方位的智能化防盗及住宅的一卡通消费系统，比如北京的现代城、欧陆经典万兴苑；上海的仁恒滨江园，深圳的东海花园二期、金海湾花园、深业花园等都采取了这种超前的智能化设施。

营销手段各出奇招

从京、沪、穗、深这几个城市的销售手段来看，穗、深两地明显受香港地产代理模式的影响，而上海则受台湾策划模式的影响较多，北京地产市场以前受集团购买的影响和大量经济适用房的冲击，房地产营销水准显得落后一些。

单是案名的设计就可以看出各自的差异，上海的案名五花八门、名堂繁多，如"生活大师"、"上海知音"、"江南山水"、"艺术传家堡"、"新家坡美树馆"、"重归伊甸园"等等。深、穗两地则出现许多港式的案名，如深圳的时代华庭、碧华庭居、星河明居、阳明山庄、帝景园等，广州则有名雅苑、汇美景台。

但总的趋势，这几个城市的物业案名已趋多元发展，不再是以花园、阁、苑、居、广场、中心等常见词命名，象北京出现了枫丹丽舍、欧陆经典，上海有优诗美地，深圳有蔚蓝海岸、阳光四季等，形式繁多的案名也反映出房地产营销渐渐步入成熟时期。

从概念的炒作方面看，广州在项目的包装方面名堂最多，在顺德碧桂园"给你一个五星级的家"口号煽动下，广州的概念楼盘层出不穷，如以运动为题材的广州奥林匹克花园，以健康生活为题材的光大花园，以度假为题材的祈福新村，以自然江景为题材的中海锦苑、丽景湾、天立俊园等。同样深圳的概念楼盘也为数不少，如欧洲小镇、澳洲风情、巴厘岛热带雨林景观、智能化住宅等等都是近年来许多楼盘常用的概念。北京、上海似乎在住宅方面的题材相对少一些，但北京也出现了SOHO模式的现代城，科技概念的欧陆经典，绿色概念的万柳光大花园等题材。上海也有绿色为主题及变层高概念的新家坡美树馆，以景观和庭园为卖点的仁恒滨江园等。

总之，从这几个城市住宅的发展趋势来看，已经出现了大量个性化设计的楼盘，许多发展商也意识到只有将自己的优势做足，在概念上形成差异化，才能吸引到更多的买家。

京、沪、穗、深四个城市的地产现状代表着国内地产的最高水准，对国内地产市场具有举足轻重的影响，房地产经营理念、设计思路、营销手段，在国内各个城市表现得各不相同，但有些发展趋向却是共同的。

第一，房地产的竞争格局已由过去的单纯概念营销向品牌营销过渡，品牌不仅仅代表着企业的知名度和实力，同时也代表着一种产品特色、信誉和品质，进入二十一世纪的中国地产必将诞生出几个中国地产品牌。

第二，随着东西方文化的不断渗透和融合，老百姓接受新事物的能力逐步提高，对于多种风格形式住宅产品的适应能力也越来越强、越来越多的个性化产品在市场上出现，住宅产品走向多元化发展是必然的发展趋向。

第三，追求环境、生态、科技为主题的"第三代产品"，将会是今后住宅的主导性产品。住宅产品更强调生活的高品味、人性化、有较多的绿化空间、人文景观和适应现代社会的智能化管理系统，这将是城市住宅共同发展目标。

（茅巍：深圳信息统计局）

环境、生态、科技——住宅的新主题

新经济与城市化及再城市化

> 如果仅仅从建筑学意义上，"新住宅"的主题将是苍白无力的。

□ 郭 钧

如果仅仅从建筑学意义上，"新住宅"的主题将是苍白无力的。卧室的舒适、卫生间的大小、车库的入口甚至环境绿化、建筑外形，以及智能化的应用，这些都不是什么大不了的问题，尽管有些项目存在这样那样的问题，相信会迅速转变，通过市场机制自然成熟，并不需要劳师动众，通过什么论坛或运动来解决。

建筑问题永远都是折射了社会问题、经济问题、文化问题的复合体。因为建筑形式确定人与人的空间分享，决定了功能空间的关系，因而与社会关系形成互动；建筑消耗了大量社会财富，又创造持续的需求，因而与经济制度形成互动；建筑物化了文化符号，又带来新的意识框架，因而又与文化意识形成互动。住宅的建筑自然决定于社会、经济、文化，又影响着社会、经济、文化的发展。

从人的需求及生活方式的满足来看住宅的建筑，而不是仅从资源的节约、社会的要求来限制住宅的发展模式，这样的观点经历了相当长的时期的异动，已经逐步形成共识——住宅应更关注人的要求，特别是普通人的需求。那么，我们考虑住宅问题的视野将会非常广阔：

A. 在每一个住宅单位内部，满足人在有限面积中合理享用生活空间，即户型设计和设备问题；

B. 不同的住宅单位以有序、和谐的关系组成集合，即集合住宅楼宇的设计问题；

C. 不同集合楼宇以有序、和谐的关系组成社区，即住宅区的设计、规划问题；

D. 社区与社区以有序、和谐的关系组成街区，即城市分区规划问题；

E. 不同功能的街区以有序、和谐的关系组合成城市，即城市规划问题。

我们可以看到，解决社区内的问题并不难，然而如果我们真的关注人的需求，关心人的就业、教育等等更高层次的需求，我们就必须关心城市化（Urbanization）和再城市化（Re‐Urbanization）问题。

城市化与再城市化同时进行

众多的发展商和社会各界共同关心影响我们生存空间、社会关系、经济模式、文化意识的城市化问题，当然顺理成章，极其自然，令人关注，极具社会意义。从商业意义上，中国的城市化正在创造无数的商业机会，只要顺应人和社会需求发展的潮流，发展商当然可以提供适当的产品并赢取合理的商业利润，若超越了市场需求，则可能获得超越平均利润水平的超额回报。反之，违背城市化和再城市化的规律，发展商将很难从项目操作层面赚取满意的利润。

城市化是人类社会发展的必然阶段，中国目前有30%的人口居住在城镇，国家的"十五"计划在未来五年每年增加一个百分点，即会有1300万人口，400万个家庭进入城镇。然而，中国的城市化既有历史角度的补课，又面临新经济形势下的新问题。因而，值得以反思的态度研究传统经济模式下的城市化经验，比如以计划经济的手段和方法追求CBD的建设问题，比如传统经济条件下肢解式的功能分区和高密度的土地利用问题等。

传统经济模式下城市化的重要表现是高密度开发。习惯观念上认为高密度开发节约土地，方便沟通，真实的结果证明高密度开发破坏了生态，并使人际关系恶化，所谓的节约资源是以降低生活质量和增加环境负荷为代价的。对高密度开发的反思及检讨，正越来越多为发展商和城市政府所重视，盲目追求高楼林立的现代化景观已经造成社会的巨大浪费。

再城市化意味着城市的扩张及城市功能区重组更新双重涵义。中国的城市化与再城市化是同时进行的，传统的城市格局不断发生重大的变化，将改变人们对熟悉的传统的区位关系的认识，比如城市空心化和郊区化现象。除了城市新区的扩张，国家提出的小城镇战略，尤其是处于都市化体系中的小城镇，将提供越来越多的投资、商业及就业机会。

城市化呼唤社会发展目标的回归。很多年来，以经济建设为中心的口号更多地成为社会发展的主题，而曾经为人们熟悉的缩小"三大差别"的社会目标已被搁置脑后。在计划经济时代提出的缩小城乡、工农、脑力和体力劳动之间的三大差别的口号，尽管有实施手段上的问题，但对于社会进步和发展莫不是重要的目标和指标。随着改革开放二十年创造的巨大物质成就，随着中国城市化进程与新经济的不期而遇，中国社会正在并且已经具备条件在城市化过程中实现真正缩小三大差别的社会目标。在住宅发展中，以歧视或狭隘的观念刻意制造人们身份的差别和隔离，哪怕只是广告，都丑化了发展商自身的形象。当然，商品的消费档次差别必然存在，只需要按完全市场原则处理就好了。

新都市主义

我们越来越多地从西方或西方的二传手（比如香港）学习了现代化城市的某些模式，如高楼大厦、高速公路、高架道路等，把我们的城市装扮得光怪陆离，而且近几年来中国所投入诸如此类"高级"建设的规模在全球已占有不少的份额。甚至在一些小城镇也在极力追求"高级"建设，重视了城市化的硬件，而忽视了城市化的软件。我们非常容易学习摩天大厦，然而，只要谈到住宅模式，便会极简单地以国情为由加以排斥，固执地按比兵营略好的方式大规模粗制滥造。应该说，国际化住宅社区的发展模式并非一成不变，在不同国家便体现不同文化的特点，但是，社会进步的进程正在加速住宅模式的融合，共同的居住标准及技术已经使之成为可能。WTO给中国带来的，将不仅仅是技术、产品，更多的会是消费观念及模式的融合。

上世纪五十年代以后，美国的城市出现急剧扩张与分散，其他发达国家也大规模地通过发展新市镇加速城市化进程，香港是七十年代大举兴起新界地区新市镇建设的。进入八十年代，美国城市规划及建筑学界出现"新都市主义"（New Urbanism）的思潮，开始对极度低密度、分散化的反思。从更多强调私人住宅，转化为更多强调社区，设计了社区整体规划开发的模式，取得了很大成功，引起了城市规划界的重视。新都市主义不仅强调社区的整合，而且考虑了就业机会与居住的结合，改变了每天城郊与市中心之间的大量通勤，在城市重建中亦注重在旧城区增加居住人口，出现了城市均衡化的某些特点。

新都市主义认为不仅在郊区，即使在城市中心，也应共同遵守公共空间、步行尺度及邻里协调的原则，强调 TND 和 TOD 模式。TND 即 Traditional Neighborhood Development 传统街区发展模式，打破大都市化体系中的简单化的功能分区，回归传统的生活方式。TOD 即 Transportation Oriented Development 交通主导发展模式，打破大都市布局的几何特征，实现网络化时代的居住需求。这些城市规划的理论，结合今天的新经济时代，应该对中国的城市化与再城市化有所补益。

再城市化与新经济

我们必须更多地关注新经济给人们的生活带来的变化，从而带来对住宅居住区及城市的新的要求。大量的休闲时间增加，信息技术的发达，网络业的快速发展，等等，已经带来生活方式的巨大变化，因而今天的住宅建设必须满足不同生活方式的需求，实现人性化；WUO 时代带动大量技术创新，因而今天的住宅建设必须关注世界潮流，实现全球化；在城市化体系并非轻易改变的情况下，大社区、新市镇成为最能综合满足人们需求的选择，因而今天的住宅建设的重点应集中在城市新区和小城镇，推动城市化。

再城市化可以从新经济收到更多的益处。城市和发展商为了追求短期的经济利益，曾经极力喜欢在旧城区进行大拆大改，以追求"黄金地段"的物业开发效益，因而破坏了历史城区的价值，并且由于这种开发甚至是高密度开发大多是见缝插针而为的，并没有整个市政、交通系统的重新设计及完善，带来新的严重的城市问题，比如交通问题。这种逃避市政重新规划及投资的做法，带来了整个社会所承担的交通等费用高额的负担。新经济带来的城市分散及均衡发展，总体上减低了地域区位差异，使旧城区的改造与保护更加容易结合起来，使新发展系统地集中于城市新区，而历史街区的保护可以有机地通过改造，以适当的中低密度开发来实现。

中国住宅市场已经迈进完全市场化时代。经过政府的大力推进，房屋政策及金融服务日益满足市场要求，从市场形态上已与国际上的普遍的住宅市场模式几乎相仿。随着收入的不断提高，按揭的提供已大大提高市场购买力，基于对五年内市场的预期，价值 50 万元/套（130 m² × 单价 4000 元或 150 m² × 单价 3000 元）将成为中产阶级置业的平均标准尺度，而价值 30 万元/套（150 m² × 单价 2000 元或 100 m² × 单价 3000 元）将成为普及型。（计算模型参考香港物业价格与收入的关系）在这两种价位上，按照 8 成 20 年按揭计算首付款仅为 6 万元～10 万元，而月供款仅为 1600～2800 元，与平均收入水平所构成的支付能力相若。

有人从历史上的例子来比较"新住宅"的定位或意义，其实，我们也应从新经济和信息时代来分析社会事件的效应和作用,而不会是历史的重演或翻版。"新住宅"是独特的,不需要用历史去证明它是什么,而且,在今天,思想迅速传播的作用早已超越形式上的运动。

"新住宅"聚焦于新经济、城市化、再城市化,集社会意义和商业意义于一身,使其成为全社会关心的文化运动,并为全社会带来利益,其意义和影响必将是深远的。

(郭钧:北京华远公司总经理)

聆听来自市场的声音

所谓"新住宅",是指在市场经济下,以市场需求为导向,用市场的手段来合理调配行业资源建设的住宅。

□ 单小海

6月24日,"新住宅论坛"大会终于在上海国际会议中心如期揭幕,来自全国的五百多位嘉宾出席了大会,据不完全统计,有超过100名记者通过各种渠道跟踪了此次会议。

看上去,大会显得非常隆重、热闹。不少媒体甚至使用了"武林大会"、"盛况空前"这样一些有煽情嫌疑的字眼。理所当然地,在会场里,在大会后,我们也同样听到了怀疑和批评的声音。

现在,这一切都已经不再重要。对我们这些置身事件当中的人来说,短短两天的大会只是一个形式,只是新住宅论坛的一次聚集,只是中城房网的一次亮相,它的本身,是不必也无法承载太多的内容和意义。或者,换一个角度来说,这次大会的内容,将在随后的日子被渐次丰富,大会的意义,将在随后的岁月被逐渐赋予。

为了更好地上路,且让我们先安静下来,梳理匆乱仓促的头绪。

走向新住宅——明天我们住在哪里？

"新住宅论坛"上海会议

新住宅？旧住宅？

从着手筹备这次新住宅运动大会开始，我就不断地遭遇这样的发问："什么是新住宅？"

我们一直强调，中城房网做的，只是搭建一个开放性的平台，希望所有关心中国的住宅问题的人，都能够从自己的知识背景出发，来表达自己对新住宅的理解和企望。然后在此基础上，梳理出未来住宅发展的一些路向。

但是在纷乱和狐疑的气氛里，这种回答很容易被理解为不得要领的闪烁其辞。所以他们再次伸出手来，说，先告诉我，什么是新住宅？

其实，我们的界定非常清晰。所谓"新住宅""旧住宅"，并不是指物理意义上的住宅新旧，更重要的是思维和开发理念上的区划。

简而言之，所谓"新住宅"，是指在市场经济下，以市场需求为导向，用市场的手段来合理调配行业资源建设的住宅。与此相对应的，"旧住宅"是指那些在计划经济体制下，利用行政手段来集中资源建设的住宅——尽管它们中的某些项目可能应用了非常先进的技术，配备了很完善的设施。但是因为它们的开发和市场经济的基本精神背道而驰，我们仍然将之称为"旧住宅"。

走向行业的自觉超越

在新住宅论坛大会上，另一个被频频提起的话题是："你觉得这次大会的意义是什么？"

是啊，新住宅论坛上海大会可谓应者云集、场面浩大。原来准备300人的会议规模，谁料很快就突破了400人。21日中午，当参会人数突破450人的时候，我们不得不提前终止了报名。但是在24日的大会会场，500把椅子座无虚席，还有近百人站在过道里聆听。

500嘉宾为何而来？显然，单单用王石的个人魅力、用中城房网的行业影响，是不足以令人信服地说明问题。我的看法是，业界同行的"热情"，反证了中国房地产行业面临着普遍的困惑。

这困惑来自两个向度。

一方面，发展商面临着项目该怎么做的问题。以前，一个概念、一个创意，甚至是现炒现卖的一招两式，都可以大把大把地圈钱，而现在，这样的日子已经越来越远了。怎样创建自己的核心竞争力，从而在"大量开工大量积压"（王石语）的住宅市场中突围而出，是横在所有面向市场的发展商眼前的难题。

另一方面来看，来自民间的发展商，经过这些年在市场中的摸爬滚打，已经积蓄了一定的能量，他们向往更平等的竞争环境、更宽阔的市场空间。因为中国住宅产业的特殊性，归根结底，他们需要行业的管理者来考虑他们的诉求，修正甚至重新制定住宅市场的游戏规则。

想到这里，我摁亮了话筒："以前，单个的房地产企业在自发地摸索和创新，现在，通过中城房网组织的这次会议，通过'新住宅运动'这个口号，大家走到一起，来共同思考住宅行业的方向问题。从自发的企业创新到自觉的行业超越，这就是新住宅论坛大会最大的意义。"

当然，指望一次会议解决所有的问题是不现实的。但毕竟，来自市场的力量走到了一起，在中城房网这个平台上，开始探讨一些相对宏观的问题，开始做一些相对实在的事情。往后，更重要的发展将渐次铺开。

把文化还给文化

在23日的晚餐会上，北京青年报的刘素京小姐说："一群全国各地的开发商聚到一起谈文化，太可疑了。"大会召开的当天晚上，她再一次表达了这种困惑。

的确，上海大会给出了很多混乱的声音和信息。对于一次大会来说，这几乎是无可避免的——更何况我们并没有想要刻意避免这种状况。因为正如我们反复强调的，新住宅运动也好，新住宅论坛也好，这只是把大家聚到一起的一个由头，中城房网的目的是搭建一个开放性的平台，它需要来自业内和社会学界、经济学界、IT界的声援和补充。

我们正置身于网络时代，它的最大特点就是开放性。那种主题先行的统一口径已经不太适应时代的要求。只有在参与各方的充分表达的基础上，一个新的概念和事物才能够充分地生发，才能获得更多的群体的认同。

新住宅论坛是一次由开发商提出并倡导的行动，这使许多人颇觉意外，但我相信自有其内在的必然。因为居住是一个非常实在的事情，它需要行动，需要实践。而从理论和概念到实践的这最后一跃，需要开发商来完成。这一角色决定了开发商在新住宅论坛中的地位，也规定了他们的方向。那就是，要使新住宅论坛深入发展，首先，发展商得尽快从文化的半空平稳降落。

老实说，"文化复兴"之类的大词听多了，我也开始觉得有点悬。因为对一场严肃的探讨而言，一开始就盖棺论定地打下文化的调子，实在为时尚早。在目前阶段，我们更需要的是行动。即使是文化复兴，也是需要用具体的内容来支撑的。比如一提起"文艺复兴"，大家的脑海里马上浮现的是但丁的诗歌、达芬奇的绘画、米开朗基罗的雕塑……而为业界熟知的"包豪斯运动"，之所以能够成为现代建筑运动的肇始，一个非常重要的原因就是，有一个著名的包豪斯学院在用无数的建筑师和建筑作品，为运动提供坚实的支援。

为了避免使新住宅论坛沦为这个浮躁的年头的又一场泡沫，我们呼吁，把文化留给文化，让哲学回到哲学，中城房网和所有真正愿意推动新住宅实践的从业者，让我们携起手来，做更多踏踏实实的事，而最关键的，当然是不断推出更有创新更受市场欢迎的住宅产品。

新经济：艰难的握手

"新经济、新文化、新住宅"这一话题的设置，是本次新住宅论坛的得意之笔。

在信息时代，网络已经和正在发挥越来越重要的影响。住宅虽然是典型的传统产业，但是因为它首先是"人"的产业，它和每一个个体密切相关，所以更需要认真面对网络带来的冲击；而新经济企业的出路，也在于走向与传统产业的结合。

我们相信，如果"新""旧"经济企业都能够跳出眼前利益的框框，在更宽泛的层面上，更多地沟通、交流、碰撞，一定能够给双方都带来有益的启示，以及更多更长远的商业机会，并从宏观上促进新旧经济的融合和共同发展。

我们的邀请发出后，遭遇了几种不同的反应。新浪和网易因为刚刚上市和准备上市，婉言拒绝了邀请；8848的董事长王峻涛言而无信，令人非常失望；相反，微软（中国）公司和长城集团、联想集团这些行业巨头，却都非常爽快地答应了邀约。

24日下午，在大会的"新经济、新文化、新住宅"会场，300个席位的会场座无虚席，走道里站满了来自全国的发展商。这场面让我颇感意外。

会场的爆满，起码说明开发商们也都意识到新经济的冲击，也都想寻找与新经济的结合点。但是坦白地说，一个下午听下来，深切地感觉到一个字——"隔"。大家彼此都很热切地盯着对方，却始终找不到共同的话题深入。坦率地评价，与传统产业对新经济的了解和期望相比，新经济们对传统产业的了解简直贫瘠得可怜，更谈不上提供度身订做的服务。

两只热情的手分别伸了出去，却没有能够坚实地握在一起。

如果要提炼这个会场的意义，充其量就是让彼此看到了对方合作的热切期望。但是要真正实现新旧经济的沟通和融合，路正遥远。

信任市场的选择

作为一次由开发商发起组织的行业会议，我们感觉到来自某些政府官员的疑虑的眼光："中城房网，意欲何为？"

这疑虑其实大可不必。

我们正在匆匆地迈向市场经济，市场经济本身有它的不足，但不可否认的是，到目前为止，市场仍然是人类社会配置资源最有效、最公平的方式。

经过这二十年来的曲折发展，中国现在有了多种的经济成分，有了非国有经济的迅速壮大、蓬勃发展，这对经济发展和社会进步是非常好的促进。作为政府，应该充分信任这些来自市场的民间力量，给他们公平的环境和机会。与此同时，政府也应该通过严格的程序，对市场进行有效的监管，促进行业的良性发展。

道理似乎非常简单。但遗憾的是，十几年来，我们强调的更多的是房地产行业的特殊性，这样做的直接后果是计划经济的幽灵仍然在住宅市场徘徊不去，从而使大量的行业资源被空置、被浪费。比如为人诟病的经济适用房，不但没有解决好低收入人群的安居问题，而且在事实上成为一部分富人再度享用的公共福利晚餐。它对市场和社会造成的不良影响，绝不亚于那些烂尾楼盘和空置项目。

为什么会出现这种事与愿违的结果，我觉得，最主要的原因恐怕还是决策者离市场太远，没有认真去倾听市场的要求、市场的声音。

国有企业要"有所为、有所不为"，这是中央业已明确的经济工作方针，房地产行业似乎也没有要求特殊豁免的足够理由。更何况这个行业的基本资源——土地都牢牢地掌握在国家手里，所以根本不存在民间力量尾大不掉的危险。事实上，在房地产行业，国有和国有控股企业已经不是要不要适当退出的问题，而是客观上已经风光不再。据统计，在上海、深圳、广州等住宅市场比较发达的城市，无论是市场份额还是市场影响，非国有和非国有控股的房地产公司都已经超过了政府努力"扶持"、"倾斜"的企业。

是继续保护投入产出比率持续低迷的国有企业,还是充分发挥市场机制优胜劣汰的功能,在加强市场监管的同时,让市场、让老百姓去选择?这是摆在行业决策者面前的一个迫切的抉择。

团结就是力量

新住宅论坛上海大会,在某种意义上可以看作是中城房网的正式亮相。但是问题随之而来:亮相之后,下一步怎样发展?具体地说,是大开方便之门,还是关起门来"自我修炼"?

一种比较强烈的声音是,如果扩张过快,让一些实力不足甚至是心术不正的企业掺和进来,可能会影响到中城房网的声誉,以及下一步的发展。

新住宅论坛:
说什么?怎么说

这一考虑不无道理。但是我们认为,尽管有种种潜在风险,中城房网仍然要加快吸纳成员的步伐。因为新经济时代是一个马太效应空前显著的时代,只有尽可能地吸纳更多的同行者,中城房网自身才能够迅速壮大,信息共享、集体采购这些构想才能够最大限度地发挥作用,进而,中城房网才能够加大自己在行业的影响和分量。

发展谁?一类是已经有相当实力和市场地位的发展商,如北京的现代城。可以预期,他们的加入将迅速增强中城房网的实力;与此同时,中城房网也应该更多地关注那些新崛起的发展商。它们的共同特点是:虽然进入房地产行业的时间并不长,但是起点很高,有一些很不错的新思路。对于这些新兴的发展商,中城房网通过信息共享和集体培训,和它们分享住宅开发的经验教训,使他们能够少走弯路,尽快壮大、成熟。

一个有意思的事是,在这次上海大会上,杭州市城市开发集团主动申请加入中城房网。这家公司是100%国有的房地产企业,经营情况相当不错。但据介绍,正是因为经营得不错,所以要改革起来非常困难。加入中城房网,是想借助外力,来推动企业的体制改革。

这个有意思的"例外"给了我们很好的启示。中城房网是由非国有控股的发展商发起并组织的,到目前为止,成员基本上都是非国有和非国有控股的从业者。但是我们同样不能因此而画地为牢,用所有制的屏障去排斥国有企业的加入。只要是尊重市场规律,努力去适应市场要求的同行,都应该成为中城房网争取的对象。

如何尽可能地团结更多的优秀发展商,同时保持中城房网的发展不致失控,这将考验新生的中城房网的智慧和能力。

我们要做的事

中城房网呼吁行业、政府和全社会对住宅建设的关注。其最终目的，是重建行业新秩序，重建行业规范和公信力。

听起来很美，问题是如何实现？

其实，自99年成立以来，中城房网一直在进行一些基本的平台建设。目前，以B2B的电子商务为主要形式的建材集体采购已经进入试运行阶段。这一举措一方面能够杜绝黑箱操作、降低成本；另一方面，通过集体采购，加大对建筑材料制造环节的影响力，引导新材料新技术的开发和应用。其他如集体销售、社区电子商务等构思也都在探讨之中。

不过我觉得最为吸引的一种前景是，在中城房网的平台上，通过充分的信息交流、集体培训、集体采购等手段，加深房地产企业间的了解和沟通，形成信任和认同。最后，通过集体融资、联合开发等手段，以产权为纽带，让房地产企业的产权流动起来，使行业资源的配置达到效益的最大化。

从某种意义上讲，资本力量的凸显是企业发展到较高阶段的必然。而在中国，尤其是房地产这一传统产业，企业间的壁垒还是比较严的，企业和企业，即使同为民营房地产企业，往往也存在着远较其他行业更深的隔膜。相信这也是中国的房地产企业多、乱、小、弱的重要成因。从微观来看，这不利于优秀的房地产企业迅速壮大、成长，从宏观来看，也不利于房地产行业资源的有效配置。

希望中城房网能够通过艰苦的持续努力，打破房地产行业的产权坚冰，最终通过资本的力量来实现房地产行业资源的重新配置。

直击新住宅论坛

这样一个聚集了全国有影响力的18家房地产巨头的产业联盟，这样一个号召了全国各地房地产商自愿参加的房地产盛会，总会在中国房地产史上写上一笔。

- "全中国开发商联合起来!"
- 解读新住宅运动
- "新住宅论坛"不是鸿门宴
- 假如我是开发商

"全中国开发商联合起来!"

真正吸引人的是中城房网的联盟价值:成员之间资讯共享、联合采购、融资互助、联合开发。

□ 陈大阳

2000年6月24日,500多位来自各主要城市的开发商、建筑师、社会学家、经济学家和IT界人士聚集浦东上海国际会议中心,热热闹闹地参加"新住宅上海论坛"会议。

这个由"中城房网"酝酿了半年多的大型主题研讨会,直到大会开幕前一直被称为"新住宅运动"。

(约翰·列侬的名曲《想像》在开会之前一直在投影屏幕上循环播放:"你或许说我是梦想者,但我并不孤单……有一天你也会与我同道……"这并非无意的安排,但忙碌的人们似乎很难注意到这一隐喻。会议推出的"上海宣言"最后声称:"新住宅论坛"将实现一个伟大而平凡的梦想……)

作为某种理想期许

"新住宅论坛"在题材频频的楼市创新热潮中似乎站在了更高的创新层次:即将加入WTO,市场的进一步开放使中国与世界接轨更为密切；环保、节能等可持续性发展已成为备受社会关注的话题；电子网络技术日益广泛的运用以及汽车进入家庭改变了人们传统的生活方式；城市化进程将加快基础设施和住宅建设的步伐；国家推行住宅产业化将全面提升中国住宅的质量。

"在这个大背景下，发展商应该为消费者提供什么样的住宅——这个问题已经摆在了每个发展商的面前。"

于是，"新住宅"将推动一场住宅开发实践的创新活动，既包括居住理论的革新，也包括住宅观念的刷新，更包括住宅建筑的创新。

文艺复兴、德意志制造联盟、包豪斯运动，这些大时代中的大创举成为使用频率极高的词汇，人文色彩、技术专业色彩不时闪烁。作为某种理想期许，"新住宅论坛"仍有一些"运动"的气息。

论坛本身就是注意力

"新住宅论坛"上，建筑师受到了更高专业层面的尊重，这种尊重似乎有别于楼盘推销中的"打建筑师牌"，建筑师也不仅仅是一种"随缘"的心态。

清华的吴焕加教授说，"新住宅"应该是中国的、时下的、大众的、实惠的，而唱重头戏的自然还是开发商，其中几大"另类"也颇为引人注目：沈阳华新总裁卢铿将住宅赋予了浓重的文化使命；北京的 SOHO 现代城和成都的上河城、爱舍尔花园在诠释不同版本的注意力经济，IT 网站们则以一种"新经济介入的经济"的眼光来探讨开发商所希望的"IT业如何为房地产服务"。

至于众多闻声而来的与会者，并不在乎这是一场武林大会还是创立新门派大会，热闹之中总能看出一点新意思。

"新住宅论坛"除了形诸文字的"上海宣言"外，没有统一的声音，各种相近、相反的声浪交织在一起，这本身已经聚集了足够的注意力。

新的游戏规则开始了

沉溺于"新住宅论坛"的纷乱氛围中往往容易忘记了"新住宅论坛"是什么。在吸引市场对住宅创新关注的同时，中城房网正式亮相江湖。

这个由万科、华远、中国海外等十几家具有一定市场影响力的开发商发起的策略联盟，希望搭建一个市场化的平台，最终成为最有影响力的房地产行业联盟。这是否是中国开发商自我意识的一种膨胀？中城房网首届轮值主席王石说："可以作任何理解。"

真正吸引人的是中城房网的联盟价值：成员之间资讯共享、联合采购、融资互助、联合开发。当 IT 业还在寻找切入点时，这个"行会"

已经开始运用网络的效率在联盟利益共同体了。对不少开发商来说，如果能在一个统一的品牌下取得采购的优惠、融资的互保甚至销售的多渠道，也许不会在意谁是"老大"，而"老大"也不会在意自己是不是传统分类标准的"老大"。

"新住宅论坛"使中城房网的成员将有可能由发起的十几家发展到二十几家，其中有网站和一家国有企业。成员间的商务平台系统和客户服务系统也将在七月试运行。

行业新秩序也许并不重要，重要的是促成这种新秩序的新的业界游戏规则开始显现锋芒。

6月25日，结束了经济、文化、居住模式、技术专题研讨的"新住宅论坛"转入"参展"楼盘个案研讨，人群开始星散。它的结束不像它的开场那样热闹。"一个幽灵徘徊在楼市的上空……"，"新住宅论坛"的"上海宣言"并没有这样说，但确实有人嗅出了"幽灵"的味道。

联盟是一种情结

6月29日，"新住宅论坛"的四天后，一个"百家房地产开发企业、百家房地产中介机构承诺销售'放心房'、提供'放心中介'联合宣言大会"在北京人民大会堂举行，310家开发商和165家中介机构济济一堂，在红色长卷上签字画押。建设部部长俞正声说："希望有更多的企业参与这项活动，最终实现所有的企业都向社会承诺，使老百姓能够放心买房，放心接受中介服务。"这个由建设部、中国消协、经济日报等单位发起的公开大承诺活动，似乎成了一个政府引导下的业界自律大联盟，宏大的气势使任何"民间"组织的大会不能也不敢望其项背。

（联盟，大联盟，更大的联盟，房地产市场深怀着联盟情结。"放心大联盟"之前的每一年"3.15"，总有开发商响应号召联合承诺"决不坑害购房者"；"新住宅论坛"之前的每一轮楼市降价前夕，也总有开发商希望"大家联合起来不降价"。最终，业界联盟表现出道德自律和商业自觉两个极端。）

只有标准，没有联盟

"新住宅论坛"的商业自觉掩映在斑驳的人文关怀、文化复兴色彩之间，由此招致更多的是道德层面的质疑和辩驳，但这些似乎无损于其商业联盟的可能性。

在2万多家开发商沉浮其间的中国大陆房地产市场中，把规模预设为50家左右、分占各主要区域市场要津的中城房网，将发挥什么样的联盟潜力呢？成员之间资讯共享、联合采购、融资互助、联合开发等等无非是一些形式，在这些形式的后面，正萌发出某种可称之为市场标准的东西。

人们在电脑时代看到，真正厉害的不是你的技术多么精美、你的品牌多么独特，而是你的产品能否成为市场标准。当微软的视窗升级时，全世界都得跟着升级。

人们在网络时代看到，真正厉害的不是你的网站多么能烧钱、你的公司多么大，而是你的系统能否成为众多不同系统的平台标准，消费和服务不知不觉地都经过你。

在中城房网，深圳万科的办公系统和成都交大的智能化系统开始成为这个利益共同体的一种标准，因为这是比较有效率的方式，而中城房网正是希望以其资源配置、整合，使其成员具有超出同业对手的市场竞争力，那么，中城房网本身就会成为一种品牌和市场标准，"标准之外的公司也许不会死，但会活得比较累。"只有标准、没有联盟，就是任何商业联盟的最终目的。

（也许，"新住宅论坛"大会之前的投影屏幕上播放披头士的《革命》才最能隐喻它的激情："你说要革命，你知道我们都想改变世界……"，但经过了纷纷攘攘后，还是《顺其自然》比较好："当我比较烦的时候，圣母玛利亚的慧语慰我心：顺其自然……。"）

（陈大阳：《北京晚报》记者）

解读新住宅运动

早在会议前一两周,北京地区的新闻媒介的同仁见面就问:去不去上海?答曰:同去同去。

□ 阚天泽

上海会:同去同去

从逻辑先后来讲,先有对房地产企业上市的限制,然后是对已上市企业增资配股的限制,房地产开发商痛失资金渠道后,一些企业在海外曲线上市,如华远和北辰,一些企业买壳上市,如阳光买广西虎威、中远买众城实业等。

在这个背景下,号称中国最大的房地产企业之一的中房集团也被迫走上买壳上市之路,但收购上海某上市地产公司未果。号称中国上市公司第一房地产品牌的深万科恨中国股市吸资太少太慢,努力寻求被大集团收购,同样未果。

在总结失败的经验时,大家便有了联合的意向。

于是"中国城市房地产开发商协作网络"成立,并推出了 new-housing.com。

99年12月2日,中城房网在北京万通广场宣布成立,沈阳华新集团总裁卢铿提出"新住宅运动"倡仪。2000年6月24日，新住宅运动在中城房网上海会议上闪亮登场。

早在会议前一两周，北京地区的新闻媒介的同仁见面就问：去不去上海？答曰：同去同去。

包括中央电视台、中国经营报、中国房地产报、中华工商时报等国家级传媒，北京无线电视台、有线电视台、《北京晚报》、《北京青年报》、《精品购物指南》等北京市级传媒，以及诸如《三联生活周刊》、《中华儿女》等杂志社，外加搜房网、万信网、安家网等网站，一行几十人风涌至上海，先后分三四批进驻上海新亚汤臣大酒店。

不少新闻同行感叹，这是历年来房地产业最高级别、最大规模的盛会。

这种盛会跟上海浦东世纪大道上冷冷清清的车流人流相比，十分突兀。在这个三分之一的建筑物被套后无资金继续建设、在已建好的建筑物中50%以上空置的上海浦东新区，全中国的发展商的确是应该从头来谈谈新住宅运动了。

管理层也特别关注，此次以"新住宅运动"为主题的大会，最后根据管理层的意见，变成了"新住宅论坛"。尽管这样，建设部房地产司司长谢家瑾和建设部住宅产业中心主任聂梅生都在发言中肯定了新住宅论坛的价值。

四天后，建设部发起的百家中介企业和百家开发企业开发建设和销售"放心房"宣言大会在人民大会堂举行。从某种意义上理解，这是建设部对新住宅运动在行动上的呼应。

发展商：心态各异

相比媒体统一的热情和管理层一致的鼓励，作为这场新住宅运动的主角，发展商们却显得力不从心。尽管每个发展商都明白众人拾柴火焰高的道理，但在火没有烧起来时，有人就关心火焰会被风吹，偏了这家离了那家烧到第三家。（实际上，每位重要人士都关心运动的每个方面和每一个角落，往往其自身的思想并不统一，所以很难悟其中心何处。）

我们简单罗列几位发展商的中心思想就可以感觉到。

孟晓苏：政治牌。他以董存瑞为例子，说明第一批开发商在牺牲自我的同时，开创了新的时代。简而言之，从1987年深圳第一块土地拍卖后，目前房地产市场已经进入了一个"四化"新时代：住宅产业化、土地市场化、管理规范化以及企业品牌化。这些内容的实施需要新住宅运动。

卢铿：文化牌。他强调，新住宅运动是以中国住宅产业为载体的一场文化创新运动，可以站在文艺复兴运动的高度来理解它。

王石：融资牌。他说，全中国有两万多家房地产企业，平均注册资金为5000万元，在中国的上市公司中，房地产企业不到40家。这种背景下，万科用了12年融资20亿，而华远仅仅用了3年，就融资4亿多美元，因为华远有海外融资渠道。中城房网作为战略联盟，其中之一的问题即是解决资金渠道。以网络的名义融资重组实体的例子大家都已看到，如盈科动力收购香港电讯，美国在线收购时代华纳等。房地产企业如果不想被网络企业收购，就得联合起来寻找资金出路。

任志强：对话牌。新住宅运动是房地产业发展到今天，市场经济给政府管理的一个信号。我们的行政管理、规划限制等各个方面都有落后于市场的地方。市场经济要求一切从需求出发，发展商可能落后于市场需求，管理者落后于发展商，这就是我们倡导新住宅运动的原因。

冯仑：低调者。尽管在新住宅运动上海宣言时，王石将他列为笑话中的大骗子，但他一扫从前的表现欲，比如长发不再。他感慨，同样一件事，IT业炒网炒概念叫成创业，发展商炒地炒房就成了大骗，而实际上网络公司在烧钱，发展商在挣钱。

潘石屹：冷嘲者。这是一场反建筑反商业的老板会，不过规模搞大了，喊出了口号而已。其实建筑和商业才是新住宅运动应该关心的问题。

陈家刚：热讽者。尽管他正在申请参加"中城房网"，但依然没完没了地跟王石"叫板"，除了早期在媒体上提出陈八条，以及曾明确地以"新生活运动"的名义对抗"新住宅运动"外，本次他又在会下唱反调：新住宅运动最大的作用是宣布计划经济体制下的住宅建设时代结束了，一切以市场为主。仅从这句话看不出他对大会的反对来，而没有说出来的话可能是，既然是市场化了，就应该是发展商、材料商、建筑师的事，与管理部门无关，既然政府不管，所以大家应该坐下来重论江湖主题。

张民耕：旁观者。开放的会场使他这样的发展商得以进场，虽然花钱花时间参加了两天的会议，但他在回北京的路上称，没有搞清楚新住宅运动究竟要干什么。尽管锦绣嘉园已转让变为阳光100，但他知道自己应该去干什么。"做锦绣新园项目罢，反正不会加入中城房网。"

不管怎样，这些发展商们所言所指，都与新住宅运动提出的四大原则、九大主张和百个话题扣不上。其中最主要的原因是四大、九大和百大内容分散。

题外话：纷繁复杂

应该承认，尽管新住宅运动的宣言没有实质内容，到会的发展商们还是有几分敬业和认真的。可正是面对这些从全国各地赶来交流学习的发展商,北大光华管理学院副院长张维迎突然冒出一句题外话:中国的开发商 90% 是骗子,其中 30% 是大骗、30% 是小骗、30% 是在不自觉地骗。

也许是这个骗子说法的刺激让发展商们在分会场和第二天的项目案例研讨时表现得更为认真和务实起来。

在发布新住宅运动宣言时,本届轮值主席王石重提这个话题,他笑着回首发展商们骗人的故事。

发展商与建筑商一起坐船游玩,建筑商每人都买了票,而发展商冯仑只买了一张票,查票时发展商躲进厕所,只有冯仑一只手伸出来验票——笑。

回程,建筑商依样照搬买了一张票抢先占据了厕所。发展商没票上了船,冯仑假借检票人收了建筑商的票,然后检举揭发建筑商。当建筑商都在补票被罚时,发展商又躲进厕所,冯仑伸出一张拿票的手来——大笑。

王石最后表态说,这就是 90% 的发展商,但他是属于剩下的 10% 的发展商,因为那班船他没上,比如他去部里开会去了。哈哈大笑。

在正式的新闻发布会上,有记者再提这个骗子的故事,王石定论道:"教授第一不懂房地产;第二对房地产商有偏见;第三我们对这样的论调应该宽大为怀。"

我们可以把这个故事追述为本次新住宅运动的一项成绩。在这个题外话中,我们不难发现,房地产商急需被人理解才是新住宅运动的本质。房地产商需要管理层理解,需要专家学者理解,需要各类市场资金和金融机构的理解,更需要普通消费者理解,也需要大众传媒的理解。

其实他们更需要在同一个阵营中相互理解。如果他们首先做不到自己内部的互相理解,那么这个新住宅运动不过是一个题外的玩笑话。

可以想像,因为学者的骗子论出台,发展商决定不逃票,而且争着给建筑商、学者、专家、官员、记者买票让座,结果卖票的比往常多收了三五斗银子。而习惯逃票的发展商事后算来算去发现大家都亏了本,最后只好互相撒气内斗。

对新住宅运动,我们解读来解读去,终于也知道了相互理解是一件多么不容易的事。

(阚天泽:北京《万信》网刊主笔)

"新住宅论坛"不是鸿门宴

> 这样一个聚集了全国有影响力的18家房地产巨头的产业联盟,这样一个号召了全国各地房地产商自愿参加的房地产盛会,总会在中国房地产史上写上一笔。

□ 赵 红 谢红玲

6月23日中午,一位匆匆赶往浦东的京城开发商对同行的记者嘀咕说:"这会搞得有点像房地产界的武林大会!"也难怪,在被称为"不动产业"的房地产界,几乎从来没有这么大规模的"民间盛会"。

参会人数多少倒在其次。真正的新闻,是来自会场上代表们的不同立场。不同的声音,把这次大会推上了舆论的焦点。

商人要搞文化运动?

"新住宅论坛"的首倡者沈阳华新总裁卢铿执著地把"新住宅论坛"看作"以中国的住宅产业为载体的一场文化创新运动",声称"新住宅论坛"的内容和意义"肯定远远超越住宅产业本身","新住宅论坛"绝对不是为着商业目的而来等等。正是这种"纯粹"把一直不懈地追求着利润最大化的开发商们搞糊涂了。

北京中鸿天房地产公司董事长潘石屹是第二天的会议日程中最后一个介绍楼盘的开发商,就在听者细听现代城的时候,他却把话题引向了对"新住宅论坛"的评价。

"我看这次大会只有两个特点：一个是反建筑，一个就是反商业。"

"中城房网"还邀请了一批建筑师、社会学家、经济学家和IT界人士到会发言，建筑、设计、人文等话题，更让开发商们云里雾里了一阵。

据"中城房网"的轮值主席王石解释说，最初创意的时候，新住宅运动就是一场文化创新运动，但考虑到市场需要，已经把"新住宅论坛"改得有点商业味道了。

"新住宅论坛"影响政府政策？

"中城房网"发起"新住宅论坛"到底是出于什么目的？是否希望影响政府政策？

华远集团总裁任志强回答了记者的这一问题。他承认有希望影响政府决策的意思："现行有关政策早已不适应房地产业发展的需要，我们也想通过来自企业的声音引起政府的注意和重视。"

在政府方面，建设部一位官员对企业能够主动承担创新任务表示赞许，但对原来"新住宅运动"的提法表示质疑。也正因为此，"中城房网"把酝酿了一年的"新住宅运动"改为"新住宅论坛"了。

王石对此发表意见说："这正说明政府与'中城房网'开始走向认同。"不过，王石也说字眼并不重要，因为现在已经是21世纪了，"运动只是一个行动"。

在"新住宅论坛"能否影响政府政策这一问题的回答中，王石肯定地说："影响是一定的，但影响程度有多大我们不敢说。"

中城房网能走多远？

闻风而来的开发商不仅是为"新住宅论坛"而来，他们更关心的是"新住宅论坛"背后的"中城房网"的实质。在"中城房网"的宣传页上，有这样一句话："'中城房网'——致力于建立中国大陆最有影响力的房地产行业联盟。"

作为"中城房网"的积极组建者和"中城房网"的首届轮值主席，王石说"中城房网"的成立缘于中国房地产市场的巨大矛盾和潜在危机，"一方面是世界上最大的市场需求，是老百姓对康居的渴求；另一方面，中国的住宅产业缺乏活力、欠缺精品甚至无法满足人们当下基本居住需求，更谈不上前瞻性创造。另外，住宅发展商很难跨地域跨国界经营。翻翻世界五百强企业的排名，没有一家是做房地产的。所以，我认为房地产行业较家用电器、高科技产业、交通运输等行业更适合跨地域联手协作。"王石乐观地表示，正因为国内房地产企业规模小、起点低，正好可以运用新经济带来的全套好处，使产业得到健康发展。

"中城房网"向开发商们描述了一个诱人的前景：信息交流平台、联合采购和共同融资。

据王石介绍，基于万科集团自身的联合采购平台已经在微软的技术支持下建立起来，7月份就有可能进入试运行阶段，然后再逐步向"中城房网"的成员单位推行。

记者在采访中得知，"中城房网"共同融资的目的不难达到，但前提是房网成员必须建立一种可靠的信用关系。

早在"中城房网"诞生之初，还曾有人质疑这是一个非法组织，而现在"中城房网"已经有了合法身份。据中国房秘书长王平介绍，"中城房网"已经成为房协的特殊团体会员。王平说："企业比我们更了解市场，他们自发地做一些对市场发展有利的事，值得肯定。"

"中城房网"不带我们玩？

尽管王石多次在不同场合强调"中城房网"的开放性，但记者在询问一些参会的企业负责人对加入该组织是否有兴趣时，却几次听到这样的回答："人家没有邀请我们参加。"或曰："我们规模小，人家不带我们玩儿。"

据河南建业集团董事长胡葆森讲，中城房网的章程规定了加入条件，一是要有较好的企业形象和产品品牌形象，要有较高美誉度；二是要从事房地产开发3年以上，年开发量在10万m²以上，年销售额2亿元以上；三是要经两家中城房网成员单位推荐，并由半数成员通过。

但是，"中城房网"是敞开大门大量吸收会员还是有条件地吸收志同道合者加盟，还存在分歧。6月24日晚和6月25日上午的两次内部会议之后，王石说"中城房网"成员已经达成共识，将吸收与住宅产业有关的企业加盟，预计到年底会员可以达到30多家。"中城房网"将致力于做一个品牌，也不排除将来成为一个实体的可能，所以在吸收成员入网时会非常谨慎。

新住宅，我们还要等多久

民营资本担当市场主角？

此次在会上听到的最多议论是说"王石要做武林盟主"，在新闻发布会上任志强为王石挡住了记者的提问，他说："你们不要诱导我们犯错误。"不过潘石屹对此倒非常开通，他说："王石做领袖就很合适，积极地做一些事总是好的。"

也有人分析王石一直为深圳万科走过弯路而失去最好的发展机会惋惜，所以他想在另外一个山头再爬起来。

早在1999年初王石辞去万科总经理职务时，他就说："给我一年时间，让我弄懂互联网。"今年3月份，《证券时报》一则消息披露，万科将全力拓展电子商务。

王石在会后接受记者的电话采访时说,万科在建立企业信息支持系统方面已经走得很远了,远程视频会议系统已经用于召开6大城市分公司的共同会议,而网络、通讯的联网也使身在西藏40天的王石随时收发邮件、了解公司情况。

网络精神带给王石的远不止这些,他意识到新经济扑面而来,并为万科选好了路。"我们不会坐以待毙,也不会全面转型,但我们会充分利用互联网完成自身的改造,并同时关注资本市场上的运作,不排除万科被全面收购的可能。事实上,只有优秀的企业才会被收购。"

另外一个现象也引起了到会者的注意,就是"中城房网"现在的18名成员清一色的是非国有资本的企业,王石是不是想用民营资本的力量担当市场主角呢?王石解释说:"中城房网"不是所有制的联盟,而是市场的联盟,对国有企业并不排斥,而且在新近申请加入"中城房网"的4家企业当中就有一家是国企。

抛开中城房网能走多远这些话题不谈,这样一个聚集了全国有影响力的18家房地产巨头的产业联盟,这样一个号召了全国各地房地产商自愿参加的房地产盛会,总会在中国房地产史上写上一笔。

(赵红、谢红玲:《中国经营报》记者)

假如我是开发商

e 时代的人，思想更独立，行为更自由，家庭不一定要太大的公共活动的厅，但是需要每一个人的独立王国。

□ 陈祖芬

新住宅 Movement

"你是开发商吗？"旁人问我。我？开发商？上海浦东国际会议中心的 2 号厅里，都是各地来的房地产开发商。这个 NEW – HOUSING 新住宅上海论坛，原定一百来人，结果来了四五百人。其中有一个人大概是被直升机空投下来的，莫名其妙地落到这个开发商的群落里。It's me（那是我）。

这个会，由中国城市房地产开发商协作网络（简称中城房网）和一批建筑师、IT 界人士等共同发起。IT 界人士讲话好像在中文、英文的交叉桥上驰骋。Business to Business 的 "to"，IT 界简化为英文谐音的 "2"（two）。于是商家对商家的 18 个英文字母，简化为 B2B，按三个键。大家在讲住宅品牌化，土地市场化，而我的第一感觉是交流的效率化。

我抽身去一次洗手间。匆匆又匆匆，只想最快捷地返回会议厅把因为离会造成的损失减到最小。我一步跨进洗手间再一看门上，赫然立着一位男士，天！我抽身出来赶紧进隔壁的女洗手间。正好一位很Gentleman的非常绅士同时从女厕冲出，与我交换场地似地冲往男厕。人同此心，彼此彼此了，我一个人在洗手间里笑了又笑，糟！这可耽搁时间了！

沈阳华新国际总裁卢铿提出了新住宅运动这一说。

国人有点谈"运动"色变。好像"运动"两字等同于政治运动。我说，运动是什么？什么叫运动？运动就是movement，就是动，就好像走路、活动，都是一些中性的词，任何国家任何时间任何个人都可以用的词。中国面对WTO越来越频频的响铃，房地产面对IPO（首次公开发行）越来越频频的发行。新的世纪，新的需求，寻求新的方式，激发新的理念。

卢铿说中国的文明史源远流长，中国房地产业出生的时间可不长。卢铿说今天的房地产业是博士后和学龄前同台竞争。

卢铿插队后考上大学，学的是炼钢。他宽阔的前额像坚挺的钢板，两只大大的眼睛里，有一种钢铁的属性，更有一种天天向上的理想的照耀。他在台上演讲，偏叫我觉得是一个永远的优等生。他讲网络时代的居住空间，传统精神的当代升华，讲精神家园、崇尚自然，讲居住文明引导生活质量是文化现代化和民族复兴的载体。他居然列出了新住宅运动百题。

Any questions？还有什么问题？

资本大玩家和明星小平头

如今的游戏规则，从某种意义上讲，就是以快制慢。房地产业与去年比较，投资增长26.6%，新开工面积增长35.5%，个人买房增长55%。中国人以难以预计的人数直接参与进了住宅商品化的行为，或者叫新住宅运动。房地产商无可幸免地患上了数字敏感症。房地产商的"毛病"也成了热点，这个行业的老总们，已经成为老记们穷追不舍的明星。

万科集团董事长王石，好像是开发商明星中的明星。我想，这个人的名字好，王者之石，注定了会在某一个时候在建筑业称王。王石走上讲台了，我一惊，这就是王——石？他上台就讲到他是1983年到深圳推销家电起家的。有的老板变成老板后免提过去，大概一生下来就是老板？王石推一平头，一副很可以在电视剧里演芸芸众生的模样。不，这是电视剧的误导，好像老总都是靓男帅哥在情爱的波涛里游泳。王石演讲的题目很打人：《面向新经济，关注普通人》。王石至今是普通人，听旁人讲他出差不带秘书只带电脑，爬山可以爬七千米。他讲话都是大白话：WTO的大门很快就要打开，以后就不光是我们自己玩了。他没有讲稿,左手插裤兜,右腿在左腿后折叠着,脚尖着地,潇洒自如。当他坐在台下举手要求发言时,把手臂向空中直伸过去,把身子都"伸"了起来,这是一个真性情的人,一个能全情投入做事情的人,或者用他的话讲,叫做"玩"。

我从媒体看到万科和华远的整合以后,又在这里听王石讲房地产企业的规模和房地产业的发展极不适应。房地产和 IT 业是联手还是等待他们收购?房地产业要联盟、联手,中国房地产业的李嘉诚没有出现。我就想起李嘉诚之子,如今的香港小超人、资本大玩家李泽楷也是和王石一样的小平头。或许,今天的时尚是小平头?

我想告诉我的客户:我是谁

进入 e 时代,办公室和工厂,办公室和家庭的分隔正在模糊化。在家里也可以上班,夜间也一样上班,好像穿衣服,各人选择合体的

e 时代的住宅是什么样子?

衣服。网络时代，各人选择更适合自己的生存空间和行为方式。有人开玩笑说，e 时代，就是吃时代。（英文"吃"的第一个字母也是 e）这叫我想起，在 e 时代，因为工作的独立和白天黑夜的混淆，往往同一家庭成员吃饭也常常不在同一时间同一餐桌。e 时代的人，思想更独立，行为更自由，家庭不一定要太大的公共活动的厅，但是需要每一个人的独立王国。

我相信我这个感觉非常市场。我喜欢看家具、家具装修、住宅，我在北京散步到光华路的新楼阳光 100，数字时代数字成了台词。A + B 的房型，A 是一居室，B 是两居室，两套可分可合又独立成篇。阳光的个性化设计，多么适合 e 时代的人居住。我想，如果我是发展商，我开发的楼，全部是 1 + 1，1 + 2，1 + 3，或是 1 + 1 + 1，1 + 1 + 2，1 + 2 + 3 多种组合式的住房。

阳光 100 的开发商，银信光华的总经理易小迪走上讲台。这么年轻？总经理的年龄，多少也得大一点吧？可他就敢这么年轻！一个比小平头稍长一点的学生头，一副眼镜，如果他换上个 T 恤、中裤，再挎起双背书包，整个儿一个学生。他只穿一件随便的长袖衬衫，好像一个前来面试的莘莘学子。不被束缚的着装凸现着不被约束的心灵。易小迪的个性化建筑引来了个性一族，一位买主对易小迪说：我买阳光 100，我是想告诉我的客户：我是谁？

个性化也是人性化。24 日、25 日两天的新住宅上海论坛以后，6 月 29 日，有百家房地产业主汇集人大会堂，宣布百家房地产开发商对用户的承诺。我想起新住宅上海论坛《上海宣言》呼吁的——自由而尊严的生活。

（陈祖芬：著名作家，现居北京）

批评与反思

仅就过程而言,万籁俱寂是失败,一言九鼎更是失败。倒过来说,反响热烈是成功,歧见纷呈更是成功。

- "新住宅运动"断想
- 新住宅运动
- 谁的"新住宅运动"?
- "新住宅运动"一场什么运动?
- 论立意于一场文化创新的"新住宅运动"
  ——兼答陈劲松先生
- 谁的住宅,新在何处?
- 对"新住宅运动"的隔山之见

"新住宅运动"断想

仅就过程而言,万籁俱寂是失败,一言九鼎更是失败。
倒过来说,反响热烈是成功,歧见纷呈更是成功。

□ 左 令

成功的度量

  人称,成功与否得看结果。我却觉得,在有些情况下也可以甚至还只能看过程。比如,当过程会无限延伸使得结果遥不可及时,或者,当对结果没法用标尺衡量以至必定是人言言殊时。
  事实上,新住宅运动的发起者,从一开始就没给出也给不出一个确切的目标来。每逢深究,多会"顾左右而言他",使人们既不能从规范角度去评论这个目标,也没法从实证角度去验证这个目标。
  然而,我却认为它已经取得了巨大成功。因为,仅就过程而言,万籁俱寂是失败,一言九鼎更是失败。倒过来说,反响热烈是成功,歧见纷呈更是成功。广为人知的史证,反面的有焚书坑儒和嫌秦始皇坑得不够的昏暗岁月,正面的有中国的诸子百家和欧洲的文艺复兴。用此类镜子来观察新住宅运动,你能见到的是不尽其数、无所顾忌的报刊或网络评论,虽然它们有赞许也有讥讽,有出于官方以及更多出于民间。

"动"、"论"之辩

咋呼没几个月,"新住宅运动"在上海会议前夕就改成"新住宅论坛"了。据称,这跟与会官员对"运动"的极度敏感有关。于是,有人据此推导出这么一种看法:企业家偏爱行动,官员、学者偏爱议论。

然而我却在想,为什么近来高层一再强调要"有所为有所不为"?这难道不正是冲着官员们乃至学者们绝不逊色于任何人的行动偏好而来的吗?讲个别,那种踩着人梯往上爬的"成功者"还少见了吗?讲整体,50~70年代有哪天又断过"运动"?后来,不"运动"了,改而推出一个个"活动"。区别仅在于,当今的活动再也达不到往年运动的声势和规模了——终究"换了人间"。

并且,适时地改"运动"为"论坛"也没什么不光彩。我以为,具备此种妥协能力正反映了发展商的成熟。在实现体制转轨的初期,商界能耐还不很大,政府影响仍然强劲。既然官员有讳,改个名称也罢——何苦去"只争朝夕"。

再说,坐而论道确也有其必要。从老子、孔子到释加牟尼、耶稣基督,有哪个不论道的?今天,新住宅运动的发起者们凭什么就不该在荧屏上、在论坛上频频亮相、各抒己见呢?问题仅在于论之主题:使劲泼墨于人文概念是否会招致"此地无银"的误解?

话语的选择

何谓新住宅?肯定不会指"新建的住宅"。有人称是平民住宅,那不早就有了"火柴盒"吗?有人定义为"中国、当下、大众、实惠"八个字,那不就是经济适用房吗?有人称是适应市场需求的住宅,那又咋能排除一度走俏的豪宅、别墅?

可见,这个"新"大体上是个可意会而难言传的模糊概念。

当被寻根究底的媒体逼临悬崖之际,有学富五车者蓦地想起了海德格尔的那句老话:人,诗意地栖居在大地之上。对,"新住宅"者,"诗意地栖居"也。

给懵了几分钟的媒体,转眼间又犯病了,真是吃饱了撑的:何谓"诗意"?戈壁有诗意,"大漠孤烟直",但太缺水了;南山有诗意,"采菊东篱下",但交通不便。于是,补作新解释:其一曰,诗意=个人参与+良好环境+睦邻关系;其二曰,诗意=形同手工生产的机制品。我打从心眼里佩服诸如此类的绝妙发明:以"更加模糊"的诗意来替代"一般模糊"的新。

这里,是否涉及到一个话语选择的两难命题:是要多一些明确还是少一些意义,还是要多一些意义而少一些明确。正因为要躲避某些自然语言的多解，才产生了用于专业表达的格式语言，使人能简洁、明快地相互沟通。但又产生了新问题：使用一种专业术语的人们之间越是听得懂，除此以外的其他人就越是听不懂。故我建议：对话语别太挑剔，你听不懂就算了，有人听懂就行了。

"服务"别裁

服务是什么？我姑妄定义为：服务人给被服务人以某种满足的行动。因此，更好的服务意味着更高的满足度。

进而问：提供优良服务的动因是什么？这就很难作统一回答了。就新住宅运动而言，至少有这么三个互异的层次：以政府官员为代表的宏观层次，追求的是国富民裕、社会进步、百姓拥戴与政权稳固等；以企业老总为代表的微观层次，追求的是企业盈利，包括减支增收、信誉品牌与后续发展等；以知识分子为代表的第三层次，追求的是终极真理、忧患意识、道德升华与人文关怀等。这三个层次可归纳出以下特点：一方面，动因互异但殊途同归，即它们都将引出优质服务；另一方面，前两个层次的目标是实在的，后一个却是抽象的。

有句话叫：秀才碰到兵，有理说不清。其实，也还可以逆向思维一番。大兵若问："路在何方？"秀才作答："之，乎，者，也。"你说，那大兵是不是只好自认晦气？

参与上海论坛的，除有个别官员、少数学者外，发展商占绝大多数。然而，在秀才们熠熠生辉的"人文关怀"的呼唤下，会议也只好给牵着鼻子走了。为显示高雅，聚会的几百商家只好不谈利润和赚钱，使劲鼓捣起文化创新和文化品味来了。

通过产业活动以促进社会进步，这本是市场经济的常态。松下幸之助深谙此道："为社会提供的服务越好，企业利润就越多。"真是的，"让文化留给文化，让哲学回到哲学"，让老总们就说企业经营，这有什么不好？

也说"市民社会"

时下，对"市民社会"的英文原词——Civil Society，较多人倾向于取"公民社会"的译名。因为，自本世纪80年代以来，这一理论之所以会再度成为全球性的热门话题，在于其所凸显的主题："公民"，而不仅限于"市民"对社会政治生活的参与和对国家权力的监督与制约。我以为，在市场化改革进程中，经济学家讲要培育市场主体，法学家讲要保障财产权利，与政治社会学家倡导的公民社会，实际上只不过是适用于特定学科的不同表达方式而已。

新住宅运动，其主旨是建立在自愿、互利基础上的特定企业间的相互协作、行业规约、信息共享、联盟采购、集体培训等，其行为方式是由具备相近认知的企业家共同发起和自行组织的。这两条表明，它事实上已经成为一股对政府并不存在依附关系的社会力量。

倘若按照这套逻辑，试问：前段时间发生过的民航禁折联营、彩电价格联盟是否也可视为某种社会力量的崛起？我的看法：前者非，后者是。因为，前者是政府部门民航总局牵头、国企为主的，后者却是非国企自发组织的。然而，由于企图垄断的非法、锁定目标的狭窄、"生命"周期的短暂再加没让文人搀和，才使得它丧失了被提上公民社会这一高度的幸运。

"建筑师自主"

我绝对信奉"皮毛"理论——权力主体是皮，知识分子是毛。即使你被划进了某个阶级的一部分，你知识分子仍然是毛。故此，任何人都得认同这样一个事实：皮之不存，毛将焉附？作为口号，"任凭宫殿倒塌，让普通人的住宅大批崛起"的组词是够美妙的，能给人以诸多遐想。而它的背景却正巧是：封建王族的没落，市民阶层的崛起。所以，这句靓语表达的，只不过是建筑师乃至整个建筑业服务对象的转换——皮的变革引致毛的移植。

历史地看，权力源无非是超经济强制与经济强制，其现实表现形态则为政府权力与资本权力。共和国初期的"十大建筑"，是政府权力促成的，你能不听命于长官意志？今天的住宅建筑，不论是普通的还是豪华的，是市场需求促成的，那就只能听命于资本增值的意志了。

建筑师自主，可能吗？除非你积累到了足够的财力，或者登上了大项目决策权的高位。但在哪时，你的身份已是商人或官员了。

面对建筑师的无奈，我只能宽慰说：你这原本就是个遗憾的职业。为什么？因为你是毛不是皮。

(左令：《中外房地产导报》社总编)

新住宅运动

开发商希望把房子盖得更好，希望改变自己的道德形象，这对消费者没什么不好。或许，道德就是这么进步的。

□ 吴晓东　高　昱　王　珲

住在城里还是郊区，买精装修的房子还是自己动手，现在，决定这些事情的已经不再单纯的是你能从兜里掏出多少钱，而在于你想选择一种什么样的生活方式。你希望在自己家的阳台上看到西山的夕阳还是更留恋三里屯的酒吧，这会决定你住在城市的什么地方和什么样的房子里。

房地产开发商们自己提出了"新住宅运动"，我们并不过多的期望它真能变成和文艺复兴相比的文化运动，但是最起码，开发商希望把房子盖得更好，希望改变自己的道德形象，这对消费者没什么不好。或许，道德就是这么进步的。

"中国城市房地产开发商协作网络"浮出水面

中国建设部有关专家预测，从2000年到2010年，中国城镇住宅需求预计将保持在年均5.5亿m²以上。但是，尽管中国的房地产市场如此巨大，整个行业却基本上处于不盈不亏的局面。深圳万科公司的董事长王石说:"国内房地产市场竞争日趋激烈,已由卖方市场转变为完全的买方市场。房地产投资风险日益增加,不仅获取超额利润极为困难,即使获取平均利润亦不容易。相反,被套牢的事例是时有发生。"

中国大大小小的发展商们不仅是感到获取超额利润越来越困难,而且越来越感到在解决这些问题时无能为力。王石说:"在经济和社会生活中,房地产行业的角色越来越重要,但是,发展商解决不了的问题也越来越多,比如城市零星规划和发展,保护环境以及相关的社会问题,不是发展商讨论所能解决的。在解决这些问题的时候,发展商能够扮演的角色实在很有限。单个的发展商的实力和连续开发能力不足以影响政府对城市规划方面的控制,因此,如何密切和政府的关系成为影响房地产行业的重要问题。另一方面,房地产发展商的水平差距甚远,所谓阿猫阿狗都可以搞房地产,造成的问题和教训很多,所以也需要对房地产开发商的队伍进行整合,适应房地产快速发展的节奏,为老百姓建筑更好的住宅和更好的生活环境。"

在这样的情况下,王石牵头策划的"中国城市房地产开发商协作网络"浮出水面。

1999年4月,由河南建业集团主办的"99郑州中国房地产精英峰会"取得了较大的成功。通过广泛的信息沟通,与会者普遍感到在市场预测、品牌营造、营销策划等方面获益匪浅,一致认为房地产业内应该加强信息交流,互相学习借鉴,少走弯路。

5月18日,深圳万科集团、北京万通集团和河南建业集团在北海初步达成发起成立"全国房地产策略联盟"(即后来的"中国城市房地产开发商协作网络")的构想和共识。

1999年5~6月,联盟取得了国家建设部、中国房地产协会、中房集团等政府机构的支持和认可;同时也得到全国各地大部分房地产企业的拥护和响应;7月15日,天津市政府表示愿意全力支持在天津召开的"全国房地产业信息化论坛"。

8月28~29日,"全国房地产策略联盟"更名为"中国城市房地产开发商协作网络",并在成都召开了第一次筹备会议。成都方面的媒体称此网络为"中国房地产界的航空母舰",并且就中城房网会不会在中国房地产界形成垄断专门采访了王石。

1999年12月2日,中国城市房地产开发商协作网络在北京正式成立,王石担任为期5年的首位轮值主席,谈到中城房网的性质和目的,王石说:"中城房网的初衷是希望发展商联起手来做些事情。企业发展过程中,半官方性质的行业协会越来越无法满足市场发展需要,尤其住宅业。目前非国营控股房地产工地开发量占65%,但控制的资源仅占35%,资源配备无法达到平衡。设想的主要功能为四个层面:信息共享,行业职业培训,集体采购和集体融资。本着这样的原则,17家成员单位签署了两条协议：一、中城房网既非社团也非企业集团，而是参加签约的企业本着自愿互利的原则，依据国家有关法人间经济合作的法规，以经济合作协议（合同）的形式构建的旨在提高各企业竞争力的行业性的利益共同体，也是一些优势企业间进行策略联盟的尝试。其活动和运作模式以虚拟机构方式进行。二、中城房网的共同利益及扩求：实现信息资源共享，着重加快住宅产业化的研究和推进；集体采购；共同培训；投、融资的互助。"

"新住宅运动"：中城房网首次发出的声音

1999年12月2日，在北京万通新世界召开的"中国城市房地产开发商协作网络"的成立大会上，沈阳华新国际集团的卢铿首次提出了"新住宅运动"的概念。他说："当今房地产市场和同业成长中蕴藏着深刻的危机，迫切需要有一个全社会共同关注的总题目来领导全面的变革。"新住宅运动也就成了中国城市房地产发展商协作网络成立以后发出的第一个声音。

随后，该网络的18家成员单位在深圳和北京两次开会研讨"新住宅运动"，同时，参与研讨的人员范围也远远超出了房地产界。

之所以提出"新住宅运动"，卢铿的眼光首先看到的是中国房地产业无比巨大的市场，卢铿说："中国是世界上的第一人口大国，由于历史原因，目前中国的人均住房使用面积只有9.3 m^2，仅相当于俄罗斯的一半，美国的1/5，在中国人的传统文化中，住房历来是家庭首要的和最重大的投资内容。"

拥有世界上最多的人口当然并不意味着一定拥有最大的市场，更重要的是政策和经济环境的影响。卢铿说："从政策来看，允许私有财产、从福利分房改为货币分房、银行按揭和扩大内需这四项政策的突变，使中国的房地产也发生了突变。从经济环境判断，中国加入WTO，住宅业面临国际竞争将不可能避免，新经济和网络社会，使得中国住宅产业市场的发展拥有了一个西方发达国家当年未曾有过的技术背景和市场背景。"

同时，卢铿认为中国的住宅产业市场很不成熟。由于住宅产业巨大市场的诱惑，数以万计的发展商在90年代初一哄而起。以1992年的广西北海为例，当时全国共有3000多家发展商，而北海市就云集了1500家，结果许多发展商血本无归，很多项目成了烂尾工程，在当地留下了数不清的鬼屋。

如果仅仅拥有一个巨大的市场背景和行业发展的技术背景，新住宅运动将是房地产业行业内部的一个问题，但更重要的，卢铿认为新住宅运动将成为一个以住宅产业为载体的文化创新的总题目。他说："我们关注着住宅产业的整体进化和加速进化，更关注这场以住宅产业为载体的文化创新运动。住宅业蕴涵了管理与技术的科学。没有一个产业像住宅业这样更直接地关注着人生，更广泛地涉及人类的进化，更深刻地反映着文化和文明的进步。因此，新住宅运动具有广泛的经济意义、文化意义、历史意义和国际意义。新住宅运动将为中国住宅业的未来一段历史时期设定一个新的起点和新的航标。"

那么，究竟什么是新住宅运动？首倡者卢铿这样概括新住宅运动的基本精神："营造网络时代的居住空间，实现传统精神的当代升华，建设人文关怀的精神家园，关注环保，崇尚自然。"

对于新住宅运动的发展，卢铿说："新住宅运动绝对不是也不能成为发展商们的一场炒作的游戏。我们提出这一文化创新运动，正是我们感到这个产业在其巨大潜能背后存在的深度危机。同时，新住宅运动不应该是一场转瞬即逝的、昙花一现的运动，而应是一场持续多年的、真正能够有效地促进住宅产业整体进步和引动文化创新的运动，住宅产业是一个最能吸引全社会共同关注的产业，甚至可以说，它将可以成为文明进化和中华民族复兴的良好载体。"

"新住宅运动是对房地产开发十几年的反动"

卢铿所在的华新国际集团，是中城房网的成员。1999年11月，卢铿写信给中城房网轮值主席、深圳万科集团董事长王石，提出了"新住宅运动"的想法，得到了王石的肯定。随后，王石对这个口号提出了自己的看法，并转给万通的冯仑、河南建业的总裁胡葆森、中国海外的董事长孙文杰等房网成员，广泛征求大家的意见和建议，来修正、补充"新住宅运动"这一设想，使之成为一个落在地面的行动方案。

经过中城房网成员间的反复讨论、修改，12月2日，在中城房网的成立大会上，卢铿向与会的成员正式提交了"新住宅运动"这一概念。随后《万科周刊》在2000年的第一期上发表了卢铿的这封信，并开设了"新住宅运动公共论坛"。随着这些相关的文章被《北京青年报》、《中国经营报》等传媒纷纷转载，新住宅运动引起了越来越多的关注。

作为中城房网的主席，王石这样来解释"新住宅运动"提出的背景：在长期的住宅开发中，我们深感于中国住宅市场的巨大矛盾：从需求方面看，中国拥有世界上最大的住宅市场需求，但是从供给方面看，中国的住宅产业却缺乏活力、缺少精品，甚至无法满足人们当下的基本居住需求，更谈不上前瞻性的创造。"这一点，从不断攀升的空置房面积就可以判断。据统计，目前我国的商品房空置面积已经超过8000万m^2，我们可以估算一下，这里面沉没了多少宝贵的资源，浪费了多少宝贵的机会成本。这种'背驰'现象，不能不说是一个非常大的缺陷。"

另一方面，这一状况也给房地产业自身留下了深深的遗憾。"中国房地产行业仍然比较幼稚，不像家电行业相对比较成熟，大的家电个体企业，营业额早就超过了 100 亿元。而中国的房地产业，从 80 年代初期才开始起步，一直到 90 年代中期以后才出现一些比较像样的项目。在香港，新鸿基、和黄等十大发展商占有商品房市场的八成份额，而深圳上海等房地产发展比较成熟的城市，前十位的发展商加起来，市场占有也没有超过 15%。而大家都知道，房地产是一个资金密集型的行业，特别讲求规模效应……所以，"王石顿了顿，"在这样的背景下，新住宅运动提出可谓水到渠成。"

但是，和卢铿把新住宅运动看成可以和文艺复兴相比的文化运动不同，王石更关心的是房地产行业自身的发展问题。王石说：房子是城市中持久的组成部分，一个房子建起来，少则几十年，多则上百年，如果建不好，这种坏的影响也会持续几十年，上百年，我们总不能把我们认为不好的房子全部炸掉重建。因此，从一开始就应处理好人与环境的关系，住宅与城市的关系。但即使是万科，在最初的时候，也不知道在房地产开发中怎么搞才能使建筑和人的关系更和谐。"比如说物业管理，我曾经提过三个条件，1，不丢自行车；2，绿草如茵；3，地面不见纸屑。现在看来，这三个条件水平很低，和张瑞敏当时规定不许在工厂里随地大小便差不多。但是，像'绿草如茵'和'地面不见纸屑'这样的要求还是觉得蛮有难度的。当然，后来我们知道不但要种草，还要种树，种树还要分季节，甚至还要在小区里把地形弄得有些起伏。"

"我们犯过错误，但是希望不再第二次犯同样的错误，也希望其他的开发商不要犯和我们一样的错误。"在这种情况下，王石认为，要对房地产行业进行重新整合。他说："整个地产行业不能再模糊和混乱地发展下去，住宅建设要有明确的方向，不能脚踩西瓜皮，溜到哪里算哪里，行业要有新的规范和认知。提出新住宅运动，就是对十几年商品房建设的反动。"

但是疑问随之而来：这个所谓的"新住宅运动，"有没有一个明确的纲领？

"我们反复强调，我们希望'新住宅运动'成为一个开放性的平台，不同的知识背景和社会背景的人都可以从自己的角度提出建议、意见和批语。实际上，在深圳的研讨会上，在北京的研讨会上，已经有相当多来自建筑学界、文化界、艺术界和网络界的朋友，以极大的兴趣参与到这个公共论坛当中来。

而且，新住宅运动现在只是一个开始，我们希望它是一个有生命力、可持续发展的创新活动，现在给出限定可能为时过早。"

当然，王石也透露，2000 年 6 月 24 日，在上海国际会议中心举行的"新住宅运动大会"上，将会发布运动宣言和一系列的文章，并就一些相关问题进行深入的研讨。也许，经过各方人士交流、碰撞，"新住宅运动"将会涌现出更多的有意义的火花。

与近些年的一些反省思潮有所不同的是，"新住宅运动"一开始就是由房地产商提出并发起的。目前看来，在这个"运动"中，"中城房网"这个发展商联盟扮演着非常重要的角色。这一重色彩也使得不少人对"新住宅运动"暗暗嘀咕：该不会是发展商设的又一个骗局吧？

对此，王石的态度非常坦然："总得有人首先来发起这件事呀。作为中国大陆主要城市的优秀发展商，我们'中城房网'当然希望能够为推进中国住宅产业的创新尽绵薄之力。也正是因为我们来自住宅开发市场的最基层，所以我们可能会对住宅建设中存在的一些问题更为敏感。"

"但是，尽管'新住宅运动'是由发展商首先提出来的，但发展商只能是新住宅运动的执行者和落实者，而不是领导者"。

在王石看来，住宅是社会生活载体，影响面非常广泛，"住"，与每一个个体息息相关。因此，"新住宅运动"呼吁每一个相关行业和每一个个人的关注和参与，使之成为一个开放的、可持续发展的产业创新和文化创新运动。"这种创新，既包括居住理论的革新，也包括住宅观念的刷新，更包括住宅建设的创新。我想，发展商的任务应该更多的是在最后一项。"

"现在，'新住宅运动'只是刚刚开始。任何一场建筑革命，最后都是要通过作品来说话，来确证自己的历史成就的。在下一步，我们将有一个比较详细的行动方案。一方面是通过征文、出版等形式，继续推广'新住宅运动'概念；另一方面，要通过方案竞赛、案例评析等方式，影响和引导建筑设计；当然，最关键的，我们将不断推出创新的、符合市场需求的、有生命力的住宅产品。在这个过程中，像万科这样的发展商应该扮演更积极的角色。"

"建构行业新的道德基础，善的动机是功利性的"

作为中国城市房地产开发商协作网络的四个发起单位之一，北京万通集团的董事长冯仑更关心的是房地产行业的道德形象和行业公信力，认为这将直接影响行业的获利能力。

冯仑说："房地产行业在中国的发展只有十五六年的基础，整个行业给社会道德形象很不好，诸如行贿、偷工减料、半拉子工程、占用银行很多资金、烂尾楼盘、乱集资、炒房炒地，跟房地产始终在一起的这些概念，诸如包工头之类，都是道德形象欠缺。在这种情况下"提出新住宅运动，可以区别于以前住宅产业当中不负责，粗制滥造，不讲建筑风格不讲人性化的需求，不讲究和环境和谐统一，不讲究科技进步对人类生活的影响。我们就想建立整个行业的道德基础。同样一件事情，IT业烧钱，这叫做创业，大家认为是科技进步，而科技进步总是很好的，而房地产行业炒房炒地就不对。行业不同，道德基础不同，公信力不同。"

树立道德基础，提升行业的公信力，作为一个行业，这样做的目的自然有它的功利目标，改变开发商的形象的目的当然是为了市场利益。冯仑说："比如，万科在城市花园的物业管理上表现出来的对客户的关心、关注和认真，取得了市场的公信力，企业的道德力量在这里面起到了很重要的作用，大家形成这样的认识，万科是好人，好人的房子当然可以买。这样，一个企业的公信力，通过市场的循环，又转换成利益。"

冯仑说："房地产行业由开发商、供应商、客户、银行构成，大家进行游戏，提出新住宅运动，有利于确立新的游戏规则，使参加游戏的人有一个大的期待和提升，用新住宅运动提出的东西，改进企业的经营管理，提高产品质量，改善服务，对企业，道德基础提高了，改进经营。这样，要求新住宅运动具有示范性和实践性，全国有几万家开发商，只有几十家在里面，因此，我们要作出一些示范社区和典型作品，建立新的居住环境和新的生活方式，从具体上说，会落实到具体的产品上，消费者会得到很大的好处。"

"这个运动怎么搞，不是书生在说，不是个别领导提倡，而是开发商从自己的竞争要求和发展要求，要提高竞争力和确立长期发展的道德信任感。这种自发的运动，像启蒙运动和五四运动，是由许多大小事件堆积形成的。但是我们预期它会成为主流的价值观。大家已经注意到，参加中城房网和新住宅运动的大多是民营企业，也就是在过去大家认为最没有道德力量的地方，企业开始思考对社会和消费者的道德责任。坏人都学好了，但这是企业自身利益的要求，善的动机是功利性的。"

旧住宅和新住宅

和很多人一样，北京华远的董事长任志强说他不知道什么是新住宅，但他很清楚旧住宅是什么。任志强说："我认为中国的所有住宅都没有脱离传统的帝王将相的概念。即使我们现在盖农村的房子也是坐北朝南、一明两暗。南北住宅有差异。南方房子可能做得小，把配套功能都给拿掉了；北方把厅逐渐加大，或者变成双主卧、三主卧，就是把社会一些配套的功能引入家庭中来。"

新住宅运动为人们提供了居住条件新的选择。这种选择，不是面积和材料变化的选择。尽管王石认为："中国单个住宅的理想面积是90到135 m^2，根据国外的经验指数，住宅面积超过160 m^2 之后，就会慢慢地回落。人均面积在 30 m² 左右是一个住宅单位比较合适的面积。"但是万科开发的许多住宅的面积都在 130 m² 以上；新住宅运动的首倡者卢铿认为："根据各个城市情况的不同中国家庭的住宅面积应该在 80 到 100 或者 80 到 120 m² 之间。"但是华新国际集团在沈阳开发的住宅基本没有 120 m² 以下的。

冯仑说："新住宅运动就是要尊重人的选择。房子多大和用什么材料建房子并不能决定房子的新旧属性，旧体制下的住宅照样可以建得很大，也可以用很新的材料，但它是旧的。"

建什么样的好房子

"穿自己喜欢的衣服，做自己喜欢的事情，做负责任的发展商，盖好房子给人住，"是中鸿天房地产公司董事长潘石屹的信条，这位有点前卫和另类的房地产开发商认为：我们谈新住宅，就是区别于旧住宅。对新住宅的探索其实在这个运动之前就有人做了一些探索。我有个朋友叫包泡把自己的房子盖在怀柔山沟的石头缝里，进房间要先上树，房间里还有一口清泉流着泉水，他认为这是自己理想的住宅。我们对未来的新住宅有个理性的把握，就不能离开"根本"，对住宅影响的"本"，我认为有三点：第一是人类对原子的操作和控制能力，第二是能源的发展，第三是人们对信息的加工，传递和处理能力的发展。从过去历史的住宅到未来的新住宅，离不开这三点根本。

潘石屹并不是中城房网的成员，对于新住宅运动，他说："新住宅

理想住宅的探索

运动应该以新的观念和思维方式不断提出问题，而这些问题不仅局限于建筑领域，还应当扩展到哲学、艺术和社会学的层面，需要具有前瞻性。而这种对未来的前瞻一定要看历史，我认为，对未来能看多远，取决于对历史的理解程度有多深。回顾人类住宅建筑的历史，我们可以发现，材料、能源和信息在人类住宅的建设过程中起了决定性的作用。比如建筑材料，从土石草木到钢筋水泥，再到玻璃的运用，必然要对住宅的形态产生根本性的影响。再比如能源的不同，使用柴火、煤、煤气、电和直接利用太阳能一定会影响住宅的建筑理念。同样，邮递员时代和互联网时代的住宅决不会相同，人们对信息的获取和传递在生活和发展中所扮演的角色越来越重要。如果对这样的变化不敏感，怎么能建出好房子呢？"

潘石屹引起最大争论和热销的SOHO现代城概念集中体现了材料、能源尤其是信息对住宅建筑的影响。潘石屹说："之所以会有SOHO的概念，是因为互联网时代人们的工作习惯和工作方式都发生了改变。在工业时代、按照固定的程序组织生产和工作，这是因为受到了工作对象和信息传递方式的局限，不这样，就无法组织有效的工作，因此根本无法提出类似SOHO的概念。现在，由于SOHO这一革新性的项目，我们可以把20世纪末最好的思想和解决方案结合起来，为新世纪创造出最新型的建筑，这也是第一次将功能、灵活、充足的空间、简单线条以及优雅结合起来创造出将起卧结合的空间。"

要想建出真正的好房子，对新思维的追求是无止境的。潘石屹说："SOHO现代城热销，说明消费者认可我们的理念。但SOHO毕竟是新的观念产生的新的建筑，要想建出适合未来的房子，就时刻要有新的创造。以后的项目，很可能不再提SOHO的概念，而是忘掉现代城和SOHO的成功，因为技术和观念不断进步的，只有这样，才会始终用新的文化和思维建出健康和科学的好房子。"

（《三联生活周刊》友情供稿）

谁的"新住宅运动"?

> 因为企业必须追求利润,有人就认为企业家注定是"不道德的"。比如这次"新住宅运动",若被认为是"企业行为"、"商业炒作",在道德上就可能站不住脚。

□ 钟健夫

"中城房网"的企业家们倡导"新住宅运动",非常好,我举双手赞成。这事应当理直气壮去做,不要怕别人说是企业行为、是商业炒作。如果最后推出的"新住宅"消费者是欢迎的,市场是接受的,那么,商业炒作有什么不好?

但目前有关"新住宅运动",有好些问题我确实搞不清楚,有些事情还让我特别担心。这里说出来供大家参考。

"新住宅运动",还是"新左派运动"?

贺承军博士在《新住宅运动:多维视野中的演进方向》中指出:"当代中国学界的新左派与自由主义之争,反映在居住文化中就涉及启蒙与适应的问题。"我认为,将"当代中国学界的新左派与自由主义之争"引入"新住宅运动",成为一种演进方向,很"危险"。

1. "当代中国学界的新左派与自由主义之争",是学界有些人凭空制造的"事件",是从海外引进来的话题,对中国的国情来说,不是真命题。

2. 最近"长江读书奖"事件闹得沸反盈天，主要问题是所谓的新左派和自由主义学者之争，大家走向前台，攻击谩骂，互揭隐私，非常像文革时满街贴的大字报，双方都失去了学者风范。"新住宅运动"对此要保持警惕。

3. 《读书》杂志主编之一的汪晖，原先被学界私下称为"新左派"领头人物，他在《天涯》上发表的一篇长文被说成新左派的"总论"。由于出了"长江读书奖"事件，现在公开承认自己不是什么新左派，他说："我本人从不赞成用'新左派'和'自由主义'来概括知识界的分歧和论争，也反对一切给别人戴帽子的方式。"可惜他跟一天到晚高呼新左派口号的人太熟，许多人认定了他是新左派，如今"跳进黄河也洗不清"了。

《读书》杂志被人误读为"新左派的机关报"，对此《读书》两主编之一黄平反驳说："把我们这个时代的思想的复杂性用简单的左派右派这种两分法来划分，这不是冷战式的思维方式吗？《读书》的很多作者和读者都在黑与白的中间地带，而中间地带包含的灰色，其多样性是无限的，怎么能简单地划分左右两边呢？"我知道黄平参加了上海的新住宅论坛，希望大家不要误认为新左派刊物掌门人加入了"新住宅运动"。

4. 用"理想主义"作为引领"新住宅运动"的烛光，需要认真考虑。因为上一次知识界关于"人文精神失落"的大讨论中，最后有人提出用"理想主义"代替已经失落的"人文精神"。"新住宅运动"是不是一种"理想主义"精神？是谁的"理想"和"主义"？千万不能搞成少数人文学者的"理想"和"主义"。

5. 王石在"新住宅运动"中提出"面向新经济，关注普通人"的口号不错，但用所谓的"理想主义"烛光来引领"新住宅运动"，最后可能关注的是少数左派学者。左派学者口口声声代表大众说话，代表"普通人"说话，而实际上他们自己是定位在"普通人"之上的，总觉得自己真理在握，处处要给"普通人"启蒙。"面向新经济，关注普通人"的"新住宅运动"千万不能变成新左派的启蒙运动。

学习"包豪斯"，还是学习后现代？

我发现"新住宅运动"中有"向包豪斯学习"的口号，说真话，我不知道号召谁向"包豪斯"学习？是房地产开发商还是建筑师？是人文学者还是"新住宅运动"中的"普通人"？学习"包豪斯"什么东西？

如果从新左派的理论立场看，似乎可以借用到不少资源。"包豪斯"经历过三任校长，格罗庇乌斯（1919～1927）、汉斯·迈耶（1927～

1930）和密斯·凡德罗（1931～1933），因而形成了三种非常不同的发展阶段：格罗庇乌斯的理想主义、迈耶的共产主义、密斯的实用主义。"包豪斯"三个阶段因而兼具有知识分子理想主义的浪漫和乌托邦精神、共产主义的政治目标、建筑设计的实用主义方向和严谨的工作方法特征。"向包豪斯学习"，是不是包括学习其左派立场？

从长远的思想影响来看，"包豪斯"奠定了现代主义设计的观念基础，建立了现代主义设计的欧洲体系原则，之后又因大批专家移居美国，将"包豪斯"体系的部分内容与美国的体系内容结合，形成战后美国版的"国际主义风格"。直至60年代末，这种风格垄断了建筑、产品和平面设计已经有将近30年的历史，世界建筑日趋相同，地方特色、民族特色逐渐消退，建筑和城市面貌越来越单调刻板，往日具有人情味的建筑形式逐步为缺乏人情味的、非个人化的国际主义建筑所取代。"向包豪斯学习"，是不是强调设计师或发展商应学习这种现代主义的国际风格？

后现代主义建筑就是针对现代主义建筑的毛病而诞生的。建筑学界有人曾经宣称后现代主义的诞生有个精确的时间，那就是1972年7月15日下午3点22分，密苏里州圣路易斯市的普律特——伊果（Pruitt-Igoe）住宅区，一个得奖的、为低收入民众设计的建筑群，被认为不适合人居住而炸毁。詹克斯认为，此事宣告了现代主义建筑的"国际风格"之死。也正是1972年，美国建筑师文丘里（Robert Ventur）明确表述了后现代建筑的"地方风格"信条。所谓地方风格，是对立于现代主义的普遍同一论，强调的是地方性与特殊性。

叶廷芳先生在《烛光引领新住宅运动之路》专栏中，提倡后现代建筑，将人文主义视为住宅建筑的灵魂，提倡平民意识、参与意识、多元意识、交流意识、私密意识、尊老意识、助残意识、创新意识、超前意识、环保意识、质量意识。我非常赞成在"新住宅运动"中提倡11大意识，但我相信实现了这些意识的"新住宅"，"普通人"是居住不起的。据说潘石屹在北京郊区请建筑师张永和设计了一幢别墅，有专家说是目前中国真正意义上的别墅，预示着新住宅运动的诸种途径中的一种。我知道潘石屹先生是位大老板，他请人设计的别墅不知"普通人"是否住得起。

总之，我不清楚"新住宅运动"该学习"包豪斯"，还是学习后现代；是关注"普通人"，还是关注少数精英。

"新住宅论坛"，还是"新住宅运动"？

我感到最为困惑的是，"新住宅运动"突然改为"新住宅论坛"。后来，我在《"新住宅论坛"不是鸿门宴》一文中找到答案："建设部一位官员对企业能够主动承担创新任务表示赞许，但对原来'新住宅运动'的提法表示质疑。也正因为此，'中城房网'把酝酿了一年的'新住宅运动'改为'新住宅论坛。'据说王石已经就"运动"改为"论坛"发表意见："这正说明政府与'中城房网'开始走向认同。"王石认为字眼不重要，因为现在已经是21世纪了，"运动只是一个行动"。我看出了王石作为企业家的"实用主义"态度，更看出了他与官员的差别。企业家喜欢"行动"，官员和学者喜欢"论坛"。

虽说字眼不重要，但"论坛"与"运动"含义不同，将来的发展指向也不同。我不知道"运动"是否让人想起文革，官方要支持不太方便。即便是这样，也不应该用"新住宅论坛"代替"新住宅运动"，最好两个口号并行使用，但一定要界定清楚。专家学者、政府官员和企业家都可以到"论坛"中"论"去，而"中城房网"企业家的"运动"才是最紧要的，千万不能停下来。"新住宅"当然少不了坐而"论道"，但没有行动的"论坛"就没有意义。反过来，只要有行动，论不论都不是最紧要的。

是企业家，还是"骗子"？

在上海"新住宅论坛"上，北大光华管理学院管理副院长张维迎说："中国的开发商90%是骗子，其中30%是大骗、30%是小骗、30%是在不自觉地骗。"

这是中国学者中非常有代表性的观点，我为此感到悲哀。改革开放以来，中国房地产开发商做出了许多人们看得见、摸得着的贡献，最后竟被说成是骗子，忍不住要将张维迎先生的话改一下："中国的经济学家和光华管理学院的教授90%是骗子，其中30%是大骗，30%是小骗，30%是在不自觉地骗。"

中国的许多学者总喜欢站在一个道德的虚拟高地，俯视中国企业家。其实大家都是人，道德上应当是平等的。不能因为你是教师，或大学的德育教授，你的品质就比别人高尚。作为一个文人，下海8年来，我发现真正讲究"诚信"的是企业家，而不是文人。不管是企业家还是文人，判断他们的道德水平之高下，不能光听他们怎么说，你跟他们合作做一次生意就明白。文人无行，这是我在市场实践中的深刻体会。

因为企业必须追求利润，有人就认为企业家注定是"不道德的"。比如这次"新住宅运动"，若被认为是"企业行为"、"商业炒作"，在道德上就可能站不住脚。改革开放20多年了，都WTO了，人们对企业行为还有这么深的误解，思想解放实在不容易。在我们今天的社会，除了农民、官员、医生、教师和学者，什么人不在企业工作？多少人靠企业的收入养家糊口？如果企业行为都是不道德的，那么在企业工作、靠企业收入过日子的人，道德上岂不也是有问题？

松下幸之助说得多好啊,他说松下要为社会提供服务。别人就问他,企业是追求利润的,怎么能说为社会提供服务呢?松下幸之助回答:为社会提供的服务越好,企业利润就越多。

事实上,企业给社会提供的不是产品就是服务,任何社会不需要的产品和服务是无法长期获取利润的。我觉得中国现在应当提倡"爱企业主义"精神,而不是"人文精神"。在市场主导的社会中,一个人不爱企业,不尊重企业家,就很难说他爱国。

最后我说明,我不是市场万能论者,更不是自由主义者。只是希望"新住宅运动"不要成为少数专家学者的观念运动,一定要拿出实实在在的"新住宅"出来。本人拭目以待。

(钟健夫:CI营销与策划专家)

"新住宅运动"一场什么运动？

> 搞房地产的有着一些共同想法的"一小撮"商人，经过串联和拉拢了另外一小撮建筑界的文人，通过宣传工具，准备把他们的东西以"革命"的名义卖给消费者。

□ 陈劲松

第一次听到"新住宅运动"这个词感觉就有点怪，因为太多的诸如"学大寨运动"等给人的印象实在不佳。提起"运动"二个字大都可以与红卫兵、大字报、社论和集会相联系，而且历来的运动发起人往往都把"真正动机"深深地掩盖在所高声宣传的堂而皇之的口号的后面，愚弄百姓从而达到抬高自己、打倒"竞争者"的目的。因为有了这样的感觉，所以见到"新住宅运动"就想着躲远点儿，尽量使自己不要卷入"运动"之中。

可是这场运动却风风火火地搞了起来，而且卷进去的人也越来越多。开始是"中城房网"（号称是全国大开发商联盟）内部的人士，后来就扩大到了活跃在"论坛"和市场中的建筑大师们，接下来媒体也焕发了热情，开始"造势"了。换毛泽东的句式来说"群众终于发动起来了"，越来越像一场运动了，因为业界人士不谈"新住宅运动"就有落伍的感觉。但我们还是要问，这是一场什么运动？

所能看到的材料是这样说的：

——"新住宅运动"是由"中城房网"发起的一次住宅观念和实践的创造性运动。经过半年的酝酿，业已取得了建筑界、知识界以及公众媒体的基本认同，大家正为此忙乎着，准备正式向社会推出这一运动。（《万科》周刊总 357 期）；

——"新住宅运动"为未来住宅提供模特，如果成功，新的样式就会进入生活；

——"新住宅运动"，我们共同主张。

笔者试着以"运动"的语言，把以上这些稍感隐晦、文绉绉的"精英"调式翻译如下：搞房地产的有着一些共同想法的"一小撮"商人，经过串联和拉拢了另外一小撮建筑界的文人，通过宣传工具，准备把他们的东西以"革命"的名义卖给消费者。

笔者绝对没有"吃不上葡萄就发酸"的意思，事实上，这样做也绝对不是一件不好的事——总比"摸石头过河"要好，而且再怎么闹腾也不能产生"浩劫"般的恶果。即使搞出的房子卖不出去，相信市场吧，它会让运动无疾而终的。更何况这一"小撮人"，身体力行，争当房地产论坛的曲老师和李老师（曲啸和李燕杰），也要品格高尚，做出样板房来供大家品头论足。当今的商人，这种能挺身而出，向市场叫板的，怎么说也应该是真正的精英一族，是值得掌声响起来的。

既然开展这项运动对大家的好处多过坏处，那么为了使运动不偏离大方向，笔者认为应该认真思考运动中的几个关键性的"政治"问题。

群众基础问题

纵观历史上成功的运动，关键是发动广大的人民群众。毛主席也曾表述过——重要的问题在于教育农民。正因为他老人家给农民以土地，中国的革命运动才从一个胜利走向了另一个胜利。同理，"新住宅运动"能给到老百姓以价廉物美的房子，就没有不受到热烈拥护的道理。

可是，运动的发起人是商人，而据说商人是追逐高额利润的，或者说是"剩余价值"的，也就是说他们会不自觉的把房子卖到市场可以承受的最高价格。这样看起来似乎就带来了天生的矛盾，这也是"新住宅运动"不可能把普罗大众作为发动对象的原因。

据说"新住宅运动"有一个提法叫做"给有钱人造房子，没钱人才能住得上房子"。运动的定位，开始呼之欲出了！笔者原则上是同意这个推理的，深圳的情况就是明证，有钱人搬走了，二手房价格大幅下滑；甚至是新楼多了，二手楼也下滑，这符合市场的规律。事实上，好的房子多了，连好房子本身的价格也要下滑，由此看来，新住宅运动的结果"造更多的好房子"确实是一项有利各阶层群众的好事。这个群众基础，应该坚持下去，将运动进行到底！

运动对象问题

谁是我们的朋友，谁是我们的敌人，这是运动的首要问题。既然历次运动都要抓几个坏分子示众，可能"新住宅运动"也不会例外吧。但是悠着点儿，因为中国历次运动已经教育了我们，有些表面上的敌人如"地主富农"等，并不是运动发起人真正的敌人，真正的敌人可能"就在党内"。

比如"新住宅运动"吧，表面上的革命对象是那些搞"坏房子"的开发商和设计人，其实未必如此简单。笔者斗胆在此预测如下：

＊真正的"坏房子"的发展商是"新住宅运动"的真正朋友，没有了他们，怎么能让好房子卖高价？

＊运动的第一阶段，敌人是显而易见的，就是那些不参加"新住宅运动"的人，可能是开发商也可能是建筑师，而且他们搞的东西并不差，否则集团利益如何保障？

＊运动的第二阶段，就要深挖"自己内部的阶级敌人"，在"新住宅运动"内部分出高下和成败，否则个人优势从何而来？

但愿这是笔者中"文革余毒"太深了！如果真如笔者所料，这场运动赔钱又赔精力，玩的人估计也不会太多，就没什么意思了。

理论支撑问题

既然称之为运动，就一定要有理论武装，搞出点类似"批资产阶级法权"的东西来，也给媒体创造点空间。因此要解决"什么是好房子"、"什么是坏房子"以及到底谁有资格下结论等重大理论问题。

可这些问题，却也颇为难了"新住宅运动"，因为实在是不能深究的，"好房子和坏房子"就如同鲁迅先生所说的"文学与出汗"：重庆的棒棒们和上海的买办当然有着不同的标准，就是广东的富豪与北京的大款在品味上也绝不一致；即使在同一城市，格调上相距又何止千里！

关于"好坏"谁说了算，就更不能靠运动了，连"就是好、就是好"的文革，到头来都不好。笔者还是赞同小平同志的"猫论"——卖出去的房子，就是好房子；卖不出去的房子，就是坏房子。除此之外，我们还有其他办法吗？难道我们要靠精英？还是市场更好些！

既然怎么闹腾都离不开市场的手心，"新住宅运动"的理论基础就应该建立在市场中，而不是什么"包豪斯"和"建筑美学"等连建筑系毕业生都说不清楚的概念上。

（陈劲松：深圳世联地产总经理）

论立意于一场文化创新的"新住宅运动"
——兼答陈劲松先生

我们不求善意,但求智慧。

□ 贺承军

  住宅运动应该说已经发动起来了,可是关于这个名词,还是有许多疑问。

  一是来源于政府的质疑。政府的意见是不要提"运动"二字为宜。说实在的,那场"伟大的文化大革命"政治运动尚且未足够的深刻反省,新的文化创新运动也就会触发人们想到那不堪回首的当年,因而引起过敏。

  二是来源于民间、个人的猜疑。世联地产的陈劲松先生撰文《"新住宅运动"一场什么运动?》表达了两个方面的信息。就个人文风与思想方面的特点,那些刻意于文革语言反讽式再现的特征,我们不必太介意。而就猜疑"新住宅运动"内容与目的方面,我可以试着回答如下。

  陈劲松先生提到由于开发商固有的商人特点,他们不可能把普罗大众作为新住宅运动的对象。我在新住宅上海论坛上也曾提到,中国的农民和城市低收入阶层如何参与这场居住领域的文化运动。作为开发企业,将消费对象定位于大城市的中等收入阶层,这是考虑到现实的要求与可能性。在目前阶段,要开发商去搞福利事业是不可能的。然而这种现实性与居住领域变革的最终目标并不相悖。新住宅运动能做的、应该做的主要有以下几方面:

一是总结以往房地产开发的经验教训,力争把事情做得更好。这是运动的现实性原则。新住宅运动不是要做"大庇天下寒士"的义举,也不是谋求普世幸福的宗教承诺。

二是作为民间企业和学者发起这场运动,本身有异乎寻常的意义,即至少说明民间的大脑在运作,并未等待救世主的声音。另外,学者们也并未以精英身份发号召、下断语,大家都是在思考、在探索。这是运动的民间性原则。

三是技术的可能出路和当代审美实践可能找到新的结合点。运动重视的是过程,而且目前远未达到结果,应该付出巨大的努力。这是运动的过程性原则。

正是由于运动的现实性,所以我们不能要求完美无缺,更不能以道德理想国的原则来要求一场诉诸于个性化空间的新住宅运动。农民的居住、城市低收入阶层的居住也确实是应该逐步地认真地探讨的问题。新住宅运动可能会促进国家在经济体制、城乡差别等政策上发生有价值的变化,但涉及国家政经大政方针,不能由"新住宅运动"的发起者们说了算数。

作为体制内的知识分子阶层,目前正在发生激烈的分化。建筑师职业体制也不再是铁板一块,年纪大一些、名望高一些的老建筑师们成立了私人的建筑师事务所,年轻的建筑师们辞去设计院公职,在商海中沉浮,也绝非罕有的事。即使身子固定在体制内,也有许多人文知识分子发生了游移于体制外的个人声音。这是我们在新住宅运动初期看到的多元景观之种种。

而且基于私有企业老板们的愿望——他们想改变以往那种不良开发商的社会形象,新住宅运动将是一次促进中国房地产企业现代化的有益尝试。鉴于此,新住宅运动号召全社会最广泛的参与,即不单是一小撮文人加上中城房网十多家企业的参与。我们希望更多的人文知识分子和企业家以及社会大众参与这场运动。

如果有人以为这只是中城房网的企业试图炒作概念、自高身价,这完全是一场误解。当然,我们并没有看到中城房网的企业老板们举起右手宣誓:为新住宅运动奋斗终生。尤可想像,老板们个人可能也有一些未便明宣的目的。但是,如果社会上将因此而形成在住宅文化、技术应用、居住生态环境等多方面的探索热潮,何必介意谁是发动者、谁是参与者?

说实在的,如果居住的危机与挑战的基本问题已得到社会的广泛认可，何必介意"新住宅运动"这个名词。我们针对问题，没有兴趣单纯制造新名词。

陈先生还引用邓小平的"猫论"，来论证只有市场认可的才是好房子。这确实关涉到一个理论问题。

首先，邓小平先生的"猫论"，针对的是特定历史条件下的"姓社姓资"之争，并因此而演化出"不作无谓争论，注重实际效益"的务实精神。王蒙先生曾在《读书》上发表论文，谓之为"不争论的智慧"。现在，我们面对的居住领域，却必须在理论上探索许多新问题。即以"猫抓老鼠"而言，我们养猫，并不是以"白"、"黑"为准，同样是能抓鼠的猫，我们要看它抓鼠的效率与效益。所谓效率，即是否稳、准、狠；所谓效益，即猫本身的豢养成本，在抓鼠过程中是否把房间里油瓶也推倒了、把梳妆台弄翻了等机会成本。

落实到房地产，"能卖出去的房子，一定是好房子"能成立，需要两个前提：成熟的市场、成熟的消费者。新住宅运动，正是奔这两个前提而来，即促进市场的成熟、消费者的成熟。所以，需要谈一谈包豪斯，谈一谈建筑审美、网络的影响、技术如何运用等等问题。我们不能在人类已有知识和经验之外，去凭空建设良好的市场，去形成"禅"一般的居住境界，而是应该沿着知识和经验的轨道，薪尽火传地探索下去。

新住宅运动没有什么"敌人"，我们只是面对大家都应该面对的问题。作为文化创新运动，重在探索未来与发展，绝非要将已建和在建"坏房子"的人推上被告席，或者趁机推销中城房网诸成员开发的楼盘。

对陈劲松先生的猜疑答复如上，希望有更多的朋友与我们一起来探讨居住问题，不提"新住宅运动"也罢，责难我们为何要搞"新住宅运动"也罢，只要面对真实问题，并且以合乎逻辑的方式来思考。我们不求善意，但求智慧。

谁的住宅，新在何处？

从这个意义上说，我认为新住宅运动只能理解为地产商一种意义模糊的造势。

□ 单正平

看了《万科》周刊上关于新住宅运动的部分文字和中央电视台所作的专题谈话节目，有点感想。

本来，我不是行里人，没有插嘴的资格。但又一想，我总是要住房的，哪个人没有一点关于住房的体会和意见？何况，不才也曾在房地产公司混过几年饭，94年还张罗编辑出版过一本物业管理的书，勉强能算个"前房地产从业人员"，所以随便说说也无妨。

说到底，各位大腕的高见，无非是关于中国房地产业如何发展的设想、判断和主张。但发展商、物业管理者、经济学家、建筑学家、政府城市规划管理官员和使用住房的老百姓，因为职业角色和利益关系，对这个问题的看法是不同的。就是这不同行当的人群内部，也是各执己见，绝无统一思想。发起新住宅运动的几家主要发展商，看法就不一样。

我想就他们的意见发点议论，谈点感想。

新住宅与平民住宅

王石的看法比较简明，那就是说现在要发展以普通居民为主要销售对象的中低价商品房，在功能设计和成本核算上，要多为用户着想。说白了就是要尽可能适用实用，价廉物美，经济实惠。因为现在中高档住宅的市场实际上已经饱和，换句话说，就是中国的有钱人大体都已解决了居住问题，要从他们腰包里掏钱已经很不容易了，大家得赶紧把眼睛转向普通百姓，看能不能把他们那十万八万血汗辛苦钱顺顺当当掏出来。

这当然不是王石的原话，他说得很斯文，很有政策水平，而且没有多少商业气息。这是否与他曾被朱镕基钦点为房地产顾问有关？以我愚见，要是王石不说新住宅运动，而说平民住宅运动，是否更有号召力？

王石不这么说的一个原因，我以为与万科迄今为止所发展物业的社会品级定位有关系。虽然万科已建成的物业品质较高，但由于受配套设施和周边环境的限制影响，总体说来，还算不上高档豪华，在国内甚至也不是最豪华的；但以中国普通大中城市现有生活水准衡量，万科的物业绝对不是平民买得起、住得起的。

因此，王石要是提倡平民化住宅，人们怎么看现在的万科地产？俊园之类算不算平民住宅？如果不是，那么万科的发展方向是否要变？如果要变，是不是会对万科现在的品牌形象造成不良影响？毕竟万科现在的高尚住宅好像并没有完全卖出。

而且，更为重要的是，华润控股后，万科在国内发展的雄心没有万丈，也有千丈，但仅仅靠大规模开发中低档房产，是否就能迅速成长为大陆超级地产商？

这是个很大的疑问。因为在一个城市发展不可能造就中国的地产大王，而在中国很不完善规范的市场经济条件下，在多个城市同时开发很多地盘所导致的高管理成本和低利润率，是外行都能看得见的"行情"，也是万科宝贵的经验。

以我观察，万科有了新的大股东后，在国内的发展战略，似乎还没有明确下来，以平民为对象仅仅是一个发展目标而不大可能成为万科在今后一个时期的全部目标，甚至有可能不是主要目标。

在这种情况下，新住宅就比平民住宅的提法更有弹性，更有伸缩余地了。我以为这就是王石理论具备"朦胧美"的基本原因。

高级别墅的炒作余地

如果说王石的演说很有社会责任感，潘石屹则好像更赤裸裸。

他在中央电视台的节目中把话说得很明白：给有钱人造了大房子、

好房子，他们搬进去了，腾出原先住的小房子、孬房子，平民百姓花一点钱就可以享受了。所以，即使发展商建豪华住宅，最终平民百姓也还是会受益。

新住宅，为谁而建？

这个说法虽然让社会主义者听起来不怎么受用，但却合乎市场经济的实情。如果全国房地产业来个硬性规定，不得建别墅和高级公寓楼，只准修售价在十万元以下的解困房、微利房，我估计中国房地产业大概也长久不了。在这里用得上我从朋友梁煦那里听到的一句话：计划经济愚蠢，市场经济无耻。

潘石屹这种看法要能够普遍实行，得有两个前提：第一，有钱人或者百万富翁的绝对数量，是在不断增加的，因此对大而好的房子的市场需求是一直存在的；第二，即使有钱人的数量不再增加，他们占有房子的要求却一直在膨胀，或自用，或投资，因此对大而好的房子的市场需求也是一直存在的。

问题在于，这两个前提是美好的愿望还是确凿的事实？

首先，中国富裕阶层的人数是越来越多，还是越来越少？如果两极分化加剧是事实，那么合乎逻辑的结果必然是，需要大房子的人是有限的,而且很可能会逐渐减少,因为财富还在向少数人手中集中而不是相反,王石对市场的判断其实也证实了这一点。

其次,从自用来说,有钱人房子越住越大,这个欲望膨胀过程,是不是无限的?一家人是不是要从 200 m² 换到 300 m²,再到 500 m²,1000 m²,以至于若干万平方米?世界上最富有的比尔·盖茨,住到几千平方米,大概也就到头了。所以,富人要换大房子是没错,但不会一直没完没了地换下去。他要是患有喜新厌旧的心理病,那他会选择住酒店,而不是天天搬家。

从投资增值来说,如果买房子是为了出租,是为了炒卖,那肯定要买最有市场前景的房子。但根据经验,炒得最狂热,流动性最强,变现最容易的,大多是一般公寓,高级别墅、高尚住宅的炒作余地相对要小得多。因此从投资角度来说,别墅之类高档房产反而不是首选。

从这两方面看,都不能说持续发展高等级住宅就是中国地产业的正确方向。当然,个别地产商比如潘先生想瞄准的就是有钱人,那是另外一个问题。

诗意也要土地承载

新住宅运动这个口号的发明人卢铿先生,他对新住宅的解释好像很有诗意(比如说人性化之类),简单说,只要操作得当,平民百姓也能住上价廉实用环境优美的好房子。他介绍自己的成功作品,是在某大都市的近郊,低密度,低容积率,高绿化率,设计新颖实用,但售价才一千多块。这样的成功范例,当然不错。

但我以为在成功开发的背后,仍有不容回避的尖锐问题——土地资源。从卢先生的房价我们知道,他买的地比较便宜。但这样便宜的地,是否能大规模得到?就算能得到,以中国土地资源的贫乏,如此奢侈的开发,是否符合可持续发展的民族长远利益?如果中国一般百姓都像华西村这样的富裕乡镇那样,以住上独家小洋楼为追求目标,那中国土地所剩几何?

以我之见,像在苏锡常、杭嘉湖这样的地方,不要说大规模建低容积率和低密度的小楼、别墅,就是毁了土地填了水面建工厂搞开发区,都是罪过。珠江三角洲同样如此。挥霍土地的恶果已经开始显现,出现更大更深程度的灾难,只是时间问题。

以我比较极端的看法,1992 年前后很多地方的国土局长、规划局长,以及他们的上司,在土地开发、城市建设上的错罪之多之大,造成的恶果影响之深远、之难以消除,无论如何估计都不会过分!现在那种疯狂的投机性的开发当然被遏止了,但土地使用上的盲目短视,急功近利,在很多地方政府中仍是普遍现象。

至于开发商,绝大多数显然不会像卢先生说得那么诗意崇高。牟利，而且牟最大限度的利，是商人的天职。我也决不想以此指责卢先生。我想说的是，既然我们说的是新住宅运动，是一种思想，一种文化，而不是一个企业一个项目的宣传推广，那么，作为一个有理想负责任的地产商，他能否回避中国人地矛盾高度紧张这个尖锐而且紧迫的问题？

诗意地栖居固然不错，然诗意也要土地承载。没有了土地，诗意居就成了噩梦楼。如果以廉价土地来解决高尚住宅与低廉价格的矛盾，最后的结果是土地资源的极大浪费，从全局看长远看，这样的住宅其实更为昂贵。

一场意义模糊的造势

总的来说，我觉得在这场新住宅运动中，各位腕儿的言论思想与他们的角色好像多少都有点错位。就以上面三位说，王石眼光之宏大，说话之得体，活脱一个建设部的高级专家；潘先生立场观点的简明切实，绝对像得了自由主义真传的主流经济学家；而卢铿的口号、创造力和高级平衡术，让人不能不想起能言善辩政绩突出的地方政府官员。虽然每个人的表演不可谓不精彩，但总体上，却给人雾里看花的模糊朦胧。当中城房网刚撮起来时，我们还能理解这是个行业协会性质的组织，但这新住宅运动的口号一提，就总让人觉得别有意味。

在地产业或者更广泛一点，在城市建设上，政府、发展商、居民是三个不同的利益团体。政府要为城市发展负责，要以有限资金办尽可能多的事，而且应该尽力办好；发展商则要在城市发展中寻找机会，攫取最大利润；居民当然希望买到最便宜最好的房屋，享受到最方便最实惠的城市环境。

现在这个运动，是地产商自己的运动，其社会意义无非是给政府的城市建设规划和决策施加影响，给居民灌输更为理性更合乎潮流的居住观念，当然最终目的还是要落实在发展商利润的增长上。

至于对每个发展商的具体经营，我看不出有什么明显的价值。因为，不管怎么说，盖房子总是要根据具体地点具体需求来设计建造一个具体的建筑，全中国并没有也不需要某种统一的建筑理念和开发模式。深圳的需求和建筑风格显然不能照搬到石家庄，同样，银川普通百姓的居住标准（不仅仅指面积）跟上海北京比，大概要有较大的差距。因此对于不同地区不同消费水准的市场，锦上添花和雪中送炭都是必要的，而对于住在垃圾堆边破草棚的城市流浪拾荒者，有一间通水电有门窗的普通房间，就已经可以心满意足地、诗意地栖居了。

从这个意义上说，我认为新住宅运动只能理解为地产商一种意义模糊的造势。对于地产商来说，建筑就是个换取利润的东西，即使你操再多的心，不管你如何辩白解释，最终大家仍会认定你的目的还是为了钱,而不会承认你是个建筑艺术家或者规划设计专家——这些事你都干了,还要建筑学家和政府主管部门干什么?

在这一点上,我觉得李嘉诚做得最好,到位而不越位。他的自我定位永远是商人而不是别的什么。长安街上的东方广场,是能卖好价钱的大房子,而决不是为改造首都门面做贡献的立功牌坊。从商业角度讲,东方广场是成功的,但从文化生态艺术这些新住宅运动谈论的内容看,它就未必成功。所以它受到建筑学家的猛烈抨击一点都不奇怪。

这些年来,中国在城市建设和房地产业的失误和造成的损失之巨大,恐怕要远远超过诸多海关的走私。若要追究责任,则政府是罪魁,而发展商就是祸首。现在,有优秀的发展商站出来,从社会的文化的艺术的各个方面对过去的历史来检讨一番,我觉得这是新住宅运动的唯一可取之处。

由此而产生的最后一点感想是,这样的讨论应该由建筑学家和社会学家来唱主角,可惜关注现实,并且愿意对城市发展和地产业进行批判的学者实在是太少了。

(单正平:作家,现居海口)

对"新住宅运动"的隔山之见

> 万科以民间俱乐部的形式倡导成立"中城房网",实际上代表了企业试图避开管制,独立成立中国房地产行业协会的倾向。

□ 赵 晓

网络体（Network）

在我看来,万科力倡的"新住宅运动"也罢,"中城房网"也罢,万科对WTO之后规模与精尖的思考也罢,其实都包含一种雄心,那就是要在政府与市场之间构筑一种新的东西,这种东西到目前为止在中国还是刚刚开始,它就是网络体（Network）。

万科创建网络体的努力既表现于建立策略联盟,更体现为雄心勃勃地创建行业协会的努力——当然是由民间、由企业倡导运行的,真正的、有影响力的行业协会。

在市场经济中,网络体介于市场与企业之间,不同于市场,又不同于科层,具有许多独特和优越的地方。将Network定义为"任何行为者的集合",目的是彼此间寻求重复性的、持久的交易关系,但并不存在正统组织所具有的雇佣关系和裁断权威。

至于网络体的形式,可以说是包罗万象,包括策略联盟、商业集团、研究协会、关系型合同以及外购协议等等。

企业战略联盟作为网络体的一种，已成为房地产全球化的竞争模式。

笔者在万科网页上看到了不少关于这方面的介绍。据介绍，战略联盟的概念最早由美国DEC公司总裁简·霍普兰德提出，它是以共同占领市场，合作开发技术等为目标，所建立的并非一定是独立的公司实体。

简言之，当某个机会来临，联盟成员方便合力而战，甚至有时双方或多方竟没有合同法律约束。如英特尔公司与索尼公司的合作联盟就没有法律文本。"为竞争而合作，靠合作来竞争"的新联盟含义已普遍被发展商所接受。

更有人活学活用，认为万科集团与华润集团的联盟就是一种传统紧密型的、互补型的联盟。万科钟情于华润的融资能力与土地储备量，而华润则倚重万科在房地产方面的品牌与经营能力。

相比之下，北京阳光公寓董事长易小迪与现代城总裁潘石屹的联盟则是属松散型的，是在双方共同投资理念的认同下的一种结合，通过寻找房地产经济链来实现客户资源的共享。

2000年国内爆出新闻，中国出现了两个较大规模的联盟：一个是以万科为代表的"中城房网"，首批成员主要由十几家非国企性质的房地产企业为主；一个是在深圳"住交会"上宣布成立的，以大连万达为代表且由政府机构出面支持的"中住联"，首批成员单位包括住宅产业开发商、产品供应商等共33家。

"在联盟成员间搭建信息平台和交易平台，以实现信息共享和集团采购"是两大联盟的共同愿望，但二者期望中的联合采购至今都只是处于尝试阶段。

虽然至今很多联盟还只限于形式，未进入合作的实质阶段，但业界人士相信，联盟实实在在地代表了我国房地产业发展的趋势，联盟对防止过度竞争、降低经营风险、提高企业核心竞争力，特别是中国进入WTO以后与外来集团相制衡有着不可忽视的重要意义。

笔者颇为赞赏万科以民间俱乐部的形式倡导成立"中城房网"，以为它作为规模颇大的联盟，实际上代表了企业试图避开管制，独立成立中国房地产行业协会的倾向。

行业协会

行业协会当然也是网络体的一种，是那种更多的是企业之间的自律和规范性机构。

在没有行业协会只有政府的地方，计划和管制横行，抹杀了交易的本质；在没有行业协会只有市场的地方，低层次的竞争，一轮又一轮的价格战打得两败俱伤，头破血流。

不过，中国以往的所谓"行业协会"其实不过是政府部门的官员退休后的养老场所，而不是从市场活水中自然生成的产物。它没有市场影响力，没有足够的协调和牵引功能，始终只是政府的一个附属物。

我知道有一位现任某著名行业协会头头的老部长，去年他在东北调查回来后，给总理写了一个报告，要求给东北某家濒于倒闭的国有企业贷款，最后成了。他为此骄傲得不得了，将"光荣事迹"印在行业协会的报告上，郑重其事地去宣传。

这个可爱的老部长也许永远都不会知道，他做的事与行业协会真正的职能相去十万八千里。

在我看来，彩电联盟本来也是有发起行业协会的意思的。但是"出师未捷身先死"。

铺子甫开张之际，其良苦用心便在一片不明底细的、劈头盖脸的反对价格联盟的责骂声中彻底地被"妖魔化"了，其网络体的构想与计划也就胎死腹中。

与彩电巨头们相比，万科们的做法显然要高出许多。他们深悟渐进式改革之奥妙，以"文化"为旗（你要不搞联盟，搞行业协会，你扛"文化"干什么？凭什么让大家相信你的"新住宅文化"？），以"WTO"、"新经济"等具有超强蛊惑力的大词为幌，小心翼翼地避免被人联想到价格联盟，同时却又坚定不移、脚踏实地地往真正的行业协会的方向走，并且毫不掩饰要当未来的宁馨儿——中国正经八百的房地产行业协会的 leader。

江山代有才人出。万科们的策略是成功的。在 21 世纪的某个时间，说不定回过头来，人们会惊讶的发现，这就是市场创新，中国的行业协会原来是这么发育成功的！到时候一定又是一个"市场秩序的自我扩展"的绝好案例。

行业协会如同其他的介于市场和企业之间的网络体一样，就在于它可以做许多政府和单纯的不发达的市场都做不了的事，能够极大地有利于整个行业的良性竞争和顺利发展。

众所周知，发达国家政府管制不断削弱，但企业之间的交易却规范而有序，其中一个非常重要的因素是行业协会担当了重任。

古典经济学只认识了市场，科斯认识了企业，但美国最新的研究却越来越注意 Network（当然 network 的含意比这深广得多）。我们当然不要忽视了行业协会的伟大事业。

祝愿万科们梦想成真，希望中国的房地产界要比彩电业界幸运。

（赵晓：经济学博士）

后 记：

重说新住宅运动

> 来年此时，我还会说，而且题目已想好，就是"戏说新住宅运动"，再往后，肯定是"陈说……"、"叙说……"，甚而至于"胡说……"、"痛说……"之类，一定非常过瘾。
>
> □ 冯 仑

时下，房地产市场持续升温，明星楼盘、明星公司和明星经理人已成为媒体的新宠，大有向娱乐业进军之势，新闻界继"娱记"之后"房记"也炙手可热，呼风唤雨，好生了得，在这一派娱乐气氛中原本端庄贤淑的"新住宅运动"反倒遭人冷落。没办法，这年月"失节事小，饿死事大"，人都要找饭吃，谁还愿意对冰冷的美人多看两眼呢。

关于"新住宅运动"，一直有人不明就里，往往说东道西，缘木求鱼。窃以为卢铿兄始为动议，并玉成此事，决非一时之功利目的，比如房子多卖几个铜板，混口茶水钱。其为人也，家族显赫，揽天入怀，志存高远。目睹城市建设，千人一面，了无生气，居住民生，索然乏味，忧心忡忡，故而振臂，敢为天下先，大造美庐，以使民安居而乐业。往更深一层看去，卢兄由此而发文化之幽思，上溯罗马希腊，横览中西，必欲创造新生活方式而后快。当此之时，有大英雄王石者视卢兄为知音，观"新住宅运动"为同道，于是上下其手，在中城房网中广为传播，竭力襄助。及至去岁，数百人聚首沪上，公然叫嚣，引为一时之盛。此后媒体与同行更是纷纷置喙，其势汹汹，竟使得"新住宅运动"找不到北了。

去年以来，作为此一运动的响应者和追随者，我未尝不为其未来的走向所困扰。然而于心稍安的是，许多开发商，特别是中城房网的成员，都在用汗水和银子为这一运动作下注解。于是我们看到，这一运动仿佛在文化与器物（技术）两个层面上得到切实的呼应。前者最顽固的要属《万科》周刊，不仅辟出专栏，每期必有鼓吹，而且都是大人物写大文章，说一些大文化。后者当然指开发商这些老财，因应市场竞争之道和回应客户需求，不断推出精品住宅，直逼人间仙境。可见，即使是运动，也可无人领导，只要在特定时期形成一种特定的诉求，并且产生出特定的作品（产品）和代表人物，即可成功。这类运动是历史学家为描述、研究和强化某一现象而作的概括，并非像毛主席他老人家亲自发动的历次政治运动，策划于密室，点火于基层，上窜下跳。所以，奉劝世人，要以平常心和历史学家的眼光去看待

"新住宅运动",慢慢看,轻轻说。

  我也曾经嚷嚷,以集体采购土地为牵引,由中城房网成员共同携手,打造"新住宅运动"的示范区,并进而提升其新潮俊朗之形象,使之成为一种产品品牌,最终收取经济效益。只有如此,才能不断吸引参加者,扩大仿效者,蔚然成风,真的有些"运动"的味道。一年过去了,我的建议如故,而响应者仍然寥寥,好在我的身子还硬朗,能扛得住,早晚会说动大伙儿。

  光阴荏苒,"新住宅运动"已满周岁,我觉得重说一回挺有趣,更有益。来年此时,我还会说,而且题目已想好,就是"戏说新住宅运动",再往后,肯定是"陈说……"、"叙说……",甚而至于"胡说……"、"痛说……"之类,一定非常过瘾。

(冯仑 万通集团董事局主席)

附录一：

新住宅运动大事记

　　1999年12月2日，中国城市房地产开发商协作网络在北京成立，王石担任首位轮值主席，王石说："中城房网的初衷是希望发展商联起手来做些事情。设想的主要功能为四个层面：信息共享，共同培训，集体采购和集体融资。"

　　在这次成立大会上，沈阳华新国际集团的卢铿首次提出"新住宅运动"的概念。

　　2000年3月13日，中城房网邀请了吴观张、罗小未、许安之、崔恺、张永和等国内著名的建筑师，在深圳召开了"新住宅运动"的预备会，从建筑本体的角度为"新住宅运动"勾勒轮廓。

　　4月3日，在北京万通新世界广场，汪丁丁、黄平、周孝正、杨东平、茅于轼、邵滨鸿、吴耀东、王明贤等来自经济学界、建筑学界、文化界的专家人士汇聚一堂，研讨了"新住宅运动"宣言，广泛检讨了新时期中国住宅开发中走过的一些弯路，畅想了新住宅运动在人文、科技、新材料、网络运用等方面的发展趋势和美好前景。大家希望中城房网就"新住宅运动"的具体行动作进一步研究和探讨，以期形成新鲜有力的潜流来影响和建构新的生活方式，而不仅仅停留在宣言的基础上。

　　4月5日，由三联书店在北京组织了另一场"新住宅运动"研讨，侧重从文化层面对这一运动进行探讨和阐述。

　　6月24日，"新住宅运动"大会在上海召开。

附录二：

中国城市房地产开发商协作网络名录

首任轮值主席：王石
万科企业股份有限公司
0755—5606666
中城房网秘书处：黄会青
0755—5606666-108
邮件：huanghq@vanke.com
深圳市罗湖区翠竹北水贝二路27号 518020

房地产开发企业（排名不分先后）

成员单位	联系人	联系电话	E-mail	公司通讯地址
万科企业股份有限公司	王亚男	0755-5628543	zcfw@vanke.com	深圳市罗湖区翠竹北水贝二路27号 518020
中国海外集团有限公司	田雪	0755-2550972	Bonnie-tian@sina.com	深圳市福田区福华路399号中海大厦15楼 中国海外兴业有限公司 518026
银都国际集团有限公司	王帅	0755-5614858	szeldo@public.szptt.net.cn	深圳市水贝二路27号万科大厦6楼 518020
广州合生创展集团有限公司	赵玲	020-85561555-686	hjnewcity@163.net	广州天河中山大道105号华景新城龙门阁3楼 510630
金地集团有限公司	郭嘉	0755-3303333	xq@goldenfield.com	深圳市福田区福强路金地大厦5-6楼
北京万通实业股份有限公司	宋月	010-68578629	songyue@beijingvantone.com	北京市西城区阜城门外大街2号万通新世界广场B座6层 100037

成员单位	联系人	联系电话	E-mail	公司通讯地址
北京市华远房地产有限公司	王天柏	010-68037007	master@hype.com.cn	北京市西城区南礼士路36号华远大厦 100037
天津顺驰投资集团有限公司	张 强	022-23313799	suco@suco.com.cn	天津市和平区大理路82号 300050
国世通投资管理有限公司	朱 峰	010-64897775	zhufengy@163bj.com	北京市海淀区巴沟南路35号 100089
大连亿达集团	王济春	0411-4633294	Wjc.king@163.com	大连市沙河口区黄河路765号 116021
建业住宅集团（中国）有限公司	丁 萌	0371-6517039	emeng222@sohu.com	河南省郑州市建业路建业城市花园88号 450004
重庆渝海实业总公司	赵洪涛	023-63880085	yingboh@sina.com	重庆市渝中区民生路329号渝海大厦 400010
重庆中建科置业有限公司	王兴伟	023-67632867	wxingwei@163.net	重庆市渝北区龙溪镇新南路6号龙湖花园 401147
重庆协信实业（集团）有限公司	罗仁俊	023-63831978	Lrj1978@21cn.com	重庆市渝中区新华路4号负1号"时代天骄"3层 400011
青岛城建股份有限公司	周岱林	0532-2870170	thqin@sina.com	青岛市文登路三号 266003
西南交通大学房地产开发公司	边召鹏	028-7600967	beihai@jdre.com.cn	成都西南交通大学交大路1巷综合楼六楼 610031
中天世纪股份有限公司	吴 飞	0851-6809116-201	free800@china.com	贵州省贵阳市宅吉小区宅吉大厦五楼 550004

成员单位	联系人	联系电话	E-mail	公司通讯地址
成都置信实业有限公司	张效春	028-5086076	xingzheng@zhixin.com	成都市双楠小区置信购物广场5楼大华房产行政部 610041
湖南维一实业开发有限公司	杨 红	5539605	Gujian168@sina.com	长沙市人民中路新59号（国家开发银行8楼）
沈阳华新国际实业有限公司	王 引	024-23896288	syhuaxin@hxmail.com	沈阳市青年大街219号 110015
吉林亚泰房地产开发有限公司	盛冰杉	0431-4950550	sbs@yatai.com	长春吉林大路281号 130031
云南俊发集团有限公司	赵 彬	0871-5117070	jfdc@163.net	云南省昆明市康发大楼7楼 650225
西安高科（集团）建设开发公司	袁学燕	029-8318003	Judy336699@sina.com	西安市高新技术产业开发区高科大厦19楼 710075
西安新大陆有限公司	闫 萍	029-6524053	XDL@pub.xaonline.com	西安市未央中路雅荷花园A21座 710016
杭州城建开发集团	任百胜	0571-87028347	dj-rbs@dajia.com.cn	杭州市长生路9路 310006
泰禾（福建）集团股份有限公司	林 昀	0591-7858518-23	tiany888@sina.com	福州市湖东路82号7楼 350003
上海万兆地产发展有限公司	沙立松	021-54794612	friends@shvanzo.com	上海市七莘路2855号

建材及部品供应商

成员单位	联系人	联系电话	E-mail	公司通讯地址
广州日立电梯有限公司	黄文华	020-38770662-291	webmaster@gz-hitachi.comwww	广州市天河北路233号 510613
西门子（中国）有限公司	徐清队	0755-3516188	Tim.xu@can.siemens.com.cn	北京市朝阳区望京中环南路7号 100102
深圳鹏基龙电安防有限公司	刘俊恒	0755-6865266	szpjldtd@public.szptt.net.cn	蛇口工业大道 518067
大连实德集团有限公司	赵奇军	0411-3672775	website@shidegroup.com	大连市西岗区高尔基路38号 116011
立邦涂料（中国）有限公司	王谊辉	021-58384799	jiangyi@nipponpaint.com.cn	上海市浦东新区王桥开发区创业路287号 201201
顺德松本电工实业有限公司	肖先生	0755-3796055	xiaoandcao@china.com	广东顺德市容奇镇环安路13号 528303
顺德特种变压器厂	谢志宇	0755-3637757		广东省顺德市大良红岗工业区 528300
北方国际合作股份有限公司	刘跃森	0755-7800006-622	szxilin@public.szptt.net.cn	深圳市宝安区34区 518133

设计商

会员名称	联系人	联系电话	E-mail	公司通讯地址
邓振威建筑设计事务所	邓振威	852-91279054	jta@netvigator.com	香港中环都爹利街11号律敦治中心帝纳大厦1302室

会员名称	联系人	联系电话	E-mail	公司通讯地址
何弢建筑设计有限公司	何弢	852-28118780	taoho@asianet.net.hk	香港·北角·北角西渡轮码头上层
霍克国际建筑设计公司	顾舒白	852-28241903	contact@hok.com	香港中环荷里活道32号建业荣基中心24/F
北京市建筑设计研究院	曹晓东	010-68022762	xiaodong@public3.bta.net.cn	北京市西城区南礼士路62号 100045
中国建筑设计研究院	汪毓山	010-68353289		北京市西城车公庄大街19号 100044
深圳华森建筑与工程设计顾问有限公司	方援朝	0755-6818180	szhuasen@szptt.net.cn	深圳市蛇口公园路花果山大厦二楼 518067
澳大利亚伍咨贝格建筑设计有限公司	Mr. John Tian	61-02-9900252	john.tian@woodsbagot.com.au	Level 4, 146 Arthur Street, North Sydney, NSW 2060
柏涛建筑师有限公司	施家殷	852-28216428	kyrans@lpt-architects.com	香港鱼则鱼涌英皇道1063号19楼

承建商

成员名称	联系人	联系方法	E-mail	公司通讯地址
中国华西企业有限公司	肖华利	0755-3541869	chinahuashi@yeah.net	深圳市福田区红荔西路7024号鲁班大厦14、15层 518024
浙江中富集团股份有限公司	邹银寿	021-64886049-8006		上海市闵行区顾戴西路2650号 201100

成员名称	联系人	联系方法	E-mail	公司通讯地址
成都倍特建筑安装工程公司	文新力	028-5190244	BTJA@21cn.com	成都高新区倍特公寓A座12楼 510100

房地产网站会员

成员名称	联系人	联系电话	E-mail	公司通讯地址
搜房网	王靖	010-65669466-295	wangjing@soufun.com	北京市东环南路2号航华科贸中心招商局大厦2606 100022

注：以上资料，截止至2001年8月。

图书在版编目（CIP）数据

走向新住宅：明天我们住在哪里？／单小海，贺承军主编．
北京：中国建筑工业出版社，2001
ISBN 7-112-04855-9

Ⅰ.走… Ⅱ.①单…②贺… Ⅲ.房地产业－研究－中国
－文集 Ⅳ.F299.233-53

中国版本图书馆 CIP 数据核字（2001）第 069788 号

责任编辑：李东

走向新住宅
——明天我们住在哪里？
单小海　贺承军　　主编
王永飚　黄　芳　　编
季　蕾　许玮青

中国建筑工业出版社 出版、发行（北京西郊百万庄）
新华书店经销
北京市铁成印刷厂印刷

开本：787×1092 毫米　1/16　印张：$17\frac{1}{4}$　字数：308 千字
2001 年 11 月第一版　2004 年 2 月第四次印刷
印数：6,001—7,500 册　　定价：35.00 元
ISBN 7-112-04855-9
TU・4332（10334）

版权所有　翻印必究
如有印装质量问题，可寄本社退换
（邮政编码 100037）
本社网址：http://www.china-abp.com.cn
网上书店：http://www.china-building.com.cn